国家级职业教育规划教材
全国职业院校汽车类专业新形态工作手册式教材
全国技工院校汽车类专业工学一体化教材

汽车车载网络系统检测与维修

中德诺浩汽车职业教育研究院　组织编写
主编　吕丕华

中国劳动社会保障出版社

内容简介

本书是全国职业院校汽车类专业新形态工作手册式教材 / 全国技工院校汽车类专业工学一体化教材，由中德诺浩汽车职业教育研究院组织开发。全书共包含 4 个学习情境、16 个学习任务，内容涵盖舒适 CAN 总线故障检修、驱动 CAN 总线故障检修、LIN 总线故障检修、CAN 总线综合故障检修等内容。

本书可作为全国职业院校与技工院校汽车类专业教学用书，也可作为汽车售后服务企业相关技术人员与社会人士培训参考用书。

本套教材由吕丕华主编，本书由许智达负责编写。

图书在版编目（CIP）数据

汽车车载网络系统检测与维修 / 吕丕华主编. -- 北京：中国劳动社会保障出版社，2022
全国职业院校汽车类专业新形态工作手册式教材　全国技工院校汽车类专业工学一体化教材
ISBN 978-7-5167-5683-6

Ⅰ. ①汽…　Ⅱ. ①吕…　Ⅲ. ①汽车 - 计算机网络 - 检测 - 职业教育 - 教材②汽车 - 计算机网络 - 维修 - 职业教育 - 教材　Ⅳ. ①U472.41

中国版本图书馆 CIP 数据核字（2022）第 204675 号

中国劳动社会保障出版社出版发行

（北京市惠新东街 1 号　邮政编码：100029）

*

北京市白帆印务有限公司印刷装订　　新华书店经销

880 毫米 ×1230 毫米　16 开本　11.75 印张　288 千字

2022 年 12 月第 1 版　　2024 年 5 月第 3 次印刷

定价：38.00 元

营销中心电话：400-606-6496

出版社网址：http://www.class.com.cn

http://jg.class.com.cn

当前，我国正在加快实施“中国制造2025”计划，处于由制造大国向制造强国、由人力资源大国向人力资源强国发展的重要时期，党和国家为此制定了一系列科教兴国、人才强国的战略措施。

在人才队伍中，工作在生产一线的技能型人才是重要基础。高素质技能型人才队伍是推动经济社会发展的重要保障，职业教育是培养高素质技能型人才的主要渠道。尽管世界各国国情不同，发展职业教育的条件、政策和具体措施各异，但无论发达国家还是新兴工业化国家，均普遍重视职业教育在培养高素质技能型人才中的重要作用，把发展职业教育作为人力资源开发、振兴经济、增强国力的战略选择。

德国的职业教育水平处于世界领先地位。德国经济在世界金融危机中之所以依然稳健发展，与其因职业教育发达而拥有大量的高素质技能型人才是分不开的。完备的法律制度和各方面的高度重视，为德国的职业教育发展提供了有力保障。德国的双元制职业教育制度将劳动人事制度与教育制度有机地结合在一起。学校和企业都是培养人才的主体，并承担相应责任，学校和企业的教学计划、形式和内容虽各有侧重，但又相互联系，且均以工作任务为教学载体，将技能学习和训练、理论学习和运用有机结合，充分发挥学生在教学中的主体作用，着力培养学生承担社会责任的能力、独立发现和解决问题的能力、在实践中自主学习的能力。

改革开放以来，我国在借鉴国外先进职业教育经验方面取得了可喜成就。我国职业教育的对外交流与合作就是从借鉴和学习德国经验开始的，中德诺浩（北京）教育投资股份有限公司为此做了积极而有效的探索。

长期以来，该公司致力于引进德国的汽车职业教育资源，与德国手工业协会合作，在国内与以德国品牌为主的汽车合资企业和各类职业院校共同开展教育工作。经过多年的探索，结合我国国情，该公司成功地引进德国汽车职业教育的课程体系、教学素材和教学方法，并结合互联网手段进行了全方位本土化，在此基础上与 300 多所职业院校联手，为我国汽车维修企业培养了大批优秀人才。与此同时，该公司组织中德两国的汽车技术专家、经验丰富的维修技师和职业教育专家，共同编写了职业院校汽车类专业新形态工作手册式教材。这套教材以培养高技能人才为目标，内容选自实际操作，既“原汁原味”地吸纳了德国经验，又结合我国实际情况充实了教学内容，推动我国汽车维修技能型人才的培养与世界接轨。我期待其在我国培养国际标准汽车高技能人才方面发挥出重要作用，在中国由汽车大国向汽车强国迈进的征程中做出应有的贡献。

唐天标

（本序作者系第十一届全国人大常委会委员、第十一届全国人大教科文卫委员会副主任委员，原中国人民解放军总政治部副主任，上将军衔）

前言

职业教育是国民教育体系和人力资源开发的重要组成部分，肩负着培养多样化人才、传承技术技能、促进就业创业的重要职责。随着新型工业化的推进和科学技术的发展，现代职业教育体系越来越成为国家竞争力的重要支撑。为贯彻落实全国职业教育大会精神，推动现代职业教育高质量发展，加快构建现代职业教育体系，建设技能型社会，弘扬工匠精神，培养更多高素质技术技能人才、能工巧匠、大国工匠，满足我国汽车产业迅猛发展对高端技术技能型汽车人才的需求，中德诺浩在总结多年来将德国汽车职业教育中国本土化经验的基础上，编写了这套职业院校汽车类专业新形态工作手册式教材。

本套教材将理论基础和实践应用有机结合，在引领学生学习汽车专业知识的同时培养学生实际操作技能，具有以下特点：

（1）以企业一线任务为引导，将理论知识与实践技能进行完美结合。

（2）集图、文、声、像于一体，为学生提供多种形式的学习素材。

（3）采用四色印刷，版面简洁清晰、主题明确、色彩清新。

（4）本套教材配有丰富的数字化教学资源，学生可通过扫描每本书专属的封面二维码进行浏览和自学。

本套教材由中德诺浩汽车职业教育研究院组织编写，编写方式充分发挥了学生的主体地位，优化了课堂设计，便于调动学生的学习积极性和主动性，还可培养学生的创新意识和创新能力。

本套教材是职业院校汽车类专业核心课程教材，同时也可供从事汽车研究、设计、制造、使用和维修的工程技术人员学习和参考。

由于时间紧、任务重，本书内容难免有不恰当和错误之处，敬请广大读者批评指正！

编者

2022 年 10 月

目录

CONTENTS

情境一

舒适 CAN 总线故障检修

任务一　CAN 总线唤醒与休眠模式故障检修

CAN 总线唤醒与休眠模式故障检修任务工单					
客户信息	姓名		职业		
车辆信息	车型		VIN 码		行驶里程
故障验证及检测	CAN 总线无法进入故障 □ 熔断器检查 □ 信息娱乐 CAN 总线故障 □ 总线电压检测 □ 读取测量值 □ 总线链路故障 □ 舒适 CAN 总线链路故障 □		CAN 总线无法休眠故障 □ 驱动 CAN 总线故障 □ LIN 总线故障 □ 总线波形检测 □ 驱动 CAN 总线节点故障 □ 舒适 CAN 总线节点故障 □		CAN 总线单线工作模式故障 □ 舒适 CAN 总线故障 □ 终端电阻检测 □ 读取故障码 □ 驱动 CAN 总线电源故障 □ 舒适 CAN 总线电源故障 □
	客户描述：				
车辆外观检查			车辆内部检查		
凹凸 □			污渍 □		
划痕 □			破损 □		
石击 □			色斑 □		
油漆 □			变形 □		
明确具体工作任务					

任务目标

- 能够使用诊断仪对 CAN 总线系统进行故障诊断
- 能够使用示波器对 CAN 总线系统进行波形检测
- 能够排除舒适 CAN 总线不休眠故障

续表

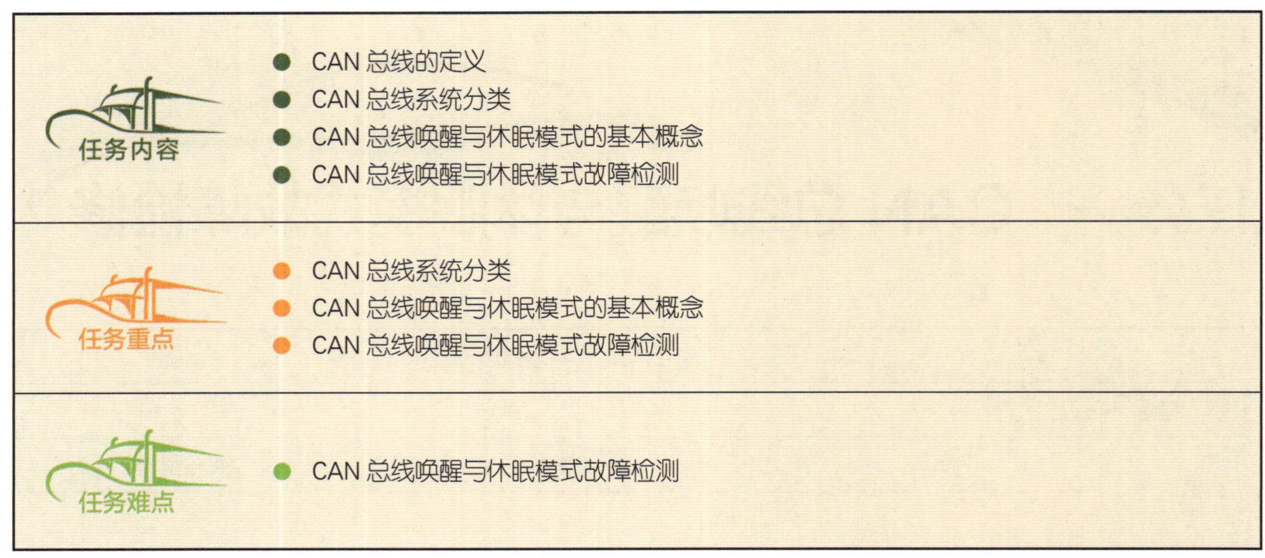

任务内容	● CAN 总线的定义 ● CAN 总线系统分类 ● CAN 总线唤醒与休眠模式的基本概念 ● CAN 总线唤醒与休眠模式故障检测
任务重点	● CAN 总线系统分类 ● CAN 总线唤醒与休眠模式的基本概念 ● CAN 总线唤醒与休眠模式故障检测
任务难点	● CAN 总线唤醒与休眠模式故障检测

一、知识讲解

随着汽车网络信息技术的发展，现代汽车上大量使用了 CAN 总线系统，在各种汽车故障中，车载网络故障是其中一个重要的故障原因，本课程将学习汽车车载网络系统检测与维修。图 1-1 所示为使用了 CAN 总线系统的车辆示意图。

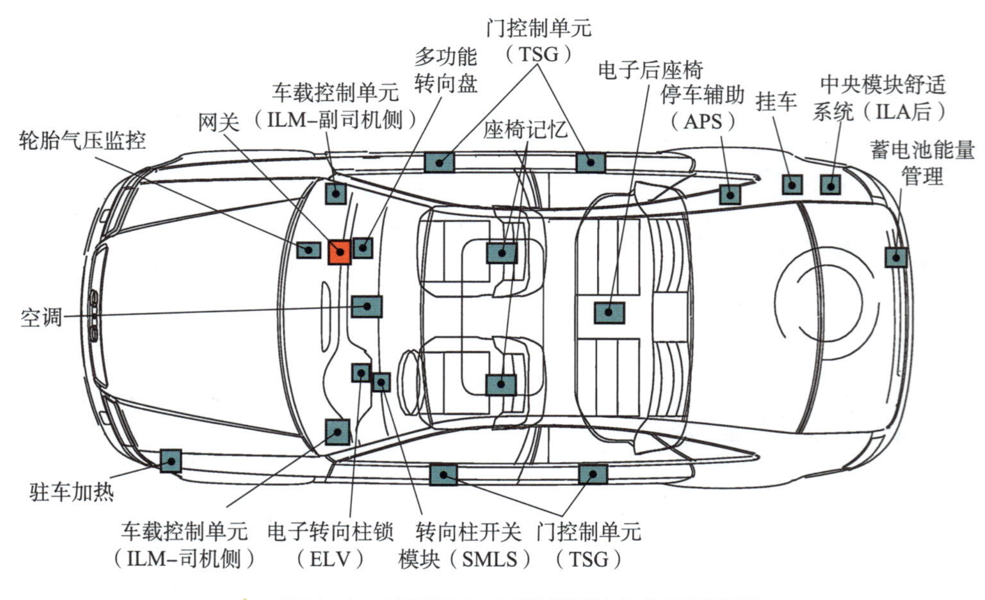

图 1-1　使用了 CAN 总线系统的车辆示意图

（一）CAN 总线的定义

CAN 是 Controller（控制单元）、Area（区域）、Network（网络工作）的缩写，称为车载控制单元局域网，简称 CAN 总线。CAN 总线将汽车上各个控制单元连接成一个完整的网络系统，用来传输大量的数据信息。它由控制单元、数据传输导线和数据传输终端组成（见图 1-2）。

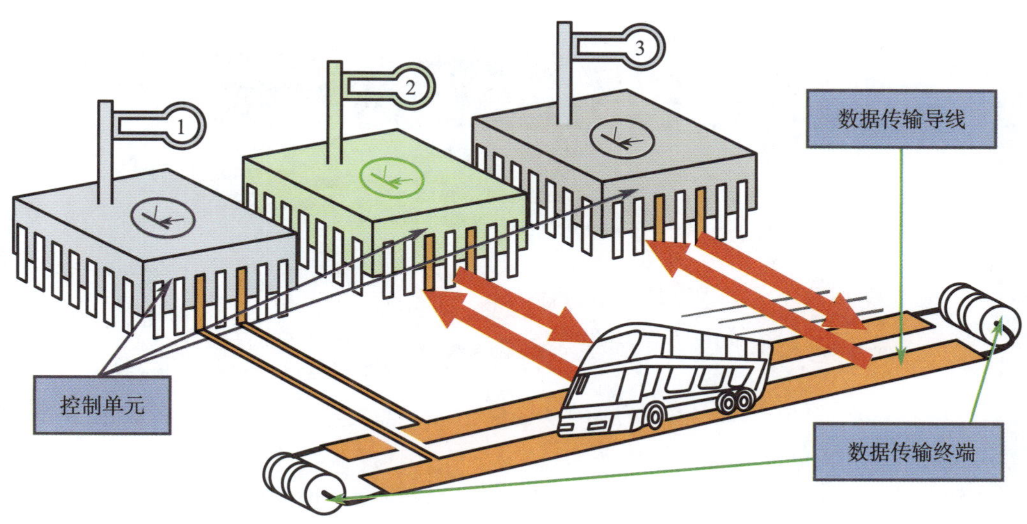

图 1-2 CAN 总线的组成示意图

(二)CAN 总线系统分类

1. 汽车 CAN 总线根据应用场景的不同可分为驱动 CAN 总线、舒适 CAN 总线和信息娱乐 CAN 总线。CAN 总线在汽车上的应用如图 1-3 所示。

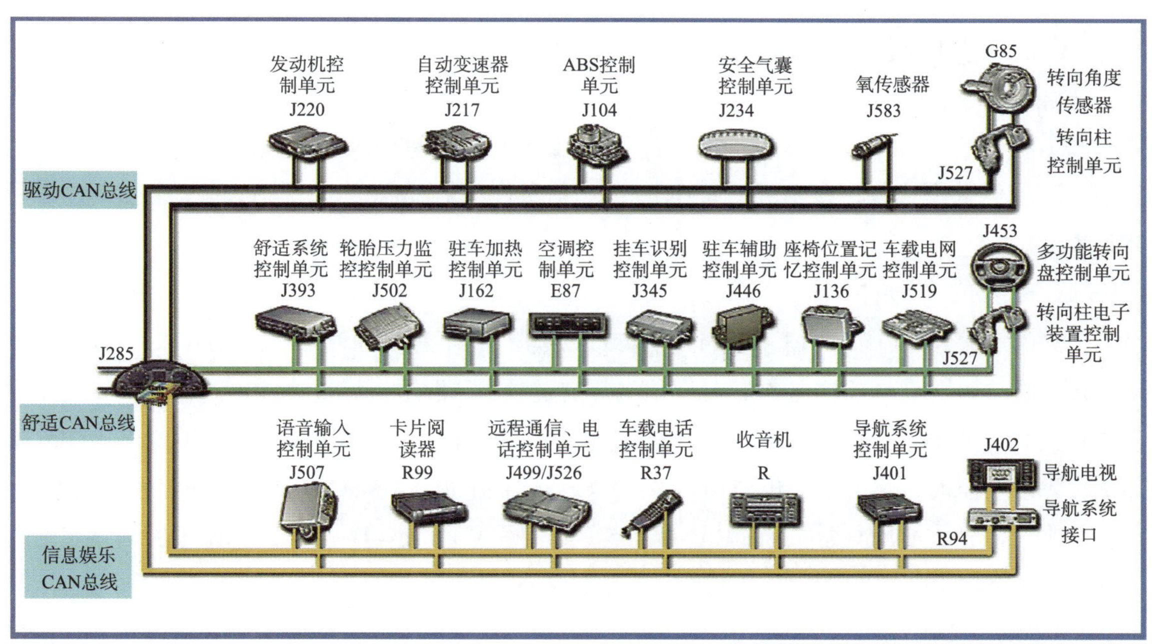

图 1-3 CAN 总线在汽车上的应用

2. 根据数据传输速率不同,CAN 总线可分为高速 CAN 总线(500 KB/s)和低速 CAN 总线(100 KB/s),CAN 总线最大承载速率为 1 000 KB/s。

3. CAN 总线使用两条扭绞在一起的导线(双绞线)连接各个控制单元,这两条导线分别叫 CAN-High 和 CAN-Low 线,以大众车为例,对应的导线颜色如图 1-4 所示。

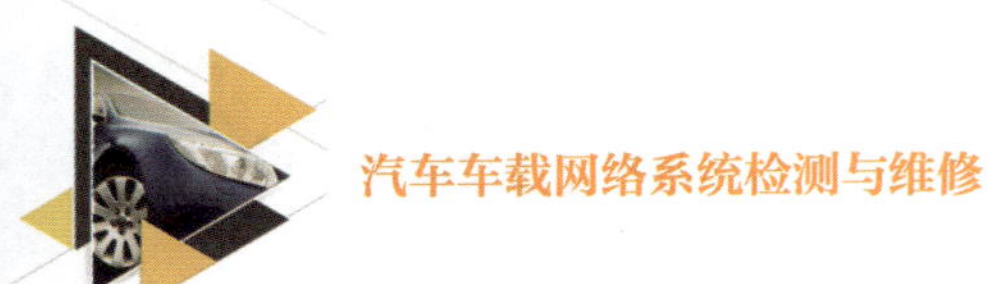

图 1-4 大众车 CAN 总线颜色

4. CAN 总线各系统对应的激活方式、传输速率和传输导线颜色见表 1-1。

表 1-1 CAN 总线各系统对应的激活方式、传输速率和传输导线颜色

CAN 总线系统		激活方式	传输速率	传输导线颜色
高速	驱动	15 号线激活	500 KB/s	橙 / 黑
低速	舒适	30 号线激活	100 KB/s	橙 / 绿
	信息娱乐	30 号线激活	100 KB/s	橙 / 紫

（三）CAN 总线唤醒与休眠模式

1. 休眠模式的定义

休眠模式是指在发动机熄火一段时间后，整车自动进入一种用电量非常小的状态，因而也称为“低能耗模式”。休眠模式仅存在于舒适 CAN 总线和信息娱乐 CAN 总线系统中，驱动 CAN 总线系统不具有休眠模式。

2. 休眠模式的工作条件

（1）当关闭点火开关、锁上车门 35 s 以后，或未锁车门、不进行任何操作 10 min 以后，CAN 总线进入休眠模式。此时如果驱动 CAN 总线仍处于信息传递过程中，舒适 CAN 总线和信息娱乐 CAN 总线不允许进入休眠模式；如果舒适 CAN 总线处于信息传递过程中，信息娱乐 CAN 总线也不能进入休眠模式。

（2）在休眠状态时，整车运行电流由 150 mA 转为休眠电流 6 ~ 8 mA，给电子防盗系统供电。

（3）休眠时舒适 CAN 总线电压为 CAN–L：5（或 12）V，CAN–H：0 V，休眠模式舒适 CAN 总线波形如图 1–5 所示。

3. 休眠状态的唤醒

当网关接收到打开任一车门、发动机舱盖、行李舱盖或者操作遥控器的信号时，CAN 总线系统将结束休眠状态，系统内所有的控制单元被唤醒，唤醒电流大约为 700 mA。舒适 CAN 总线唤醒与休眠波形如图 1–5 所示。

4. 休眠状态的检测

（1）休眠电压检测

用万用表检查舒适 CAN 总线（信息娱乐 CAN 总线）电压是否符合标准（休眠状态时，CAN–L：12 V，CAN–H：0 V）。CAN 总线休眠电压检测方法如图 1–6 所示。

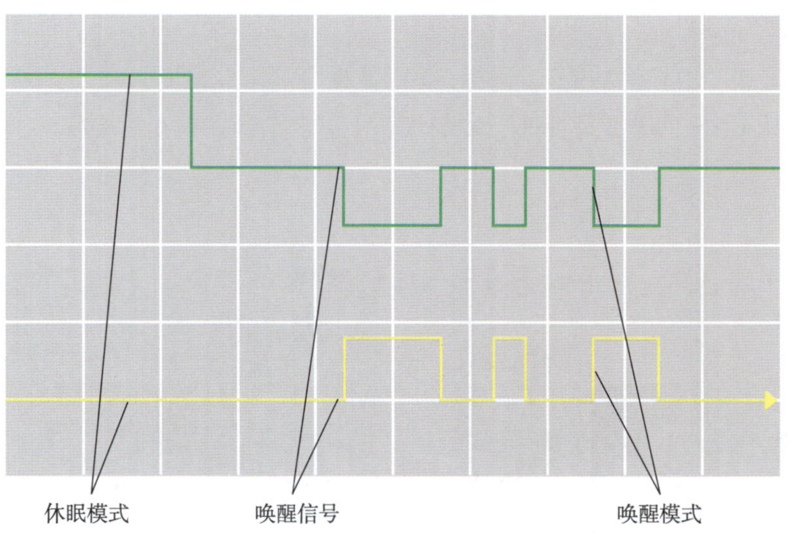

图 1-5 舒适 CAN 总线唤醒与休眠波形

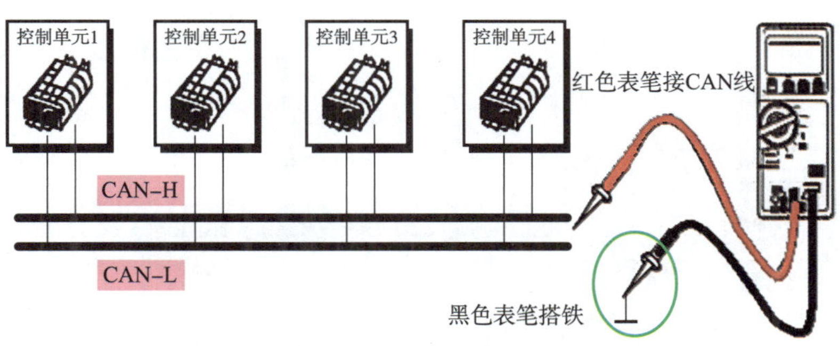

图 1-6 CAN 总线休眠电压检测方法

（2）休眠电流检测

用钳形电流表或万用表检查舒适 CAN 总线（信息娱乐 CAN 总线）处于休眠状态时，蓄电池的休眠电流是否符合标准（<70 mA）。CAN 总线休眠电流检测方法如图 1-7 所示。

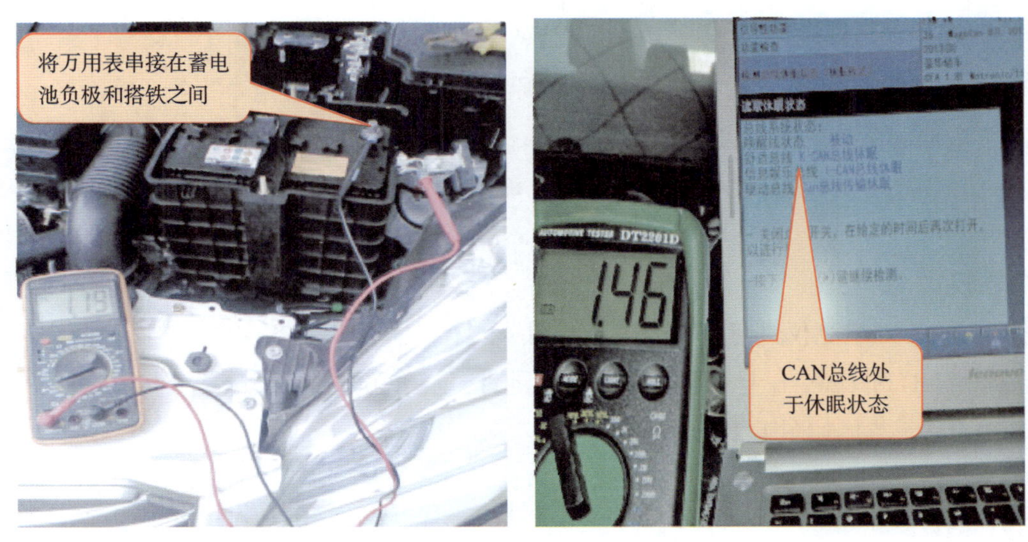

图 1-7 CAN 总线休眠电流检测方法

（3）故障自诊断

连接诊断仪，进入“引导性功能”，选择“19- 数据总线车载诊断接口”，读取数据流，检查舒适 CAN 总线（信息娱乐 CAN 总线）是否处于休眠状态（正常车辆在锁车后 10 min 内会自动进入休眠状态），如图 1–8 所示。

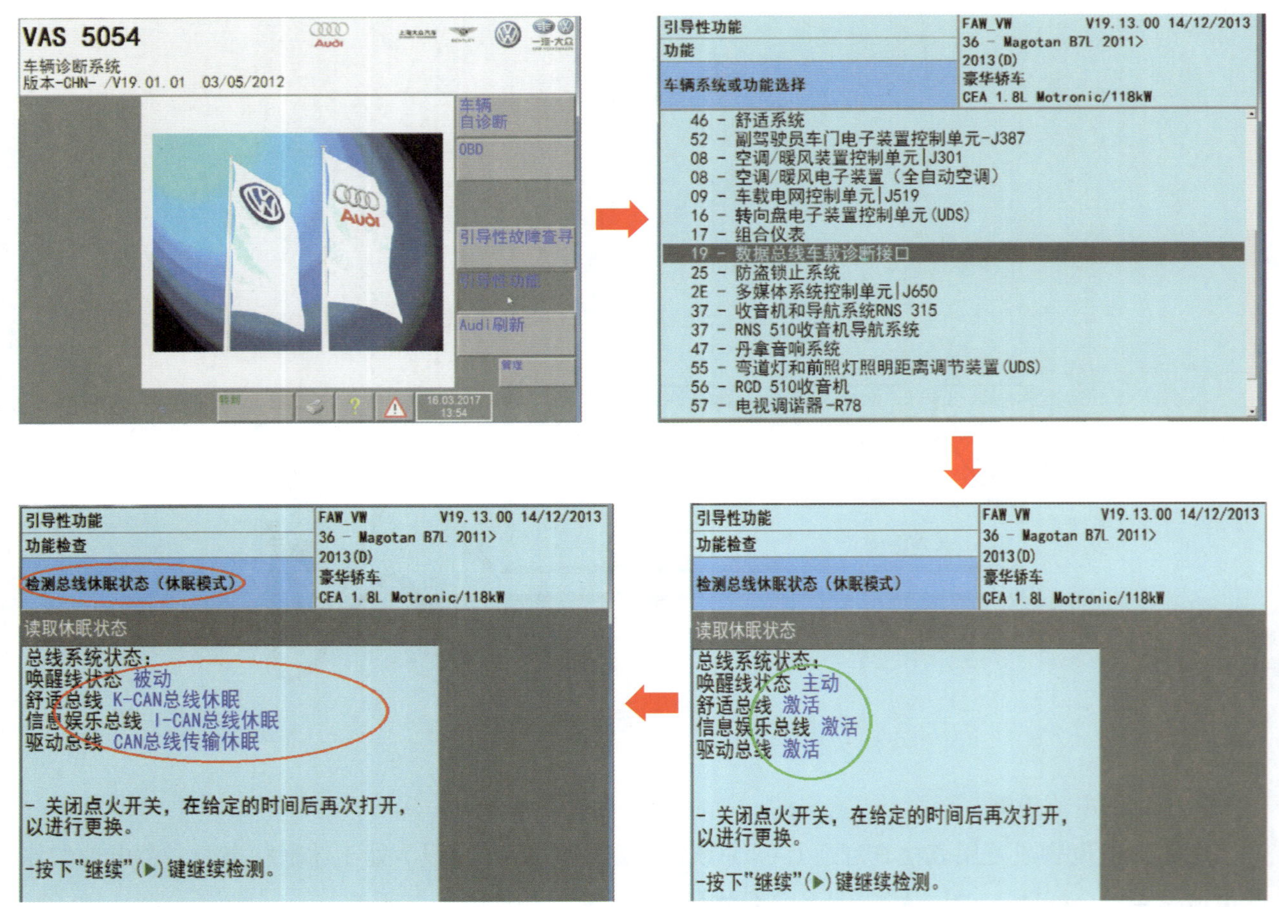

图 1–8　CAN 总线休眠模式故障自诊断

如果 CAN 总线没有休眠，则按照从简到繁的原则，先逐一断开舒适系统各个控制单元的插接器，过几分钟观察数据流读数是否变成休眠状态，如果没有变化，再逐一断开网络节点，直到断开某个控制单元或节点时，数据显示正常为止，那么故障就是该控制单元或传输导线损坏，应进行维修或更换，具体如图 1–9 所示。

（4）休眠模式波形检测

使用博世 FSA740 检测仪进行检测。进入通用示波器界面，分别将 CH1、CH2 检测线连接到舒适 CAN 总线的 CAN–H 和 CAN–L 上，调整波形显示周期、频率和振幅，读取并分析舒适 CAN 总线休眠模式波形是否正常，具体如图 1–10 所示。

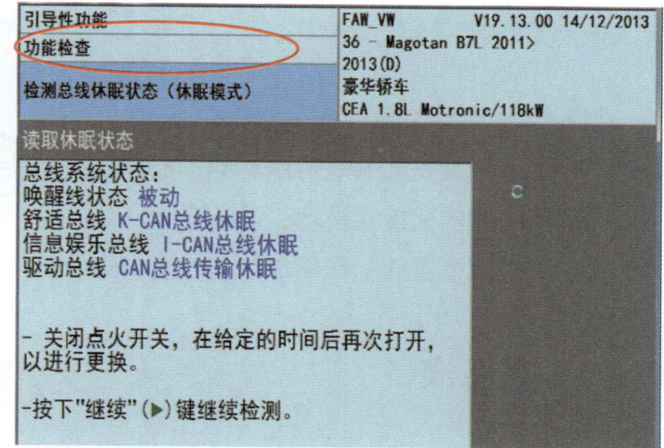

图 1-9 CAN 总线休眠模式检测方法

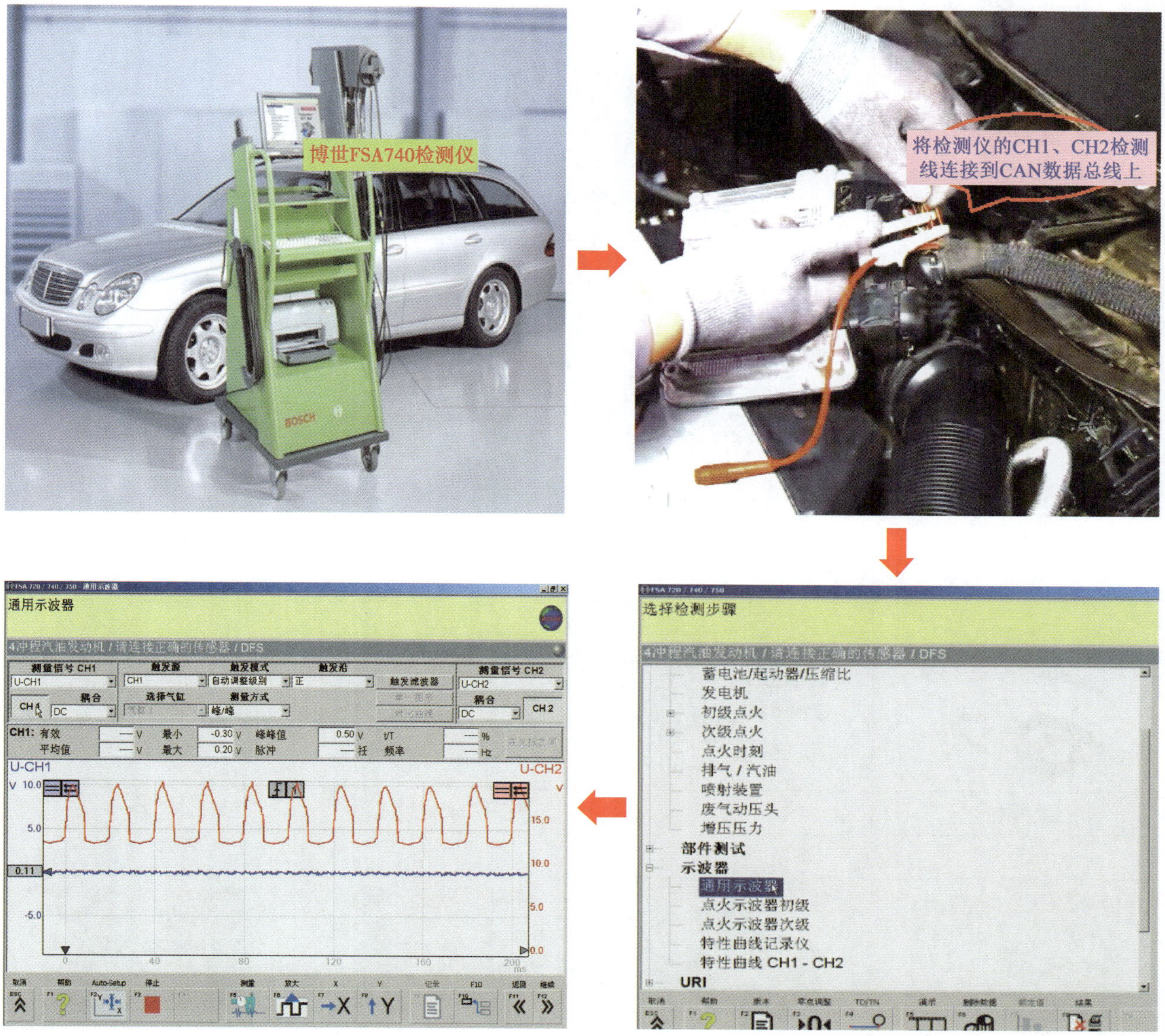

图 1-10 CAN 总线休眠模式波形检测方法

5. CAN 总线无法进入休眠模式的原因

（1）控制单元电源、搭铁、熔断器故障。

（2）控制单元本身损坏。

（3）CAN 总线数据传输导线短路、断路、交叉连接故障。

（4）网络连接插接器松动、接触不良。

（5）个别用电器件工作异常。

二、任务准备

在下面图片中勾选出完成本任务所需的工具、设备、资料等。

博世 FSA740 检测仪	剥线钳	三件套	抹布
诊断仪	旋具套装	工具套件	万用表
二极管试灯	示波器	汽车内饰拆装工具	吹尘枪
听诊器	胶带	燃油压力表	气缸压力表

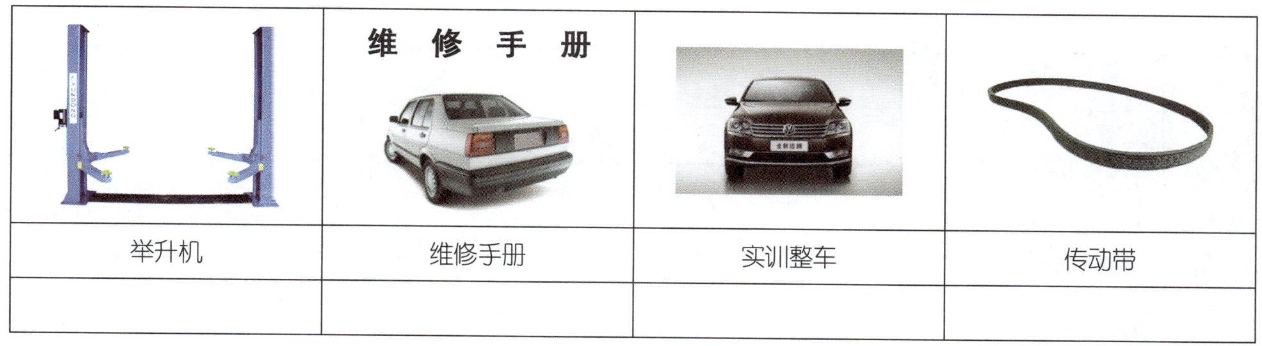

举升机	维修手册	实训整车	传动带

三、防护措施

1. 进入车间应穿工鞋、戴工帽；工作服应穿戴整齐，无皮肤裸露；操作时不可佩戴手表等金属饰品，以防划伤车辆表面。

2. 操作电气设备时应注意用电安全。作业结束之后，应及时切断一切用电设备的电源。

3. 在对车辆电器设备端子进行检测时，必须使用万用表线组等工具，避免用万用表表笔直接测量，导致插接器虚接。

4. 若因检测需求需要拆卸某些部件时，必须严格按照维修手册标准进行拆卸，严禁暴力拆卸，防止元件损坏。

5. 非必要情况下，严禁对线束内部进行分解检测，对线束破损、裸露部分应使用电工胶布或热缩管做好绝缘处理。

四、任务分配（见表 1-2）

表 1-2　任务分配表

职务	代码	姓名	工作内容
组长	A		
组员	B		
	C		
	D		
	E		

五、任务实施

（一）操作步骤

完成下面工作内容的排序并填写在表 1-3 中。

表 1-3　操作步骤

序号	操作流程	步骤	工作内容
1	维修准备		将车辆安全停放到维修工位，铺设三件套
			用万用表检查蓄电池电压是否正常
2	CAN 总线故障自诊断		关闭点火开关，选择合适的诊断接头并将其连接到故障车辆的诊断插座上
			打开点火开关，运行 VAS 5054 诊断仪，进入故障诊断界面
			进入“引导性功能”，选择车辆品牌、年款、车型标识和发动机标识
			进入“车辆系统或功能选择”，选择“19- 数据总线车载诊断接口”，读取 CAN 总线系统故障码
			读取 CAN 总线数据流，检测 CAN 总线休眠状态是否正常
			打开或关闭点火开关 2 min，检测 CAN 总线是否正常激活唤醒或休眠模式
			在休眠状态时，开 / 关车门或按下遥控器，检测舒适 CAN 总线和信息娱乐 CAN 总线是否激活唤醒模式
			故障诊断完毕，退出诊断仪，关闭点火开关，将诊断头从诊断插座中拔出
3	CAN 总线休眠电流检测		关闭点火开关，断开蓄电池负极接线
			将万用表拨至直流 20 A 挡，并将其串接到蓄电池负极和搭铁之间
			打开点火开关，检测 CAN 总线处于唤醒模式下的整车工作电流是否符合标准。若不符合标准，分析原因并排除故障
			关闭点火开关，检测 CAN 总线处于休眠模式下的整车休眠电流是否符合标准。若不符合标准，分析原因并排除故障
4	舒适 CAN 总线波形检测		打开博世 FSA740 检测仪的电源开关，启动诊断仪
			查找迈腾 B7L 的维修资料，在车上找到舒适 CAN 总线的双绞线，分别将 CH1、CH2 检测线连接到 CAN-H 和 CAN-L 数据传输线上，负极线连接到蓄电池负极上
			选择通用示波器功能，进入示波器检测界面
			打开点火开关，使 CAN 总线处于唤醒模式，检测舒适 CAN 总线的波形是否符合标准。若不符合标准，分析原因并排除故障
			关闭点火开关、车门、发动机舱盖和行李舱盖，等待 2 ~ 5 min，使 CAN 总线处于休眠模式，检测舒适 CAN 总线的波形是否符合标准。若不符合标准，分析原因并排除故障
			检测完毕，关闭点火开关，取下测试导线，将其放置到仪器线束支架上
			退出检测仪，关闭电源开关
5	完工整理		安装好拆卸的部件，恢复车辆至完好状态
			取下三件套，清洁车辆
			整理维修工具、仪器和设备，打扫场地卫生

（二）实施记录

结合实施过程，对照表 1-4 中的检查项目内容，勾选或填写出实际的检查结果。

表 1-4 实施记录

序号	项目	故障检查	故障记录
1	维修准备	安全防护工作 □　　蓄电池电压：________V	
2	CAN 总线故障自诊断	正确连接诊断仪 □　不能进入自诊断 □　能进入自诊断 □ CAN 数据线主动 □　CAN 数据线被动 □ 舒适 CAN 总线激活 □　舒适 CAN 总线休眠 □ 信息娱乐 CAN 总线激活 □　信息娱乐 CAN 总线休眠 □ 驱动 CAN 总线激活 □　驱动 CAN 总线休眠 □ 读取故障码 □　有故障码 □　无故障码 □ 故障码记录：________________ ________________ ________________	检查出的故障：
3	CAN 总线休眠电流检测	CAN 总线唤醒状态 □　唤醒电流：________ CAN 总线休眠状态 □　休眠电流：________	检查出的故障：
4	舒适 CAN 总线波形检测	CAN 总线唤醒状态 □　舒适 CAN 总线波形正常 □　舒适 CAN 总线波形不正常 □ CAN-H 电压值：________，CAN-L 电压值：________ CAN 总线休眠状态 □　舒适 CAN 总线波形正常 □　舒适 CAN 总线波形不正常 □ CAN-H 电压值：________，CAN-L 电压值：________	检查出的故障：
5	完工整理	安装好拆卸的部件，恢复车辆至完好状态 □　整理工具、仪器和设备 □ 取下三件套 □　清洁车辆，打扫场地卫生 □	小组成员签字：
根据任务实施流程和故障检测操作过程，总结 CAN 总线不能休眠的故障原因，并填写在下面。 1. ________________ 2. ________________ 3. ________________ 4. ________________ 5. ________________			

六、检查

（一）自检

结合本组任务操作过程，对任务执行过程中的操作规范性进行检查，检查操作过程中是否存在以下问题，分析讨论应如何避免并总结规范的操作方法（见表 1-5）。

表 1-5 自检

检查项目	结果
是否使用三件套对车辆进行防护	是 □ 否 □
蓄电池电压是否正常	是 □ 否 □
CAN 总线故障诊断是否能进入	是 □ 否 □
舒适 CAN 总线休眠波形是否正常	是 □ 否 □
CAN 总线休眠电流是否符合标准	是 □ 否 □
工作场地是否清洁，车辆是否复位	是 □ 否 □

（二）互检

组与组之间相互进行任务操作过程及结果检查，并把检查结果填写在表 1-6 中。

表 1-6 互检

检查项目	结果
是否使用三件套对车辆进行防护	是 □ 否 □
蓄电池电压是否正常	是 □ 否 □
CAN 总线故障诊断是否能进入	是 □ 否 □
舒适 CAN 总线休眠波形是否正常	是 □ 否 □
CAN 总线休眠电流是否符合标准	是 □ 否 □
工作场地是否清洁，车辆是否复位	是 □ 否 □

七、课堂小结

任务二　舒适 CAN 总线故障检修（一）

舒适 CAN 总线故障检修任务工单——自诊断					
客户信息	姓名		职业		
车辆信息	车型		VIN 码		行驶里程

故障验证及检测			
	CAN 总线无法进入故障 ☐	CAN 总线无法休眠故障 ☐	CAN 总线单线工作模式故障 ☐
	熔断器检查 ☐	驱动 CAN 总线故障 ☐	舒适 CAN 总线故障 ☐
	信息娱乐 CAN 总线故障 ☐	LIN 总线故障 ☐	终端电阻检测 ☐
	总线电压检测 ☐	总线波形检测 ☐	读取故障码 ☐
	读取测量值 ☐	驱动 CAN 总线节点故障 ☐	驱动 CAN 总线电源故障 ☐
	总线链路故障 ☐	舒适 CAN 总线节点故障 ☐	舒适 CAN 总线电源故障 ☐
	舒适 CAN 总线链路故障 ☐	空调 CAN 总线故障 ☐	电动车窗 CAN 总线故障 ☐
	J393 CAN 总线故障 ☐	J527 CAN 总线故障 ☐	
	客户描述：		

车辆外观检查		车辆内部检查	
凹凸 ☐		污渍 ☐	
划痕 ☐		破损 ☐	
石击 ☐		色斑 ☐	
油漆 ☐		变形 ☐	

明确具体工作任务	

任务目标

- 能够查阅维修资料，了解故障车辆舒适 CAN 总线系统的结构组成
- 能够对舒适 CAN 总线进行故障诊断与分析
- 能够使用万用表、示波器对舒适 CAN 总线进行故障检测
- 能够排除舒适 CAN 总线系统故障

续表

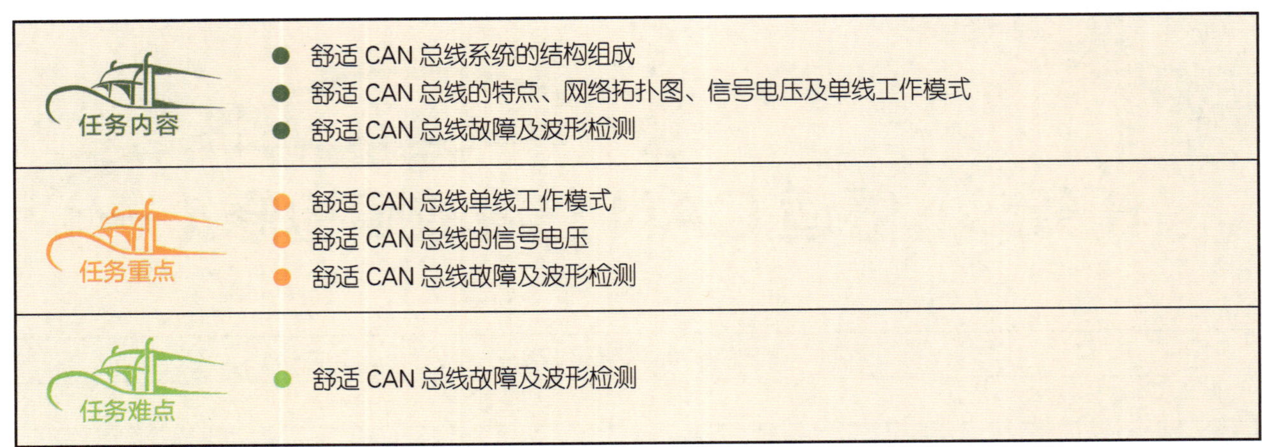

任务内容	● 舒适 CAN 总线系统的结构组成 ● 舒适 CAN 总线的特点、网络拓扑图、信号电压及单线工作模式 ● 舒适 CAN 总线故障及波形检测
任务重点	● 舒适 CAN 总线单线工作模式 ● 舒适 CAN 总线的信号电压 ● 舒适 CAN 总线故障及波形检测
任务难点	● 舒适 CAN 总线故障及波形检测

一、知识讲解

(一) 舒适 CAN 总线系统的结构组成

舒适 CAN 总线系统主要包括全自动空调控制单元、车门控制单元、车载电网控制单元、座椅位置记忆控制单元、拖车识别装置控制单元、驻车辅助控制单元、中央控制单元、转向柱电子装置控制单元、多功能转向盘控制单元及带记忆功能的座椅调整和转向柱调整控制单元等，如图 2-1 所示。

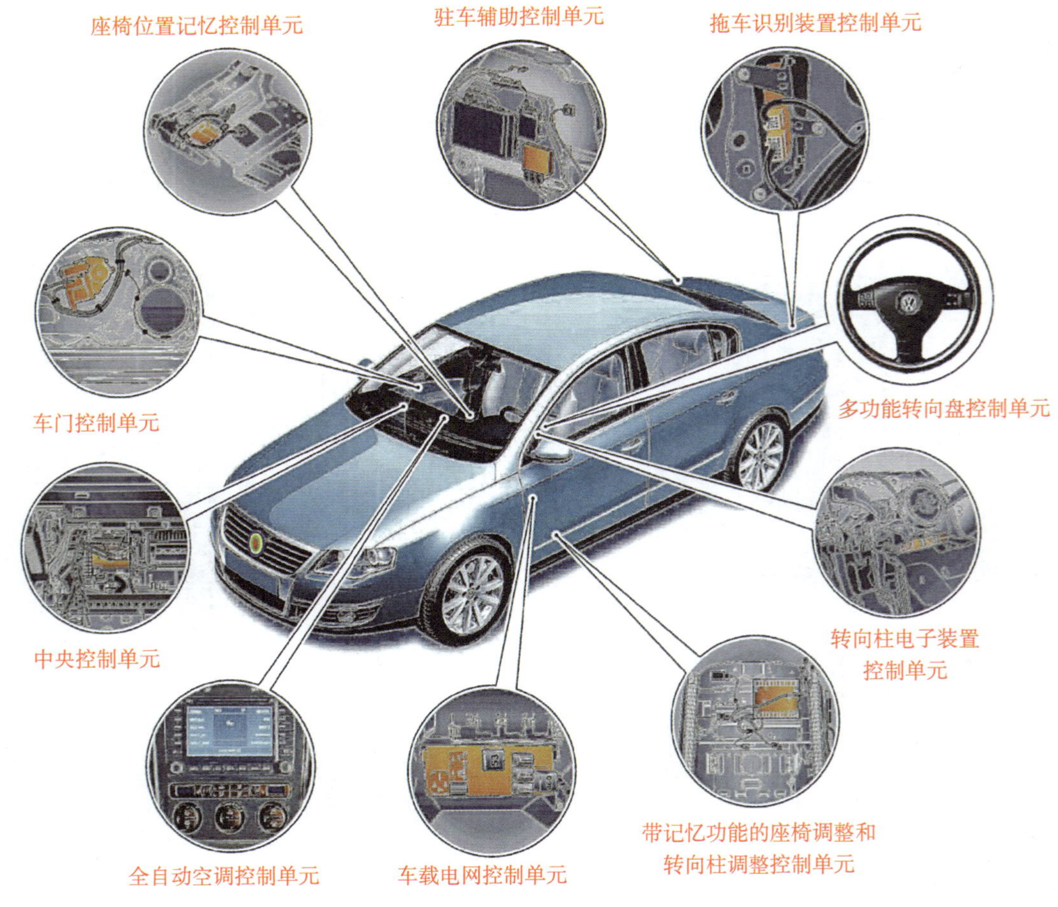

图 2-1　舒适 CAN 总线系统的结构组成

（二）舒适 CAN 总线的特点

1. 舒适 CAN 总线用于将舒适 CAN 方面的控制单元连接成网络，它的传输速率为 100 KB/s。

2. 舒适 CAN 总线由 30 号线激活，无数据传输时的基础电压值为 CAN-H：0 V，CAN-L：5（或 12）V。

3. 舒适 CAN 总线没有终端电阻，且高低 CAN 线分离，即任一根 CAN 线断路，CAN 总线都将进入单线工作模式，CAN 总线工作不受影响。

4. 导线颜色：CAN-H（橙 / 绿）、CAN-L（橙 / 棕），导线横截面积为 0.35 mm^2。

舒适 CAN 总线的数据传输导线如图 2-2 所示。

图 2-2 舒适 CAN 总线的数据传输导线

（三）舒适 CAN 总线的网络拓扑图

CAN 总线各个控制单元在车上的连接方式称为拓扑结构，车型不同，拓扑结构也不同，一般分为星形、环形和分路式结构，如图 2-3 所示。

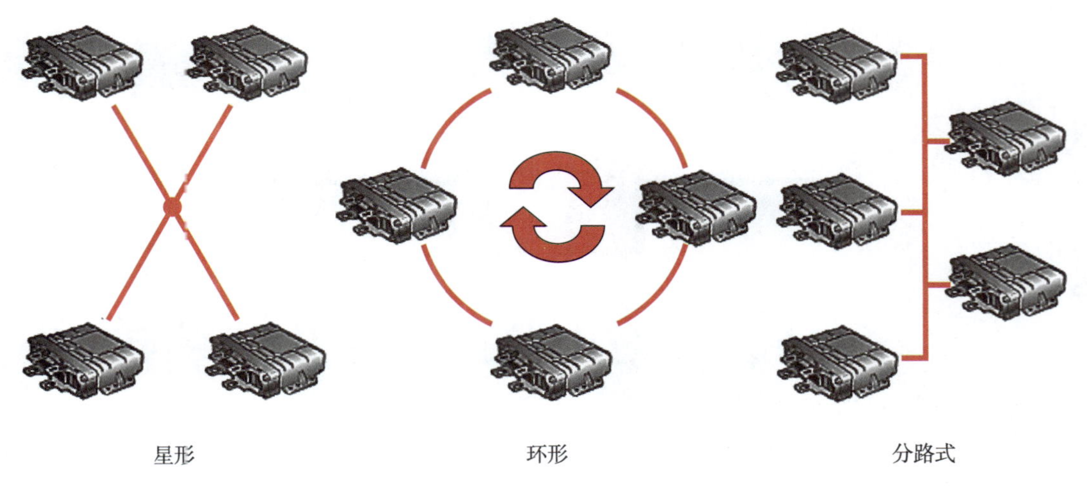

图 2-3 CAN 总线的拓扑结构

大众迈腾轿车舒适 CAN 总线的网络拓扑图如图 2-4 所示，包括网关 J533，全自动空调控制单元 J255，车门控制单元 J386、J387、J926、J927，舒适系统控制单元 J393，座椅位置记忆控制单元 J136，刮水器电动机控制单元 J400，驻车辅助控制单元 J446，车载电网控制单元 J519，转向柱电子装置控制单元 J527，多功能转向盘控制单元 E221，内部监控传感器 G273，车辆倾斜传感器 G384，雨量及光强传感器 G397，防盗报警喇叭 H8。

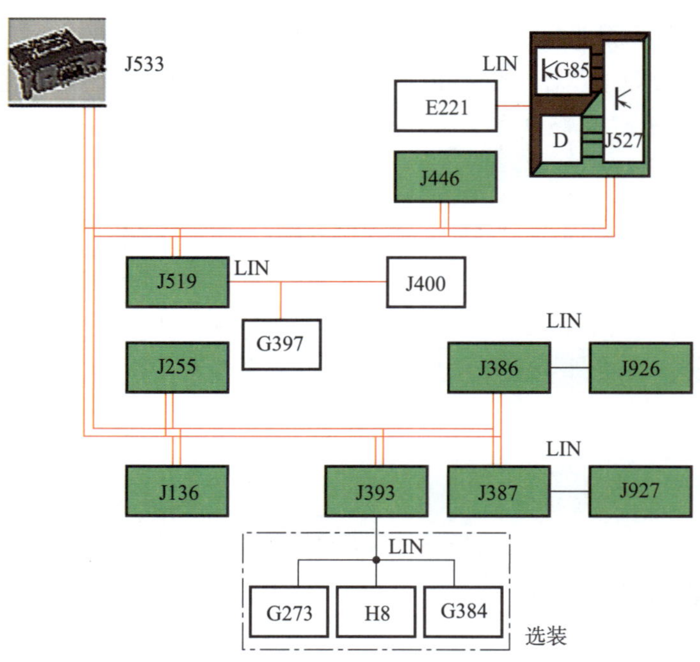

图 2-4　大众迈腾轿车舒适 CAN 总线的网络拓扑图

（四）舒适 CAN 总线的信号电压

1. 舒适 CAN 总线信号电压的基本特性

舒适 CAN 总线没有信息传递时的状态称为“隐性”状态，有信息传递时的状态称为“显性”状态，相应的信号电压称为“隐性电压”和“显性电压”，如图 2-5 所示。显性电压 CAN-H=3.6 V，CAN-L=1.4 V；隐性电压 CAN-H=0 V，CAN-L=5（或 12）V。

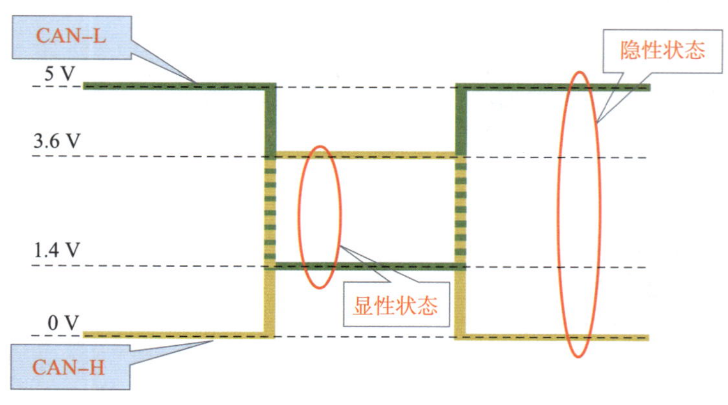

图 2-5　舒适 CAN 总线信号电压

2. 舒适 CAN 总线信号电压的检测方法

舒适 CAN 总线信号电压的检测方法如图 2-6 所示。

（1）查阅车辆维修手册，在车上找到舒适 CAN 总线系统的传输导线。

（2）关闭点火开关，等待 2～5 min，测量舒适 CAN 总线隐性电压，CAN-H=0 V，CAN-L=5（或 12）V。

（3）打开点火开关，测量舒适 CAN 总线显性电压，CAN-H=3.6 V，CAN-L=1.4 V。

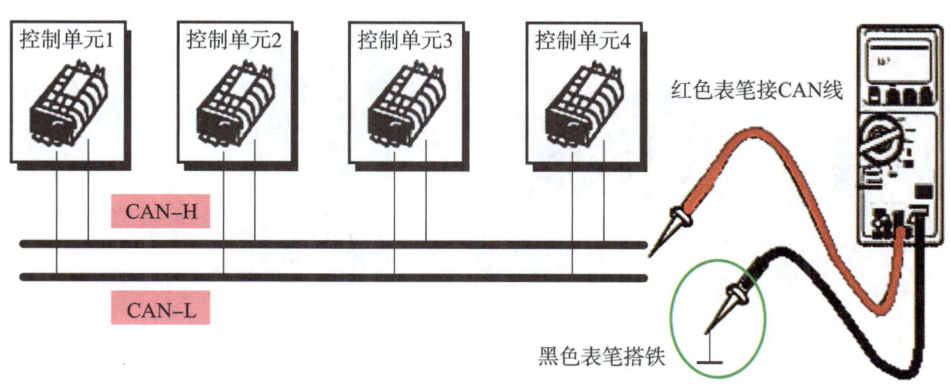

隐性电压：舒适CAN总线处于休眠状态时测量。
显性电压：舒适CAN总线处于激活状态时测量。

图 2-6 舒适 CAN 总线信号电压的检测方法

（五）舒适 CAN 总线单线工作模式

舒适 CAN 总线工作时，如果传输导线出现断路、对地短路、对蓄电池正极短路等故障，导致两条 CAN 导线中的一条不工作，CAN 总线系统就会切换到单线工作模式。

单线工作模式时控制单元不受影响，只要是完好的 CAN 数据信号，舒适 CAN 系统仍可继续工作。单线工作模式波形如图 2-7 所示。

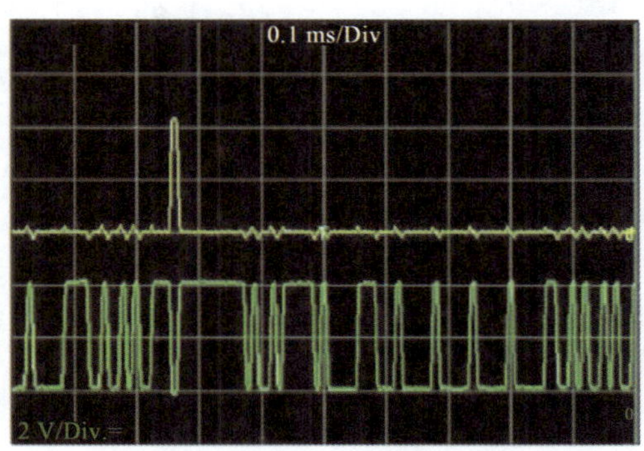

图 2-7 单线工作模式波形

二、任务准备

在下面图片中勾选出完成本任务所需的工具、设备、资料等。

博世 FSA740 检测仪	剥线钳	三件套	抹布

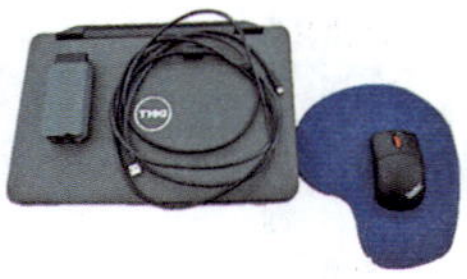 诊断仪	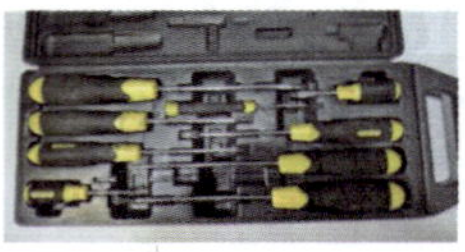 旋具套装	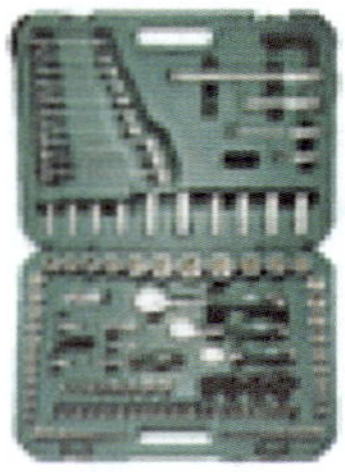 工具套件	 万用表
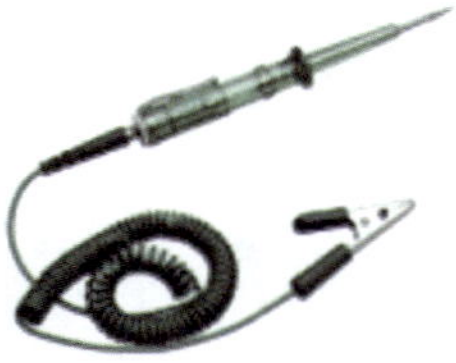	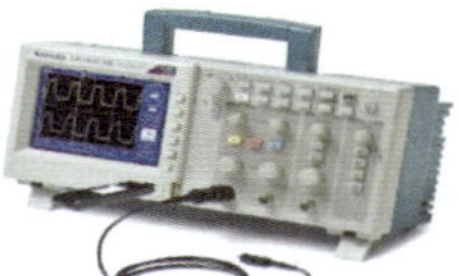	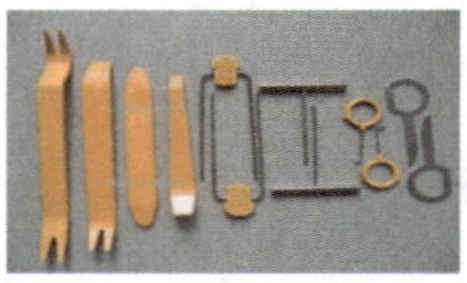	
二极管试灯	示波器	汽车内饰拆装工具	吹尘枪
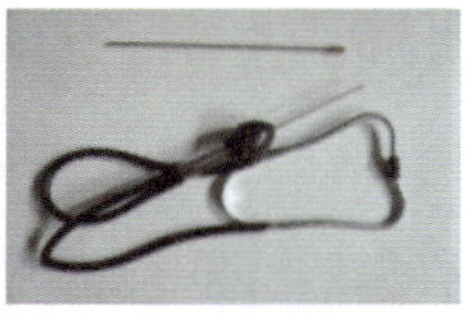		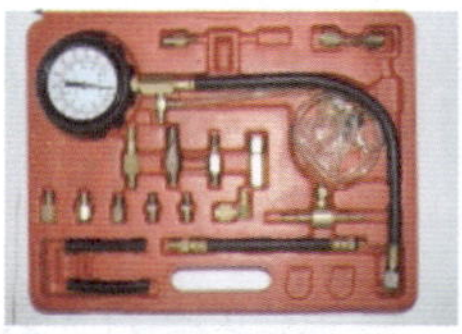	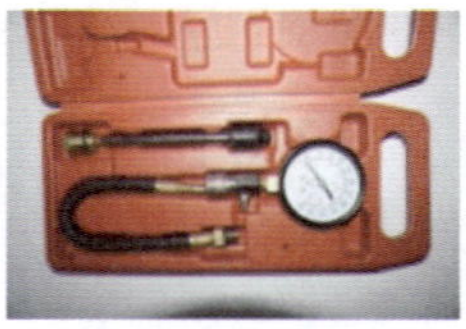
听诊器	胶带	燃油压力表	气缸压力表
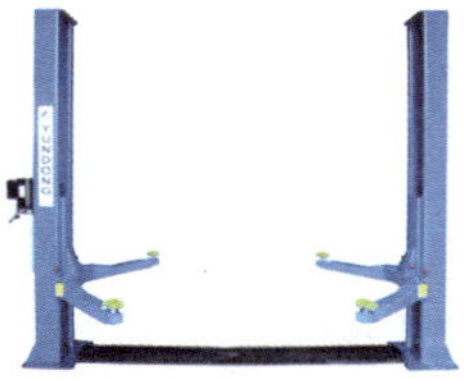	 维 修 手 册		
举升机	维修手册	实训整车	传动带

三、防护措施

1. 进入车间应穿工鞋、戴工帽；工作服应穿戴整齐，无皮肤裸露；操作时不可佩戴手表等金属饰品，以防划伤车辆表面。

2. 操作电气设备时应注意用电安全。作业结束之后，应及时切断一切用电设备的电源。

3. 在对车辆电器设备端子进行检测时，必须使用万用表线组等工具，避免用万用表表笔直接测量，导致插接器虚接。

4. 若因检测需求需要拆卸某些部件时，必须严格按照维修手册标准进行拆卸，严禁暴力拆卸，防止元件损坏。

5. 非必要情况下，严禁对线束内部进行分解检测，对线束破损、裸露部分应使用电工胶布或热缩

管做好绝缘处理。

四、任务分配（见表 2-1）

表 2-1 任务分配表

<table>
<tr><th>职务</th><th>代码</th><th>姓名</th><th>工作内容</th></tr>
<tr><td>组长</td><td>A</td><td></td><td></td></tr>
<tr><td rowspan="4">组员</td><td>B</td><td></td><td rowspan="2"></td></tr>
<tr><td>C</td><td></td></tr>
<tr><td>D</td><td></td><td rowspan="2"></td></tr>
<tr><td>E</td><td></td></tr>
</table>

五、任务实施

（一）操作步骤

完成下面工作内容的排序并填写在表 2-2 中。

表 2-2 操作步骤

<table>
<tr><th>序号</th><th>操作流程</th><th>步骤</th><th>工作内容</th></tr>
<tr><td rowspan="2">1</td><td rowspan="2">维修准备</td><td></td><td>将车辆安全停放到维修工位，铺设三件套</td></tr>
<tr><td></td><td>用万用表检查蓄电池电压是否正常</td></tr>
<tr><td rowspan="7">2</td><td rowspan="7">CAN 总线故障自诊断</td><td></td><td>关闭点火开关，选择合适的诊断接头并将其连接到故障车辆的诊断插座上</td></tr>
<tr><td></td><td>打开点火开关，运行 VAS 5054 诊断仪，进入故障诊断界面</td></tr>
<tr><td></td><td>打开驾驶员侧车门，拆卸驾驶员脚部饰板，并拆卸车载电网控制单元 J519 的插接器 T52c，连接诊断线后装回插接器</td></tr>
<tr><td></td><td>使用万用表测量 J519 T52c/15、T52c/16 号端子线束的电压</td></tr>
<tr><td></td><td>使用旋具将发动机舱盖锁上，同时将驾驶员侧车门锁上，使用遥控器锁上所有车门</td></tr>
<tr><td></td><td>等待 35 s 后，使用万用表测量 J519 T52c/15、T52c/16 号端子线束的电压</td></tr>
<tr><td></td><td>故障诊断完毕，退出诊断仪，关闭点火开关，将诊断头从诊断插座中拔出</td></tr>
<tr><td rowspan="4">3</td><td rowspan="4">舒适 CAN 总线单线工作模式故障检测</td><td></td><td>连接诊断仪，打开点火开关，读取车辆故障码</td></tr>
<tr><td></td><td>进入“引导性功能”，选择相应的车型，选择“19- 数据总线车载诊断接口”，读取总线系统状态数据流</td></tr>
<tr><td></td><td>根据数据流逐一断开插接器 J527、J519 的 T52c、J386、J387、J533 的 T20e 和 J255 的 T20c</td></tr>
<tr><td></td><td>断开插接器的同时，读取车辆故障码。当舒适 CAN 总线单线工作模式的故障码变为偶发时，说明故障点在此控制单元或其总线上。检查其总线是否正常，如果不正常，修复线束；如果正常，更换控制单元</td></tr>
</table>

续表

序号	操作流程	步骤	工作内容
4	舒适 CAN 总线单线工作模式波形检测		打开博世 FSA740 检测仪的电源开关，启动诊断仪
			查找迈腾 B7L 的维修资料，在车上找到舒适 CAN 总线的双绞线，分别将 CH1、CH2 检测线连接到 CAN-H 和 CAN-L 数据传输线上，负极线连接到蓄电池负极上
			选择通用示波器功能，进入示波器检测界面
			打开点火开关，使 CAN 总线处于唤醒模式，检测舒适 CAN 总线的波形是否符合标准
			检测完毕，关闭点火开关，取下测试导线，将其放置到仪器线束支架上
			退出检测仪，关闭电源开关
5	完工整理		安装好拆卸的部件，恢复车辆至完好状态
			取下三件套，清洁车辆
			整理维修工具、仪器和设备，打扫场地卫生

（二）实施记录

结合实施过程，对照表 2-3 中的检查项目内容，勾选或填写出实际的检查结果。

表 2-3　实施记录

序号	项目	故障检查	故障记录
1	维修准备	安全防护工作 □　　蓄电池电压：________ V	
2	CAN 总线故障自诊断	正确连接诊断仪 □　不能进入自诊断 □　能进入自诊断 □ CAN 数据线主动 □　CAN 数据线被动 □ 舒适 CAN 总线激活 □　舒适 CAN 总线休眠 □ 信息娱乐 CAN 总线激活 □　信息娱乐 CAN 总线休眠 □ 驱动 CAN 总线激活 □　驱动 CAN 总线休眠 □ 读取故障码 □　有故障码 □　无故障码 □ 故障码记录：________________ ________________ ________________	检查出的故障：
3	舒适 CAN 总线单线工作模式波形检测	CAN 总线唤醒状态 □　舒适 CAN 总线波形正常 □　舒适 CAN 总线波形不正常 □ CAN-H 电压值：________，CAN-L 电压值：________ CAN 总线休眠状态 □　舒适 CAN 总线波形正常 □　舒适 CAN 总线波形不正常 □ CAN-H 电压值：________，CAN-L 电压值：________	检查出的故障：
4	完工整理	安装好拆卸的部件，恢复车辆至完好状态 □　整理工具、仪器和设备 □ 取下三件套 □　清洁车辆，打扫场地卫生 □	小组成员签字：
根据任务实施流程和故障检测操作过程，总结舒适 CAN 总线处于单线工作模式的故障原因，并填写在下面。 1. ________________ 2. ________________ 3. ________________ 4. ________________ 5. ________________			

六、检查

（一）自检

结合本组任务操作过程，对任务执行过程中的操作规范性进行检查，检查操作过程中是否存在以下问题，分析讨论应如何避免并总结规范的操作方法（见表 2–4）。

表 2–4 自检

检查项目	结果
是否使用三件套对车辆进行防护	是 □ 否 □
蓄电池电压是否正常	是 □ 否 □
CAN 总线故障诊断是否能进入	是 □ 否 □
舒适 CAN 总线单线工作模式波形是否正常	是 □ 否 □
工作场地是否清洁，车辆是否复位	是 □ 否 □

（二）互检

组与组之间相互进行任务操作过程及结果检查，并把检查结果填写在表 2–5 中。

表 2–5 互检

检查项目	结果
是否使用三件套对车辆进行防护	是 □ 否 □
蓄电池电压是否正常	是 □ 否 □
CAN 总线故障诊断是否能进入	是 □ 否 □
舒适 CAN 总线单线工作模式波形是否正常	是 □ 否 □
工作场地是否清洁，车辆是否复位	是 □ 否 □

七、课堂小结

任务三　舒适 CAN 总线故障检修（二）

舒适 CAN 总线故障检修任务工单——控制单元检测				
客户信息	姓名		职业	
车辆信息	车型	VIN 码	行驶里程	
故障验证及检测	CAN 总线无法进入故障 □ 熔断器检查 □ 信息娱乐 CAN 总线故障 □ 总线电压检测 □ 读取测量值 □ 总线链路故障 □ 舒适 CAN 总线链路故障 □ J393 CAN 总线故障 □	CAN 总线无法休眠故障 □ 驱动 CAN 总线故障 □ LIN 总线故障 □ 总线波形检测 □ 驱动 CAN 总线节点故障 □ 舒适 CAN 总线节点故障 □ 空调 CAN 总线故障 □ J527 CAN 总线故障 □	CAN 总线单线工作模式故障 □ 舒适 CAN 总线故障 □ 终端电阻检测 □ 读取故障码 □ 驱动 CAN 总线电源故障 □ 舒适 CAN 总线电源故障 □ 电动车窗 CAN 总线故障 □	
	客户描述：			
车辆外观检查		车辆内部检查		
凹凸 □ 划痕 □ 石击 □ 油漆 □		污渍 □ 破损 □ 色斑 □ 变形 □		
明确具体工作任务				

任务目标

- 能够对舒适 CAN 总线进行故障诊断与分析
- 能够使用万用表、示波器对舒适 CAN 总线进行故障检测
- 能够排除舒适 CAN 总线系统故障

续表

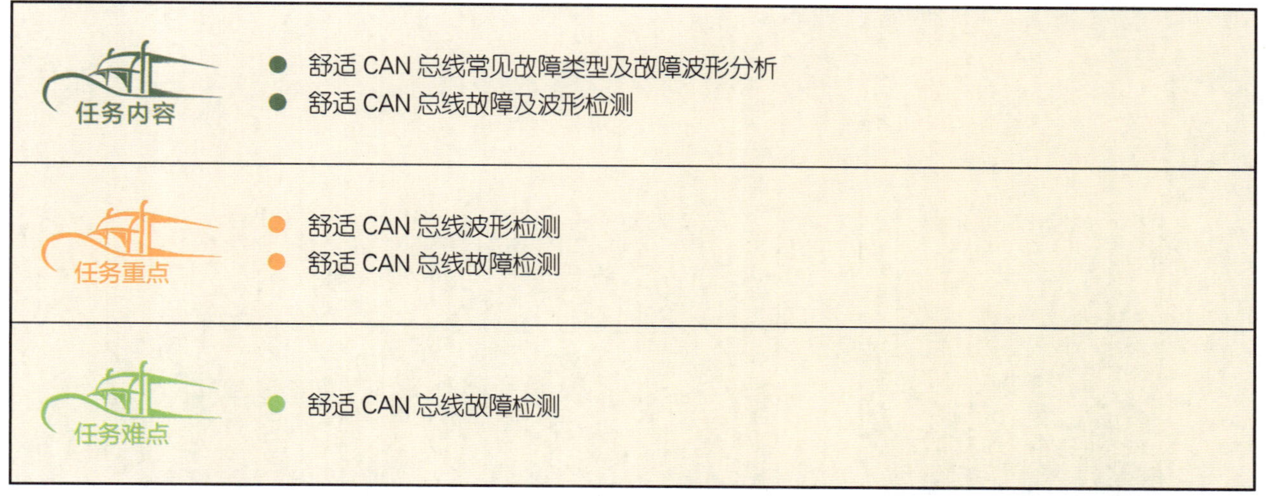

任务内容	● 舒适 CAN 总线常见故障类型及故障波形分析 ● 舒适 CAN 总线故障及波形检测
任务重点	● 舒适 CAN 总线波形检测 ● 舒适 CAN 总线故障检测
任务难点	● 舒适 CAN 总线故障检测

一、知识讲解

（一）舒适 CAN 总线常见故障类型及故障波形分析

1. 舒适 CAN 总线标准波形

舒适 CAN 总线标准波形如图 3-1 所示。

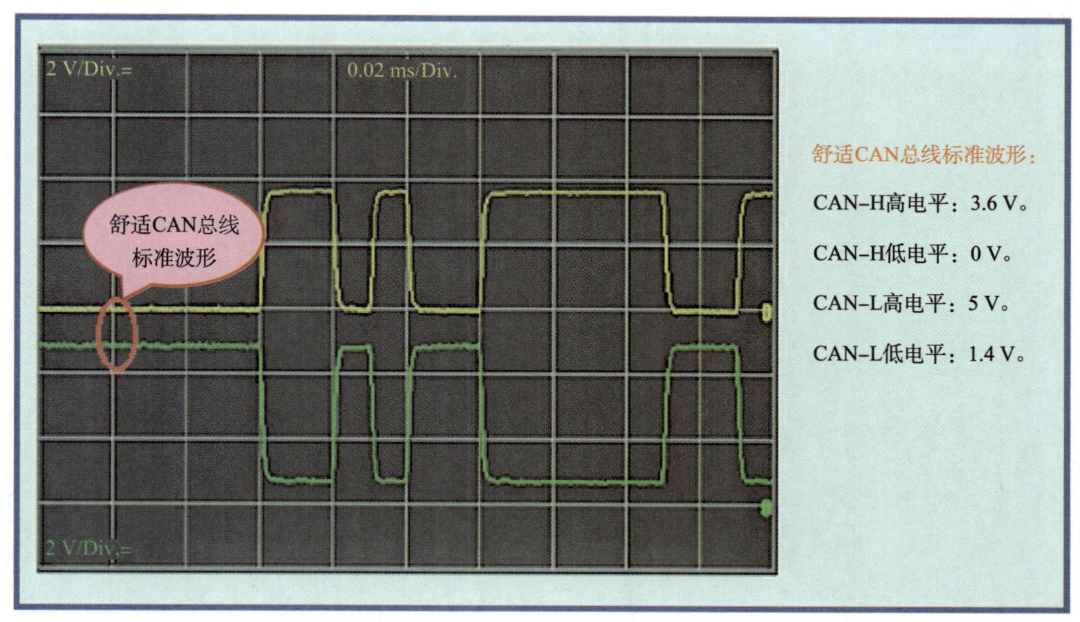

图 3-1 舒适 CAN 总线标准波形

2. 舒适 CAN 总线常见故障类型

舒适 CAN 总线常见故障类型如图 3-2 至图 3-9 所示。

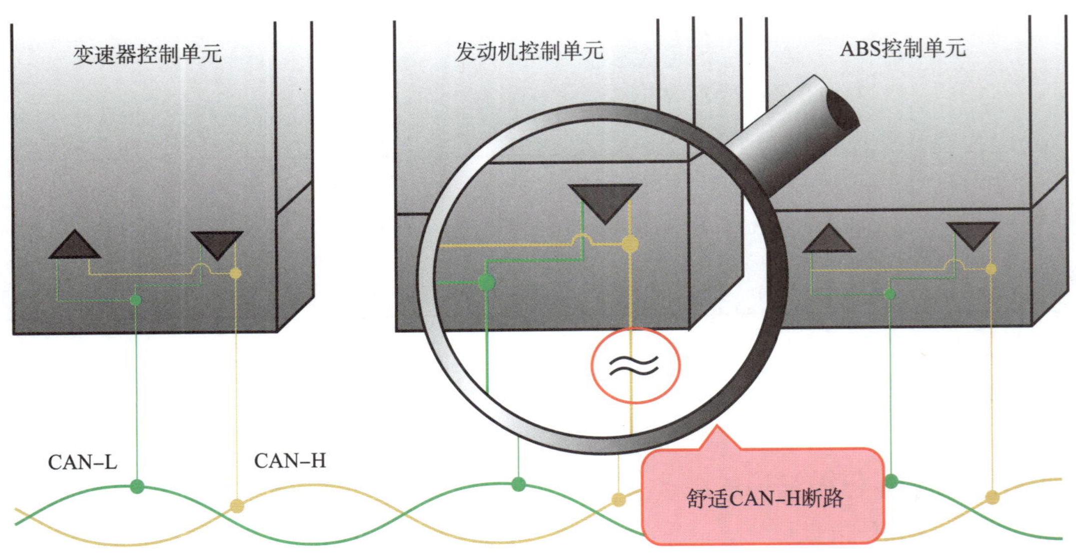

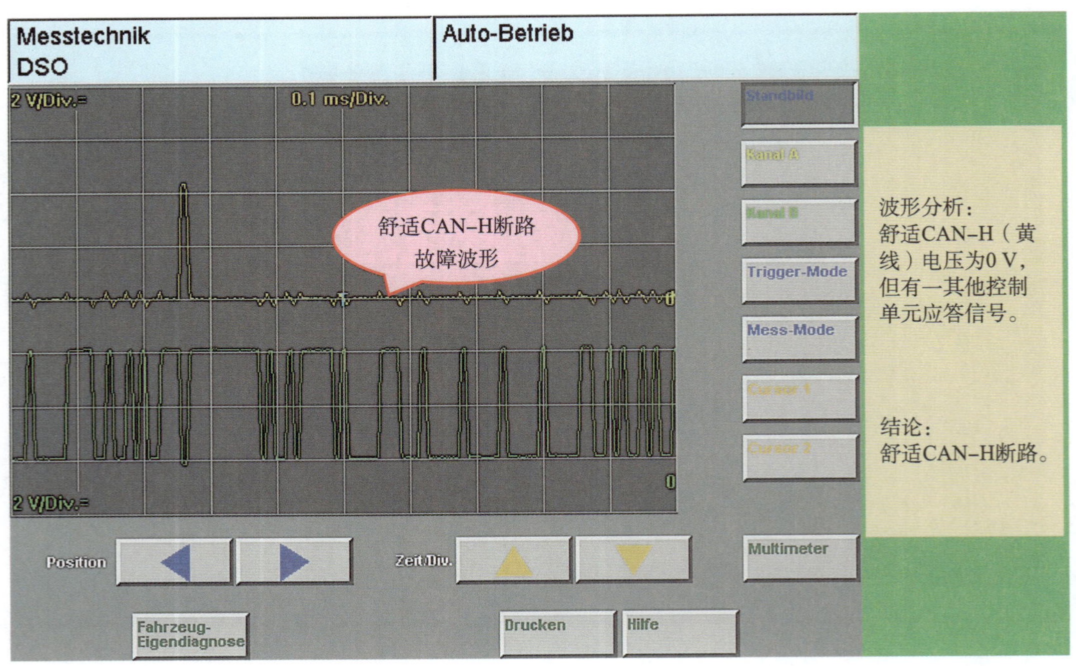

图 3–2　舒适 CAN–H 断路故障及故障波形

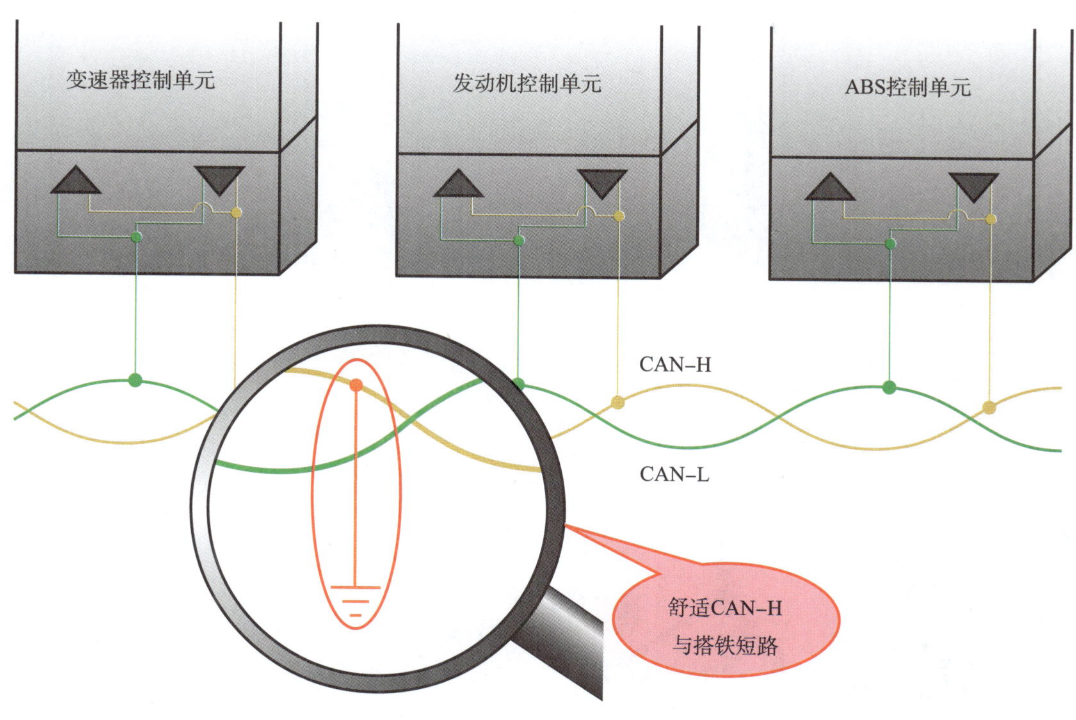

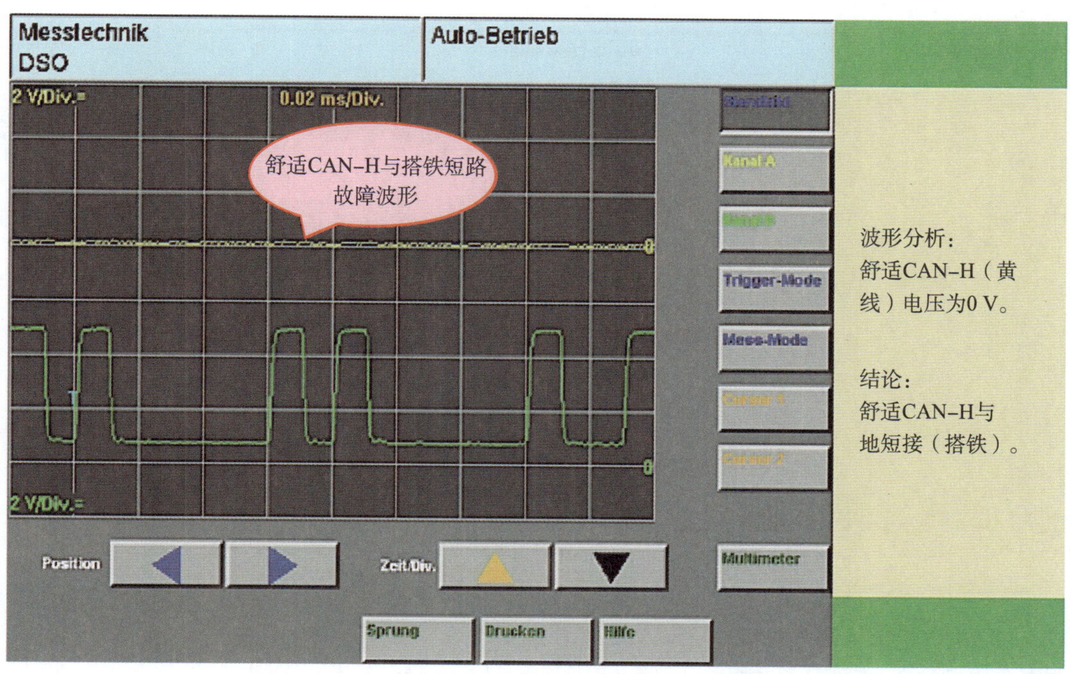

图 3-3 舒适 CAN–H 与搭铁短路故障及故障波形

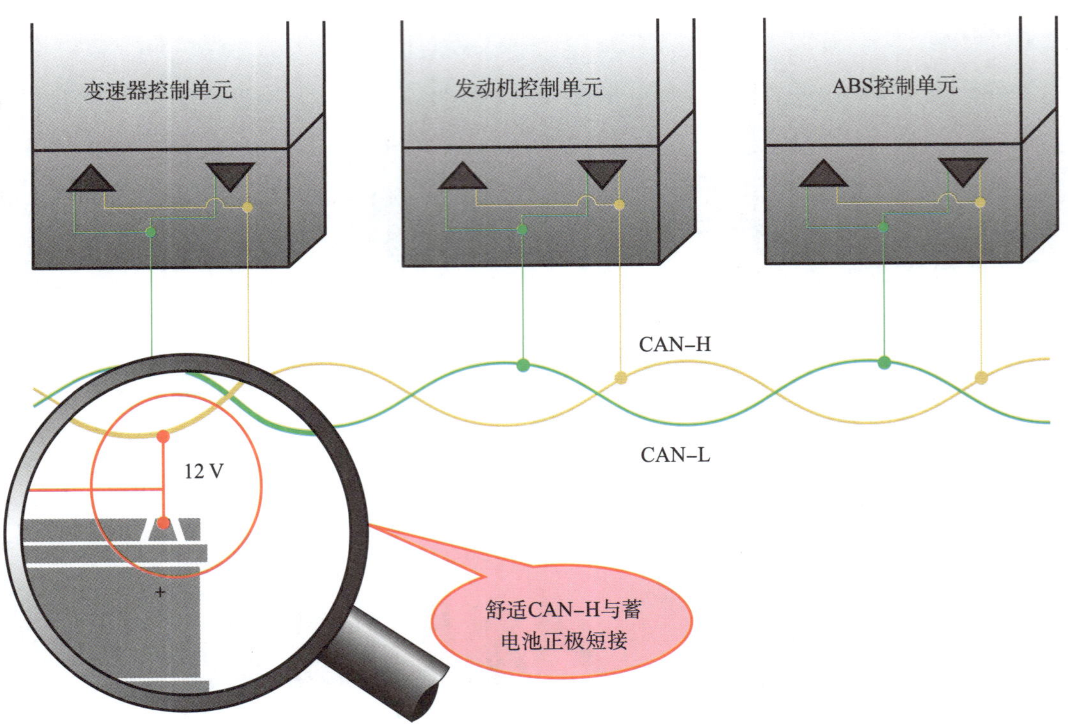

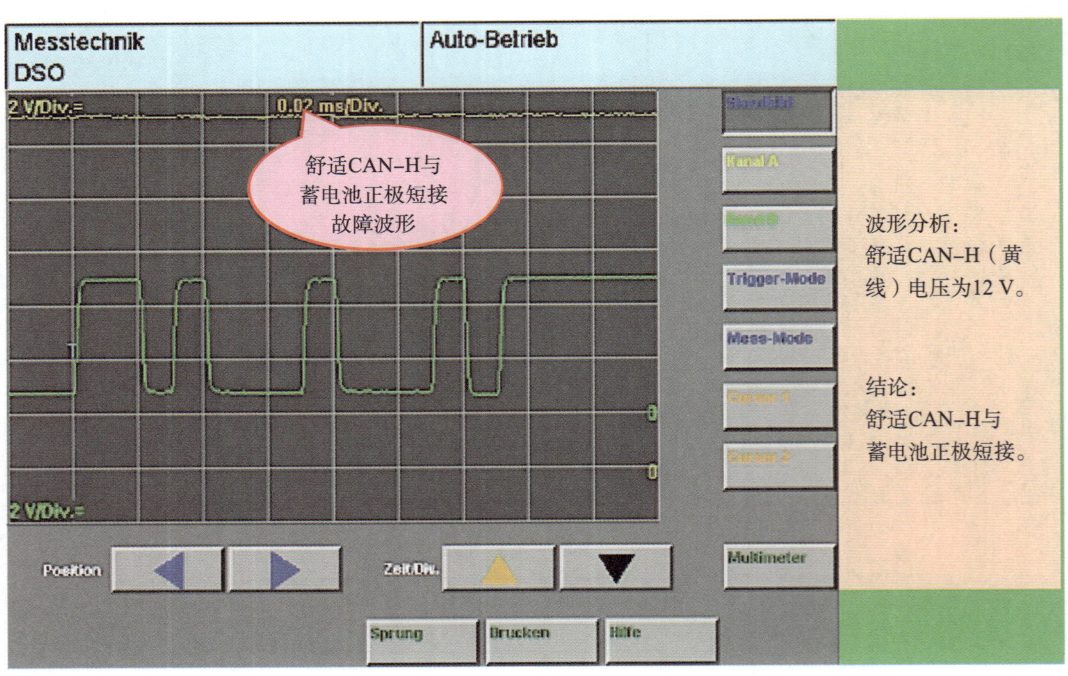

图 3–4　舒适 CAN–H 与蓄电池正极短接故障及故障波形

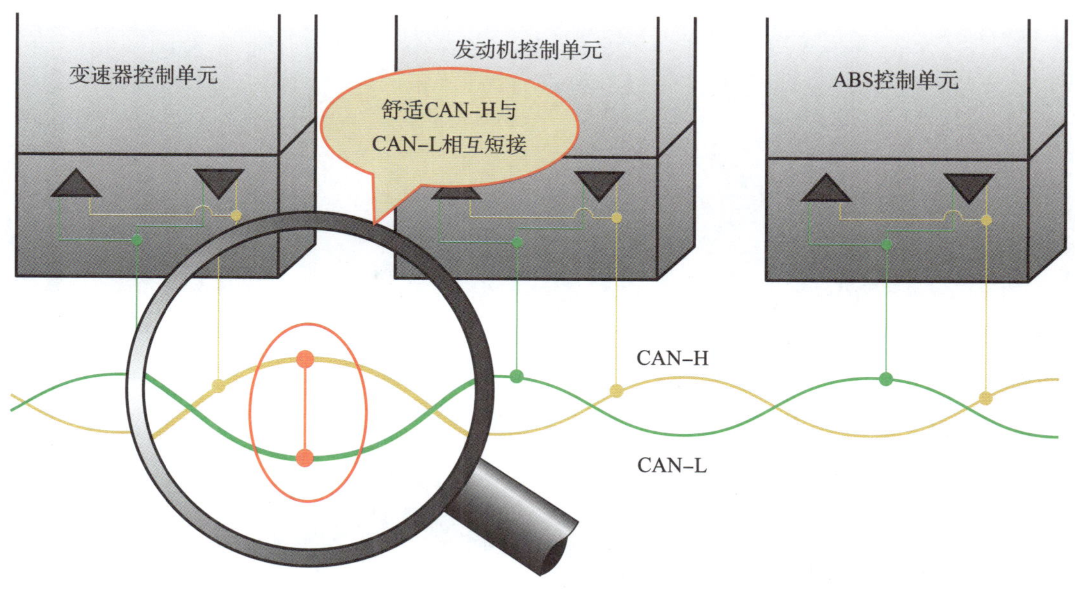

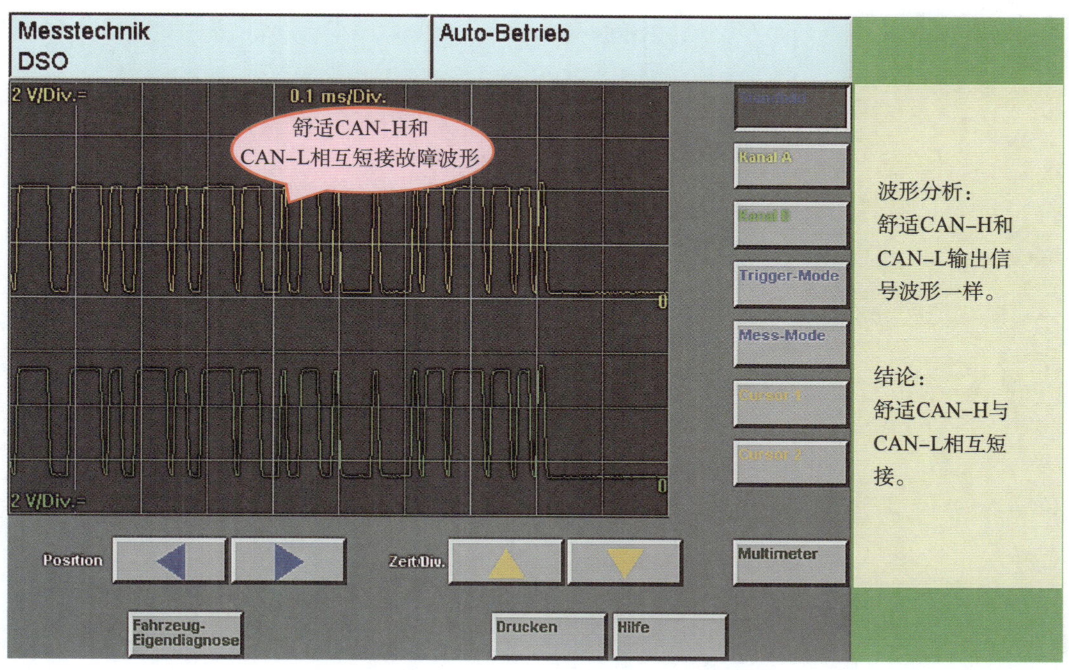

图 3-5 舒适 CAN-H 和 CAN-L 相互短接故障及故障波形

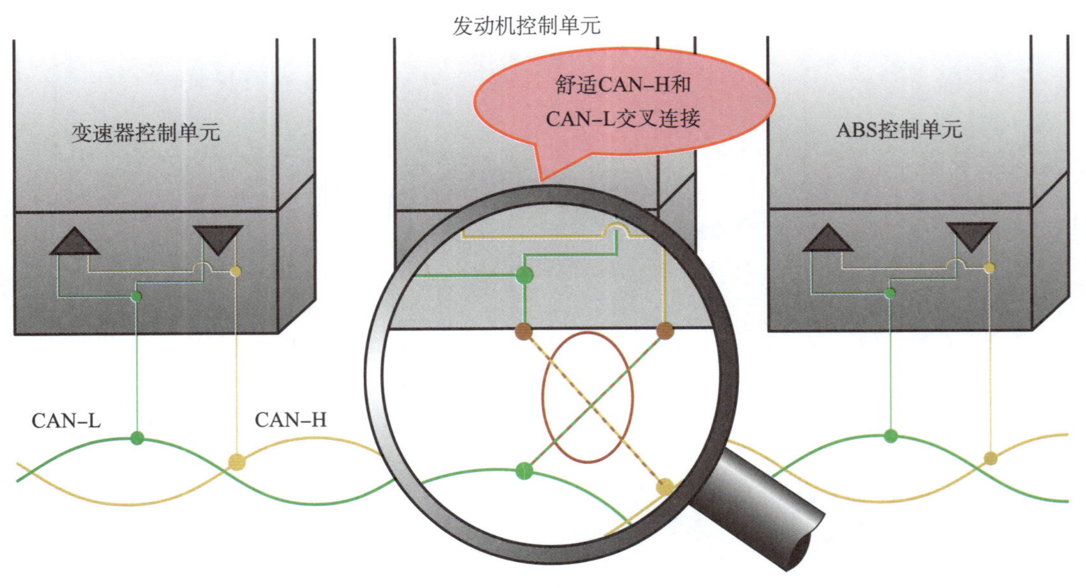

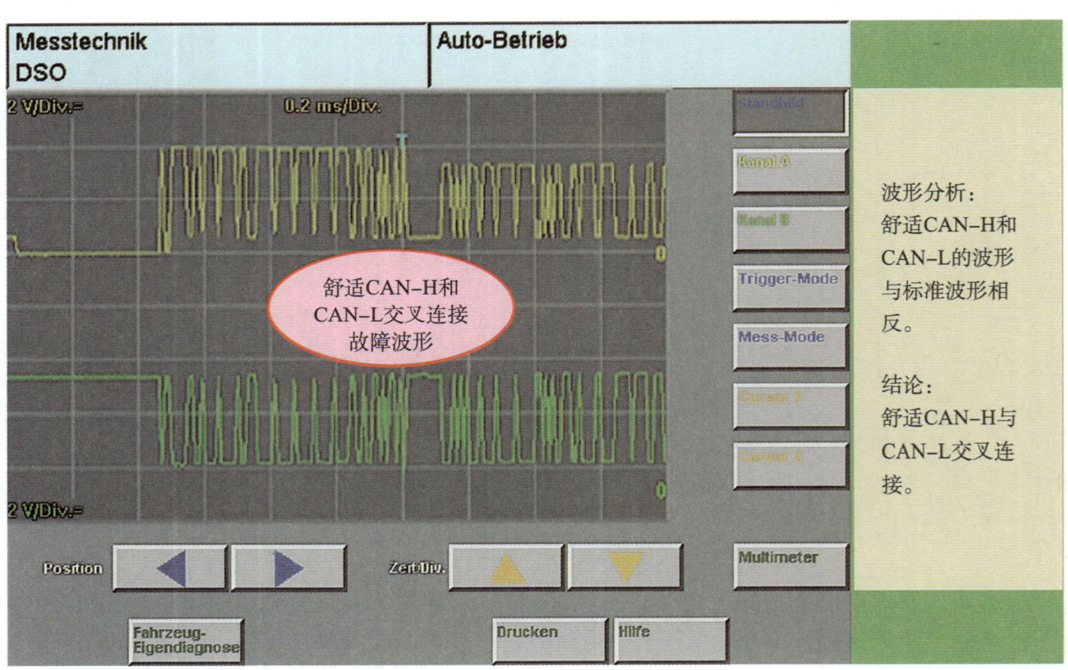

图 3-6 舒适 CAN-H 和 CAN-L 交叉连接故障及故障波形

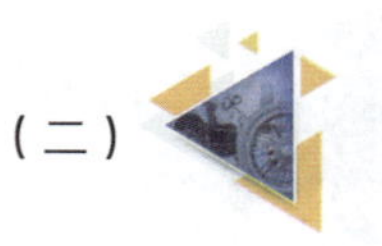

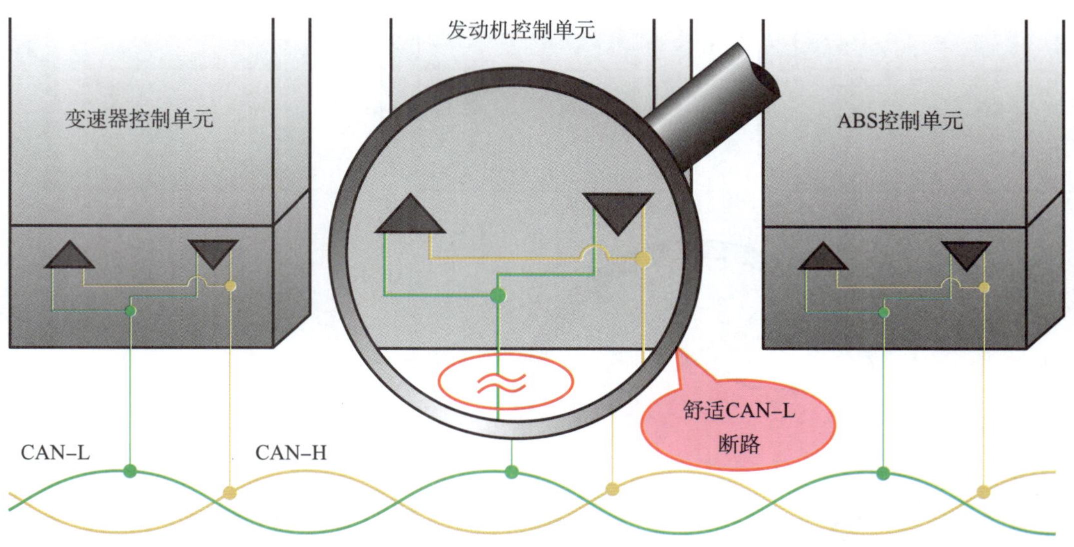

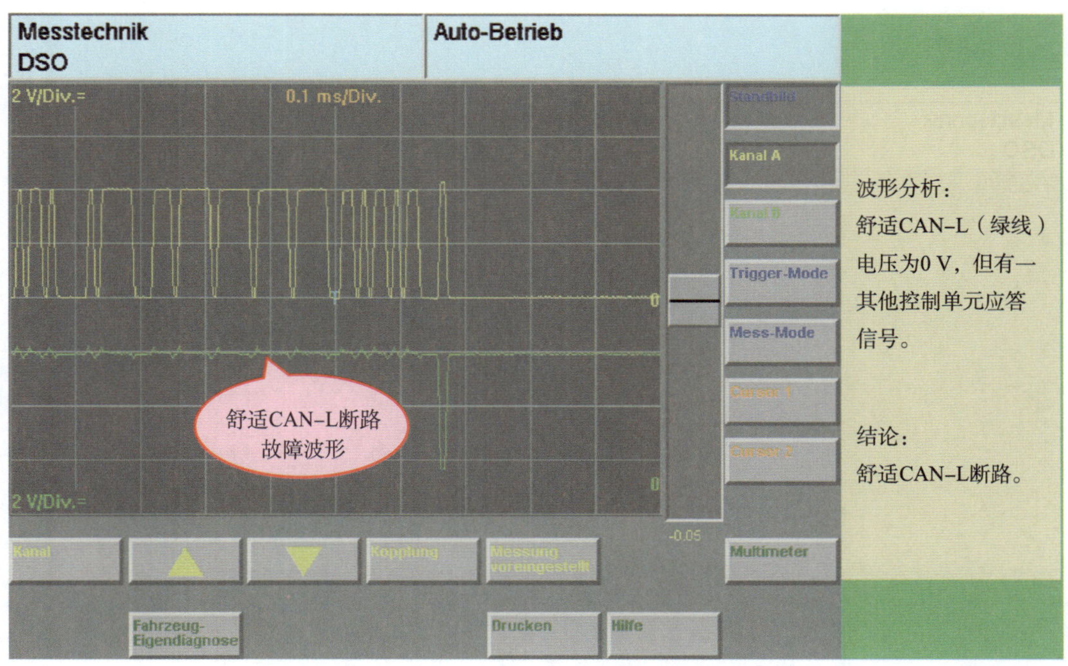

图 3-7 舒适 CAN–L 断路故障及故障波形

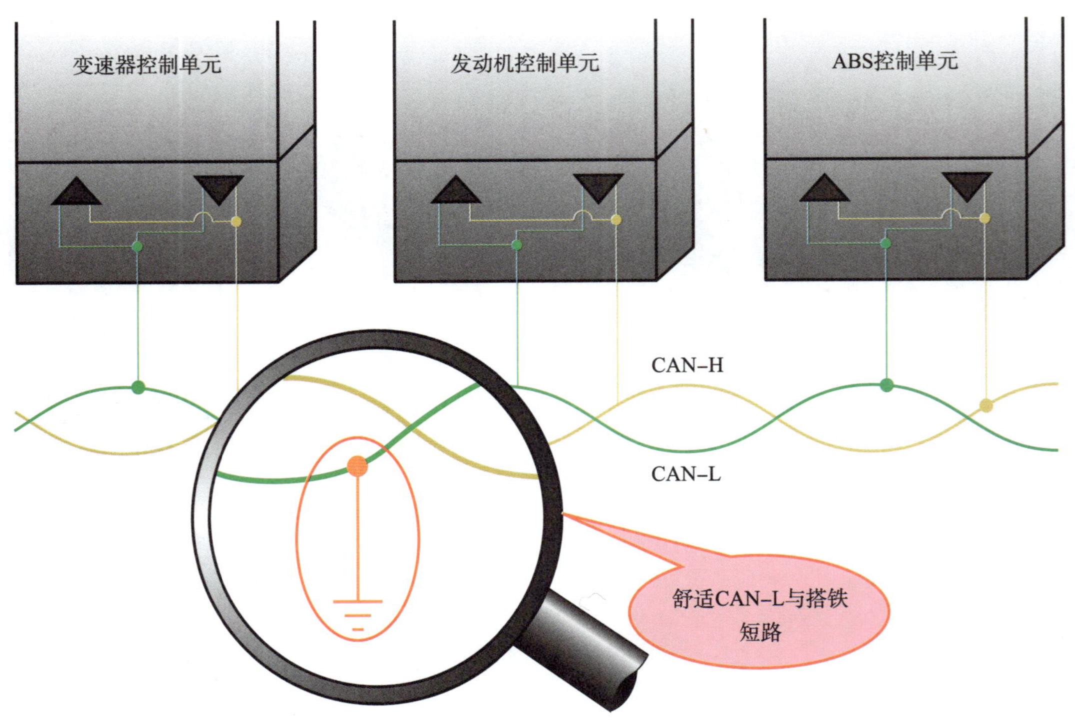

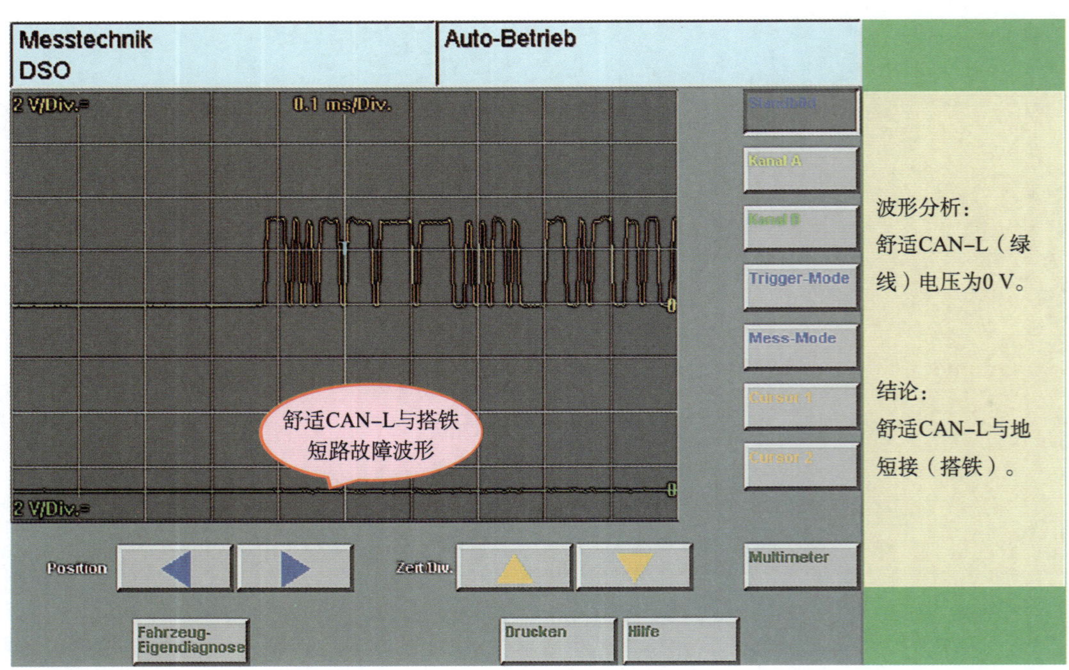

图 3-8　舒适 CAN-L 与搭铁短路故障及故障波形

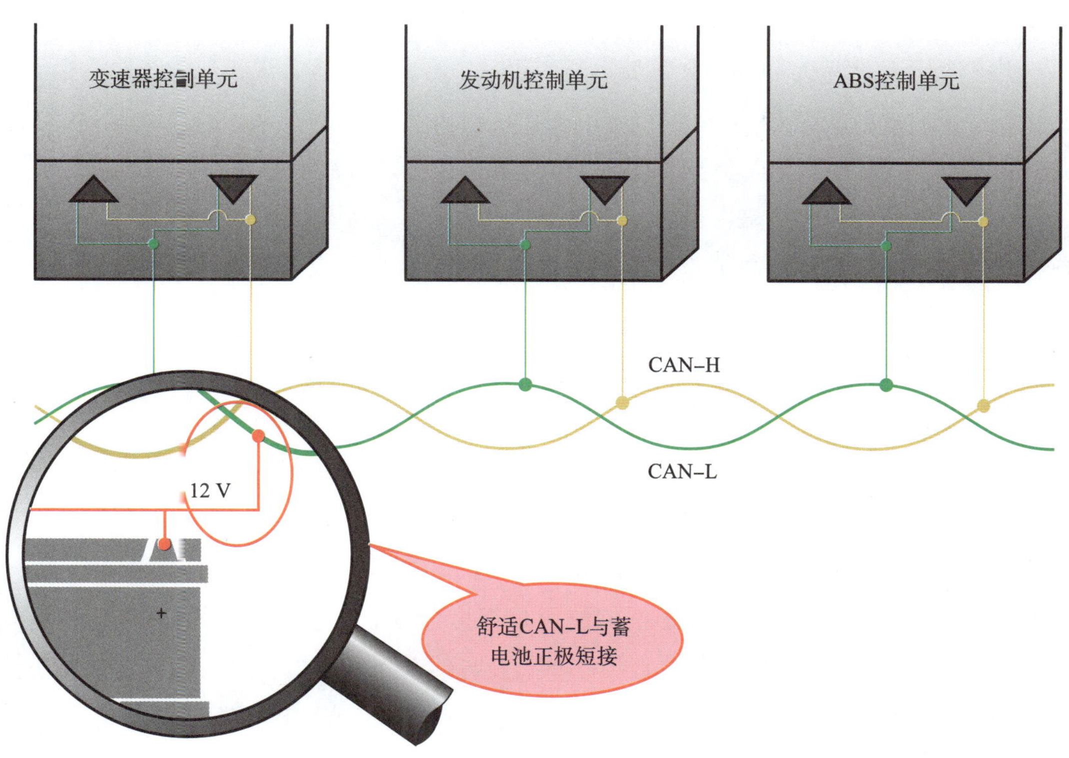

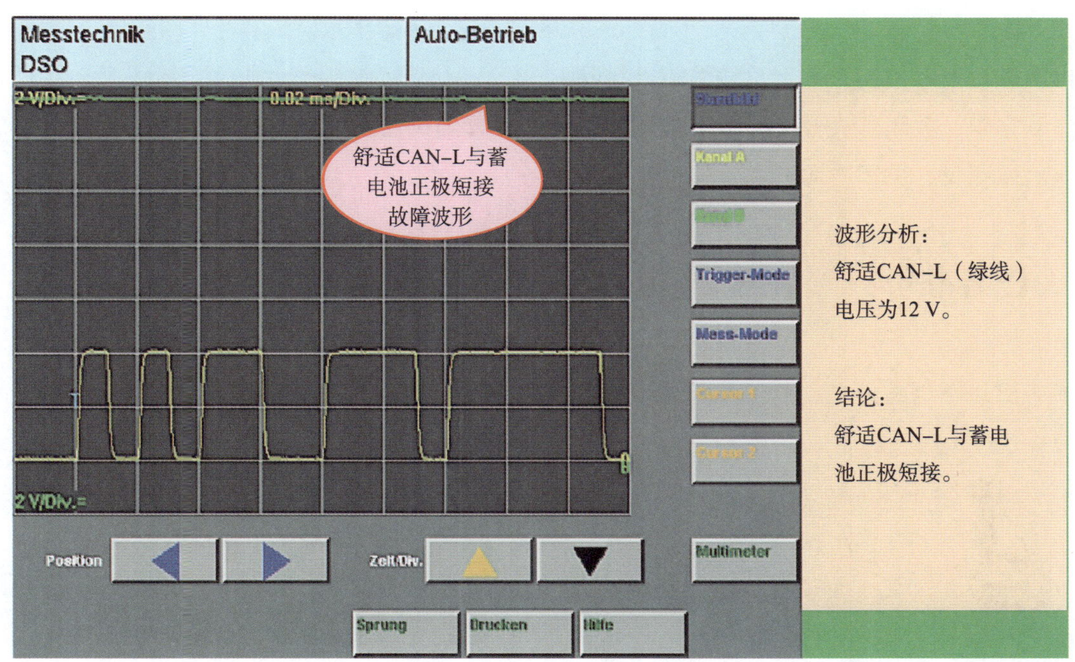

图 3-9 舒适 CAN–L 与蓄电池正极短接故障及故障波形

（二）舒适 CAN 总线故障检测方法

1. 连接诊断仪，进行数据总线故障自诊断，读取故障码。

2. 读取数据流，查看舒适 CAN 总线是否处于单线工作模式。

3. 检查控制单元 J393 的电源、搭铁、熔断器是否正常。

4. 检测舒适 CAN 总线电压、波形是否正常。若不正常，查阅维修手册，找到舒适 CAN 总线各个控制单元，逐一断开控制单元插脚，观察波形是否正常。若波形正常，说明故障在控制单元；若波形不正常，说明故障在总线线束上。

5. 逐一断开舒适 CAN 总线连接导线，观察波形是否正常。若波形正常，说明故障在拆下的 CAN 导线上，仔细检查导线，找出故障发生的具体部位。

6. 维修或更换故障导线和控制单元，排除故障。

7. 恢复车辆，整理工具和检测仪器。

（三）舒适 CAN 总线波形检测方法

1. 打开博世 FSA740 检测仪的电源开关，启动诊断仪。

2. 在车上找到舒适 CAN 总线的双绞线，分别将 CH1、CH2 检测线连接到 CAN–H 和 CAN–L 数据传输线上，检测线的负极线连接到蓄电池负极上。

3. 选择通用示波器功能，进入示波器检测界面。

4. 打开点火开关，检测舒适 CAN 总线的波形是否符合标准，并进行波形分析。若波形不正常，查阅维修手册，找到舒适 CAN 总线各节点控制单元及导线节点的位置，逐一断开各控制单元的插接器，观察波形是否恢复正常。若波形正常，说明控制单元损坏；若波形不正常，说明 CAN 传输导线故障。

5. 逐一断开舒适 CAN 总线连接导线，观察波形是否恢复正常，若正常说明导线故障，仔细查找故障部位并排除。

6. 再次进行波形检测，确定总线故障已排除。

7. 检测完毕，关闭点火开关，取下检测线，将其放置到仪器线束支架上。

8. 退出检测仪，关闭电源开关，整理仪器及设备。

二、任务准备

在下面图片中勾选出完成本任务所需的工具、设备、资料等。

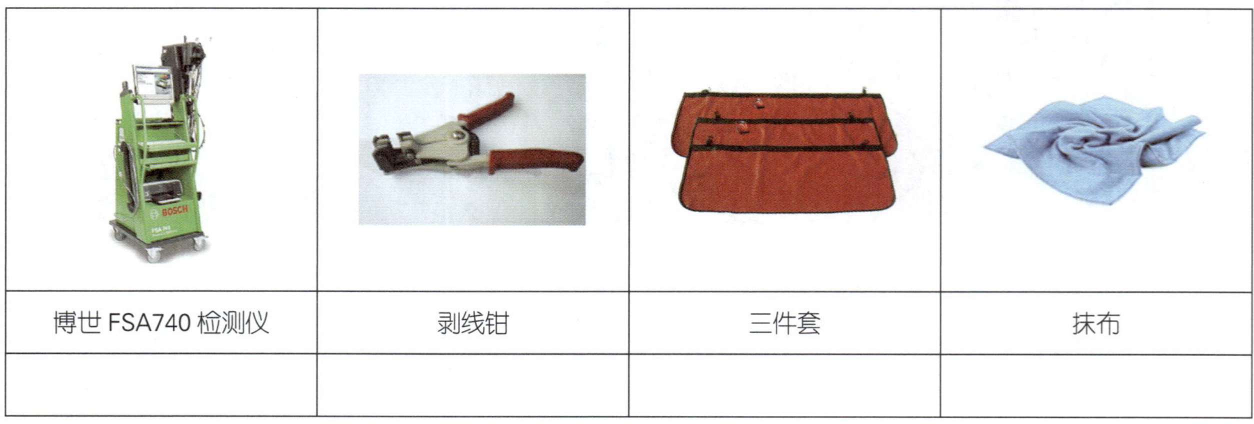

博世 FSA740 检测仪	剥线钳	三件套	抹布

诊断仪	旋具套装	工具套件	万用表
二极管试灯	示波器	汽车内饰拆装工具	吹尘枪
听诊器	胶带	燃油压力表	气缸压力表
	维 修 手 册		
举升机	维修手册	实训整车	传动带

三、防护措施

1. 进入车间应穿二鞋、戴工帽；工作服应穿戴整齐，无皮肤裸露；操作时不可佩戴手表等金属饰品，以防划伤车辆表面。

2. 操作电气设备时应注意用电安全。作业结束之后，应及时切断一切用电设备的电源。

3. 在对车辆电器设备端子进行检测时，必须使用万用表线组等工具，避免用万用表表笔直接测量，导致插接器虚接。

4. 若因检测需求需要拆卸某些部件时，必须严格按照维修手册标准进行拆卸，严禁暴力拆卸，防止元件损坏。

5. 非必要情况下，严禁对线束内部进行分解检测，对线束破损、裸露部分应使用电工胶布或热缩

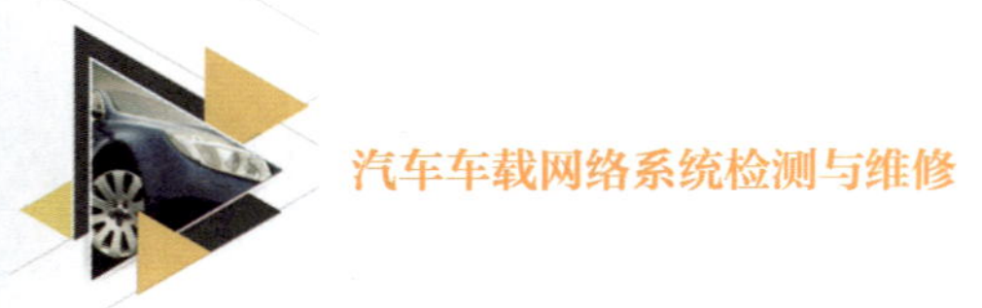

管做好绝缘处理。

四、任务分配（见表 3-1）

表 3-1　任务分配表

职务	代码	姓名	工作内容
组长	A		
组员	B		
	C		
	D		
	E		

五、任务实施

（一）操作步骤

完成下面工作内容的排序并填写在表 3-2 中。

表 3-2　操作步骤

序号	操作流程	步骤	工作内容
1	维修准备		将车辆安全停放到维修工位，拉起驻车制动器或将变速器置于 P 挡
			铺设三件套
			用万用表检查蓄电池电压是否正常
2	故障验证及自诊断		连接诊断仪，打开点火开关，进入自诊断
			选择舒适 CAN 总线系统控制单元，读取故障码及测量值。查看舒适 CAN 总线是否处于单线工作模式、有无通信故障
3	舒适 CAN 总线系统故障检测		检查舒适 CAN 总线控制单元 J393 的熔断器 SC26 是否损坏
			查阅维修手册，按步骤拆卸仪表台右侧下方杂物箱
			关闭点火开关，拔下控制单元 J393 的插接器，检查控制单元 J393 的电源、搭铁是否正常
			检查控制单元 J393 T18a/9、T18a/10 号端子的 CAN 总线电压是否正常
			关闭点火开关，使用博世 FSA740 检测仪或示波器将 CH1、CH2 检测线分别连接到控制单元 J393 T18a/9、T18a/10 号端子对应的 CAN 数据传输导线上
			打开点火开关和示波器，观察舒适 CAN 总线波形是否正常。若不正常，查阅维修手册，找到舒适 CAN 总线各个控制单元，逐一断开控制单元插脚，同时观察波形是否正常。若波形正常，说明故障在控制单元；若波形不正常，说明故障在总线线束上
			逐一断开舒适 CAN 总线连接导线，观察波形是否正常。若波形正常，说明故障在拆下的 CAN 导线上，仔细检查导线，找出故障发生的具体部位

续表

序号	操作流程	步骤	工作内容
4	故障维修		根据检测结果更换损坏的熔断器和控制单元，进行控制单元编码
			根据检测结果确定舒适 CAN 总线传输导线的故障部位，进行相应的故障维修
5	完工整理		安装好拆卸的部件，恢复车辆至完好状态
			取下三件套，清洁车辆
			整理维修工具、仪器和设备，打扫场地卫生

（二）实施记录

结合实施过程，对照表 3-3 中的检查项目内容，勾选或填写出实际的检查结果。

表 3-3 实施记录

序号	项目	故障检查	故障记录
1	维修准备	安全防护工作：铺设三件套 □ 蓄电池电压：________V 拉起驻车制动器 □ 变速器置于：________挡	维修记录：
2	故障验证及自诊断	能进入自诊断 □ 不能进入自诊断 □ 诊断插座熔断器：良好 □ 损坏 □ 网关熔断器：良好 □ 损坏 □ 舒适 CAN 总线系统故障自诊断：能进入自诊断 □ 不能进入自诊断 □ 有故障码 □ 无故障码 □ 故障码及测量值记录：________________ ________________________________	故障现象：
3	舒适 CAN 总线系统故障检测	熔断器 SC26 检查：正常 □ 损坏 □ 控制单元 J393 电源检查：有 12 V 电压 □ 无 12 V 电压 □ 控制单元 J393 搭铁检查：搭铁线良好 □ 搭铁线故障 □ 舒适 CAN 总线系统传输导线故障类型：________________ ________________________________ 舒适 CAN 总线波形检测：波形正常 □ 波形故障 □ 故障波形类型：________________ 逐一断开舒适 CAN 总线控制单元：波形恢复正常 □ 波形仍然故障 □ 逐一断开舒适 CAN 总线节点，观察波形：波形恢复正常 □ 波形仍然故障 □ 舒适 CAN 总线控制单元检查：良好 □ 损坏 □ 损坏的控制单元：________________ ________________________________	故障记录：
4	完工整理	安装好拆卸的部件，恢复车辆至完好状态 □ 整理工具、仪器和设备 □ 取下三件套 □ 清洁车辆，打扫场地卫生 □	小组成员签字：
根据任务实施流程和故障检测操作过程，总结舒适 CAN 总线的故障类型，并填写在下面。 1. ________________ 2. ________________ 3. ________________ 4. ________________ 5. ________________			

六、检查

（一）自检

结合本组任务操作过程，对任务执行过程中的操作规范性进行检查，检查操作过程中是否存在以下问题，分析讨论应如何避免并总结规范的操作方法（见表 3–4）。

表 3–4　自检

检查项目	结果
是否使用三件套对车辆进行防护	是 □　否 □
蓄电池电压是否正常	是 □　否 □
舒适 CAN 总线故障自诊断是否能进入	是 □　否 □
舒适 CAN 总线波形是否正常	是 □　否 □
舒适 CAN 总线控制单元 J393 是否损坏	是 □　否 □
舒适 CAN 总线控制单元 J393 的电源、搭铁是否良好	是 □　否 □
工作场地是否清洁，车辆是否复位	是 □　否 □

（二）互检

组与组之间相互进行任务操作过程及结果检查，并把检查结果填写在表 3–5 中。

表 3–5　互检

检查项目	结果
是否使用三件套对车辆进行防护	是 □　否 □
蓄电池电压是否正常	是 □　否 □
舒适 CAN 总线故障自诊断是否能进入	是 □　否 □
舒适 CAN 总线波形是否正常	是 □　否 □
舒适 CAN 总线控制单元 J393 是否损坏	是 □　否 □
舒适 CAN 总线控制单元 J393 的电源、搭铁是否良好	是 □　否 □
工作场地是否清洁，车辆是否复位	是 □　否 □

七、课堂小结

任务四 舒适 CAN 总线故障检修（三）

<table>
<tr><th colspan="6">舒适 CAN 总线故障检修任务工单——故障点判定</th></tr>
<tr><td>客户信息</td><td>姓名</td><td colspan="2"></td><td>职业</td><td></td></tr>
<tr><td rowspan="2">车辆信息</td><td colspan="2">车型</td><td colspan="2">VIN 码</td><td>行驶里程</td></tr>
<tr><td colspan="2"></td><td colspan="2"></td><td></td></tr>
<tr><td>故障验证
及检测</td><td colspan="5">CAN 总线无法进入故障 □　CAN 总线无法休眠故障 □　CAN 总线单线工作模式故障 □
熔断器检查 □　驱动 CAN 总线故障 □　舒适 CAN 总线故障 □
信息娱乐 CAN 总线故障 □　LIN 总线故障 □　终端电阻检测 □
总线电压检测 □　总线波形检测 □　读取故障码 □
读取测量值 □　驱动 CAN 总线节点故障 □　驱动 CAN 总线电源故障 □
总线链路故障 □　舒适 CAN 总线节点故障 □　舒适 CAN 总线电源故障 □
舒适 CAN 总线链路故障 □　空调 CAN 总线故障 □　电动车窗 CAN 总线故障 □
J393 CAN 总线故障 □　J527 CAN 总线故障 □
客户描述：</td></tr>
<tr><th colspan="3">车辆外观检查</th><th colspan="3">车辆内部检查</th></tr>
<tr><td>凹凸 □</td><td colspan="2" rowspan="4"></td><td>污渍 □</td><td colspan="2" rowspan="4"></td></tr>
<tr><td>划痕 □</td><td>破损 □</td></tr>
<tr><td>石击 □</td><td>色斑 □</td></tr>
<tr><td>油漆 □</td><td>变形 □</td></tr>
<tr><td>明确具体
工作任务</td><td colspan="5"></td></tr>
<tr><td>任务目标</td><td colspan="5">● 能够对舒适 CAN 总线进行故障诊断与分析
● 能够使用万用表、示波器对舒适 CAN 总线进行故障检测
● 能够排除舒适 CAN 总线系统故障</td></tr>
</table>

续表

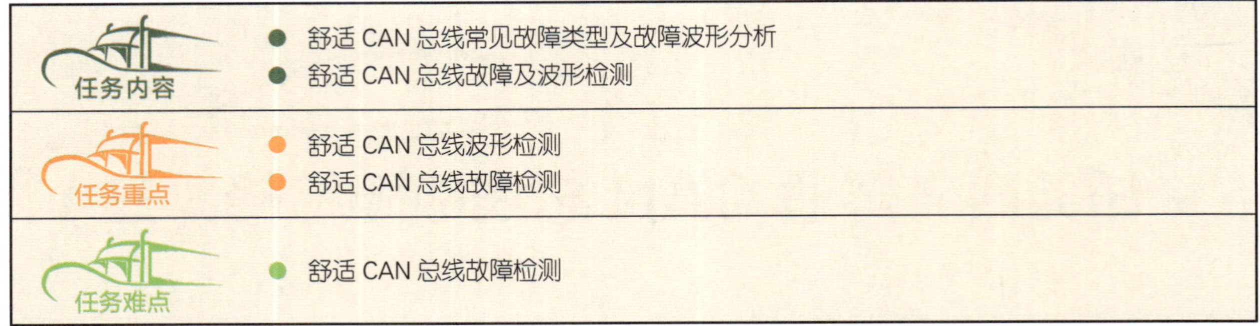

任务内容	● 舒适 CAN 总线常见故障类型及故障波形分析 ● 舒适 CAN 总线故障及波形检测
任务重点	● 舒适 CAN 总线波形检测 ● 舒适 CAN 总线故障检测
任务难点	● 舒适 CAN 总线故障检测

一、任务准备

在下面图片中勾选出完成本任务所需的工具、设备、资料等。

博世 FSA740 检测仪	剥线钳	三件套	抹布
诊断仪	旋具套装	工具套件	万用表
二极管试灯	示波器	汽车内饰拆装工具	吹尘枪
听诊器	胶带	燃油压力表	气缸压力表

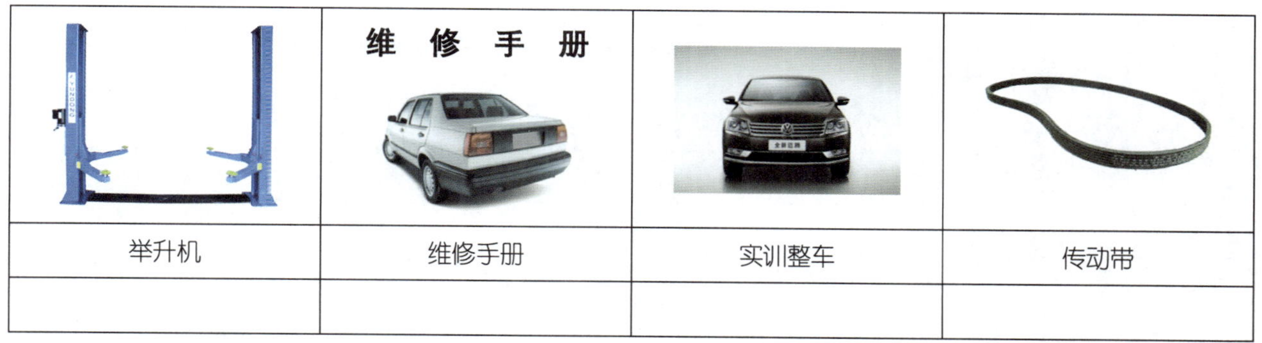

举升机	维修手册	实训整车	传动带

二、防护措施

1. 进入车间应穿工鞋、戴工帽；工作服应穿戴整齐，无皮肤裸露；操作时不可佩戴手表等金属饰品，以防划伤车辆表面。

2. 操作电气设备时应注意用电安全。作业结束之后，应及时切断一切用电设备的电源。

3. 在对车辆电器设备端子进行检测时，必须使用万用表线组等工具，避免用万用表表笔直接测量，导致插接器虚接。

4. 若因检测需求需要拆卸某些部件时，必须严格按照维修手册标准进行拆卸，严禁暴力拆卸，防止元件损坏。

5. 非必要情况下，严禁对线束内部进行分解检测，对线束破损、裸露部分应使用电工胶布或热缩管做好绝缘处理。

三、任务分配（见表 4-1）

表 4-1 任务分配表

职务	代码	姓名	工作内容
组长	A		
组员	B		
	C		
	D		
	E		

四、任务实施

（一）操作步骤

完成下面工作内容的排序并填写在表 4-2 中。

表 4-2　操作步骤

序号	操作流程	步骤	工作内容
1	维修准备		将车辆安全停放到维修工位，拉起驻车制动器或将变速器置于 P 挡
			铺设三件套
			用万用表检查蓄电池电压是否正常
2	故障验证及自诊断		连接诊断仪，打开点火开关，进入自诊断
			选择舒适 CAN 总线系统控制单元，读取故障码及测量值。查看舒适 CAN 总线是否处于单线工作模式、有无通信故障
3	舒适 CAN 总线系统故障检测		检查舒适 CAN 总线控制单元 J393 的熔断器 SC26 是否损坏
			查阅维修手册，按步骤拆卸仪表台右侧下方杂物箱
			关闭点火开关，拔下控制单元 J393 的插接器，检查控制单元 J393 的电源、搭铁是否正常
			检查控制单元 J393 T18a/9、T18a/10 号端子的 CAN 总线电压是否正常
			关闭点火开关，使用博世 FSA740 检测仪或示波器将 CH1、CH2 检测线分别连接到控制单元 J393 T18a/9、T18a/10 号端子对应的 CAN 数据传输导线上
			打开点火开关和示波器，观察舒适 CAN 总线波形是否正常。若不正常，查阅维修手册，找到舒适 CAN 总线各个控制单元，逐一断开控制单元插脚，同时观察波形是否正常。若波形正常，说明故障在控制单元；若波形不正常，说明故障在总线线束上
			逐一断开舒适 CAN 总线连接导线，观察波形是否正常。若波形正常，说明故障在拆下的 CAN 导线上，仔细检查导线，找出故障发生的具体部位
4	故障维修		根据检测结果更换损坏的熔断器和控制单元，进行控制单元编码
			根据检测结果确定舒适 CAN 总线传输导线的故障部位，进行相应的故障维修
5	完工整理		安装好拆卸的部件，恢复车辆至完好状态
			取下三件套，清洁车辆
			整理维修工具、仪器和设备，打扫场地卫生

（二）实施记录

结合实施过程，对照表 4-3 中的检查项目内容，勾选或填写出实际的检查结果。

表 4-3　实施记录

序号	项目	故障检查	故障记录
1	维修准备	安全防护工作：铺设三件套 □ 蓄电池电压：________V 拉起驻车制动器 □　变速器置于：________挡	维修记录：
2	故障验证及自诊断	能进入自诊断 □　不能进入自诊断 □ 诊断插座熔断器：良好 □　损坏 □　　网关熔断器：良好 □　损坏 □ 舒适 CAN 总线系统故障自诊断：能进入自诊断 □　不能进入自诊断 □ 有故障码 □　无故障码 □　故障码及测量值记录：____________ ________________________________	故障现象：

续表

<table>
<tr><th>序号</th><th>项目</th><th>故障检查</th><th>故障记录</th></tr>
<tr><td>3</td><td>舒适 CAN 总线系统故障检测</td><td>熔断器 SC26 检查：正常 □ 损坏 □
控制单元 J393 电源检查：有 12 V 电压 □ 无 12 V 电压 □
控制单元 J393 搭铁检查：搭铁线良好 □ 搭铁线故障 □
舒适 CAN 总线系统传输导线故障类型：____________________
____
舒适 CAN 总线波形检测：波形正常 □ 波形故障 □
故障波形类型：____________________
逐一断开舒适 CAN 总线控制单元：波形恢复正常 □ 波形仍然故障 □
逐一断开舒适 CAN 总线节点，观察波形：波形恢复正常 □ 波形仍然故障 □
舒适 CAN 总线控制单元检查：良好 □ 损坏 □
损坏的控制单元：____________________
____</td><td>故障记录：</td></tr>
<tr><td>4</td><td>完工整理</td><td>安装好拆卸的部件，恢复车辆至完好状态 □ 整理工具、仪器和设备 □
取下三件套 □ 清洁车辆，打扫场地卫生 □</td><td>小组成员签字：</td></tr>
<tr><td colspan="4">根据任务实施流程和故障检测操作过程，总结舒适 CAN 总线的故障类型，并填写在下面。
1. ____
2. ____
3. ____
4. ____
5. ____</td></tr>
</table>

五、检查

（一）自检

结合本组任务操作过程，对任务执行过程中的操作规范性进行检查，检查操作过程中是否存在以下问题，分析讨论应如何避免并总结规范的操作方法（见表 4–4）。

表 4–4 自检

检查项目	结果
是否使用三件套对车辆进行防护	是 □ 否 □
蓄电池电压是否正常	是 □ 否 □
舒适 CAN 总线故障自诊断是否能进入	是 □ 否 □
舒适 CAN 总线波形是否正常	是 □ 否 □
舒适 CAN 总线控制单元 J393 是否损坏	是 □ 否 □
舒适 CAN 总线控制单元 J393 的电源、搭铁是否良好	是 □ 否 □
工作场地是否清洁，车辆是否复位	是 □ 否 □

（二）互检

组与组之间相互进行任务操作过程及结果检查，并把检查结果填写在表 4–5 中。

表 4-5　互检

检查项目	结果
是否使用三件套对车辆进行防护	是 □　否 □
蓄电池电压是否正常	是 □　否 □
舒适 CAN 总线故障自诊断是否能进入	是 □　否 □
舒适 CAN 总线波形是否正常	是 □　否 □
舒适 CAN 总线系统控制单元 J393 是否损坏	是 □　否 □
舒适 CAN 总线控制单元 J393 的电源、搭铁是否良好	是 □　否 □
工作场地是否清洁，车辆是否复位	是 □　否 □

六、课堂小结

任务五　舒适 CAN 总线故障检修（四）

<table>
<tr><td colspan="7">舒适 CAN 总线故障检修任务工单——故障修复</td></tr>
<tr><td>客户信息</td><td>姓名</td><td colspan="2"></td><td>职业</td><td colspan="2"></td></tr>
<tr><td rowspan="2">车辆信息</td><td>车型</td><td colspan="3">VIN 码</td><td colspan="2">行驶里程</td></tr>
<tr><td></td><td colspan="3"></td><td colspan="2"></td></tr>
<tr><td>故障验证及检测</td><td colspan="6">CAN 总线无法进入故障 □　CAN 总线无法休眠故障 □　CAN 总线单线工作模式故障 □
熔断器检查 □　驱动 CAN 总线故障 □　舒适 CAN 总线故障 □
信息娱乐 CAN 总线故障 □　LIN 总线故障 □　终端电阻检测 □
总线电压检测 □　总线波形检测 □　读取故障码 □
读取测量值 □　驱动 CAN 总线节点故障 □　驱动 CAN 总线电源故障 □
总线链路故障 □　舒适 CAN 总线节点故障 □　舒适 CAN 总线电源故障 □
舒适 CAN 总线链路故障 □　空调 CAN 总线故障 □　电动车窗 CAN 总线故障 □
J393 CAN 总线故障 □　J527 CAN 总线故障 □　J519 总线故障 □
客户描述</td></tr>
<tr><td colspan="3">车辆外观检查</td><td colspan="4">车辆内部检查</td></tr>
<tr><td>凹凸 □
划痕 □
石击 □
油漆 □</td><td colspan="2"></td><td>污渍 □
破损 □
色斑 □
变形 □</td><td colspan="3"></td></tr>
<tr><td>明确具体工作任务</td><td colspan="6"></td></tr>
<tr><td>任务目标</td><td colspan="6">● 能够对舒适 CAN 总线进行故障诊断与分析
● 能够使用万用表、示波器对舒适 CAN 总线进行故障检测
● 能够排除舒适 CAN 总线系统故障</td></tr>
</table>

续表

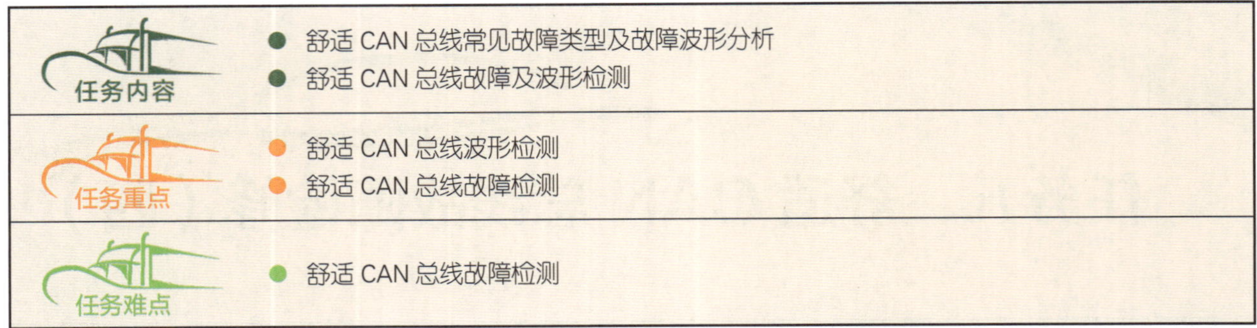

任务内容	● 舒适 CAN 总线常见故障类型及故障波形分析 ● 舒适 CAN 总线故障及波形检测
任务重点	● 舒适 CAN 总线波形检测 ● 舒适 CAN 总线故障检测
任务难点	● 舒适 CAN 总线故障检测

一、任务准备

在下面图片中勾选出完成本任务所需的工具、设备、资料等。

博世 FSA740 检测仪	剥线钳	三件套	抹布
诊断仪	旋具套装	工具套件	万用表
二极管试灯	示波器	汽车内饰拆装工具	吹尘枪
听诊器	胶带	燃油压力表	气缸压力表

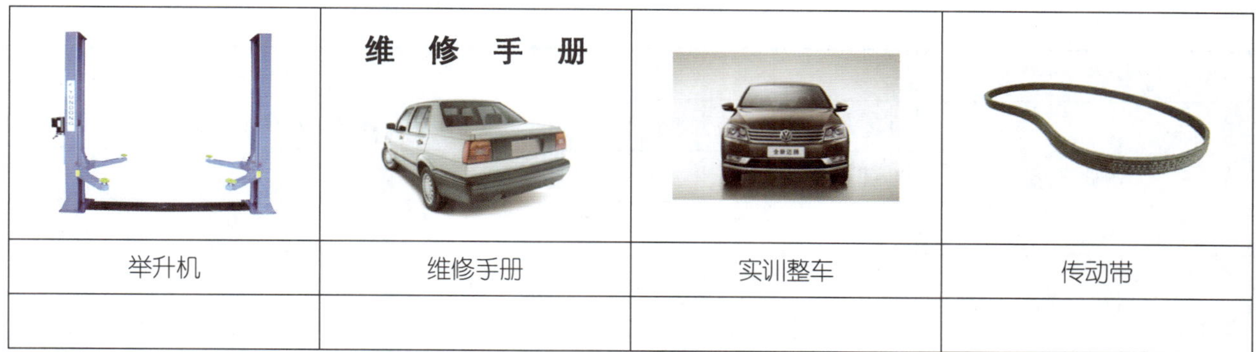

举升机	维修手册	实训整车	传动带

二、防护措施

1. 进入车间应穿工鞋、戴工帽；工作服应穿戴整齐，无皮肤裸露；操作时不可佩戴手表等金属饰品，以防划伤车辆表面。

2. 操作电气设备时应注意用电安全。作业结束之后，应及时切断一切用电设备的电源。

3. 在对车辆电器设备端子进行检测时，必须使用万用表线组等工具，避免用万用表表笔直接测量，导致插接器虚接。

4. 若因检测需求需要拆卸某些部件时，必须严格按照维修手册标准进行拆卸，严禁暴力拆卸，防止元件损坏。

5. 非必要情况下，严禁对线束内部进行分解检测，对线束破损、裸露部分应使用电工胶布或热缩管做好绝缘处理。

三、任务分配（见表 5-1）

表 5-1 任务分配表

职务	代码	姓名	工作内容
组长	A		
组员	B		
	C		
	D		
	E		

四、任务实施

（一）操作步骤

完成下面工作内容的排序并填写在表 5-2 中。

表 5-2　操作步骤

序号	操作流程	步骤	工作内容
1	维修准备		将车辆安全停放到维修工位，拉起驻车制动器或将变速器置于 P 挡
			铺设三件套
			用万用表检查蓄电池电压是否正常
2	故障验证及自诊断		连接诊断仪，打开点火开关，进入自诊断
			选择舒适 CAN 总线系统控制单元，读取故障码及测量值。查看舒适 CAN 总线是否处于单线工作模式、有无通信故障
3	舒适 CAN 总线系统故障检测		检查舒适 CAN 总线控制单元 J393 的熔断器 SC26 是否损坏
			查阅维修手册，按步骤拆卸仪表台右侧下方杂物箱
			关闭点火开关，拔下控制单元 J393 的插接器，检查控制单元 J393 的电源、搭铁是否正常
			检查控制单元 J393 T18a/9、T18a/10 号端子的 CAN 总线电压是否正常
			关闭点火开关，使用博世 FSA740 检测仪或示波器将 CH1、CH2 检测线分别连接到控制单元 J393 T18a/9、T18a/10 号端子对应的 CAN 数据传输导线上
			打开点火开关和示波器，观察舒适 CAN 总线波形是否正常。若不正常，查阅维修手册，找到舒适 CAN 总线各个控制单元，逐一断开控制单元插脚，同时观察波形是否正常。若波形正常，说明故障在控制单元；若波形不正常，说明故障在总线线束上
			逐一断开舒适 CAN 总线连接导线，观察波形是否正常。若波形正常，说明故障在拆下的 CAN 导线上，仔细检查导线，找出故障发生的具体部位
4	故障维修		根据检测结果更换损坏的熔断器和控制单元，进行控制单元编码
			根据检测结果确定舒适 CAN 总线传输导线的故障部位，进行相应的故障维修
5	完工整理		安装好拆卸的部件，恢复车辆至完好状态
			取下三件套，清洁车辆
			整理维修工具、仪器和设备，打扫场地卫生

（二）实施记录

结合实施过程，对照表 5-3 中的检查项目内容，勾选或填写出实际的检查结果。

表 5-3　实施记录

序号	项目	故障检查	故障记录
1	维修准备	安全防护工作：铺设三件套 □ 蓄电池电压：________V 拉起驻车制动器 □　变速器置于：________挡	维修记录：
2	故障验证及自诊断	能进入自诊断 □　不能进入自诊断 □ 诊断插座熔断器：良好 □　损坏 □　网关熔断器：良好 □　损坏 □ 舒适 CAN 总线系统故障自诊断：能进入自诊断 □　不能进入自诊断 □ 有故障码 □　无故障码 □　故障码及测量值记录：____________ ______________________________	故障现象：

续表

序号	项目	故障检查	故障记录
3	舒适 CAN 总线系统故障检测	熔断器 SC26 检查：正常 □ 损坏 □ 控制单元 J393 电源检查：有 12 V 电压 □ 无 12 V 电压 □ 控制单元 J393 搭铁检查：搭铁线良好 □ 搭铁线故障 □ 舒适 CAN 总线系统传输导线故障类型：________________ ________________ 舒适 CAN 总线波形检测：波形正常 □ 波形故障 □ 故障波形类型：________________ 逐一断开舒适 CAN 总线控制单元：波形恢复正常 □ 波形仍然故障 □ 逐一断开舒适 CAN 总线节点，观察波形：波形恢复正常 □ 波形仍然故障 □ 舒适 CAN 总线控制单元检查：良好 □ 损坏 □ 损坏的控制单元：________________ ________________	故障记录：
4	完工整理	安装好拆卸的部件，恢复车辆至完好状态 □ 整理工具、仪器和设备 □ 取下三件套 □ 清洁车辆，打扫场地卫生 □	小组成员签字：
根据任务实施流程和故障检测操作过程，总结舒适 CAN 总线的故障类型，并填写在下面。 1. ________________ 2. ________________ 3. ________________ 4. ________________ 5. ________________			

五、检查

（一）自检

结合本组任务操作过程，对任务执行过程中的操作规范性进行检查，检查操作过程中是否存在以下问题，分析讨论应如何避免并总结规范的操作方法（见表 5-4）。

表 5-4 自检

检查项目	结果
是否使用三件套对车辆进行防护	是 □ 否 □
蓄电池电压是否正常	是 □ 否 □
舒适 CAN 总线故障自诊断是否能进入	是 □ 否 □
舒适 CAN 总线波形是否正常	是 □ 否 □
舒适 CAN 总线控制单元 J393 是否损坏	是 □ 否 □
舒适 CAN 总线控制单元 J393 的电源、搭铁是否良好	是 □ 否 □
工作场地是否清洁，车辆是否复位	是 □ 否 □

（二）互检

组与组之间相互进行任务操作过程及结果检查，并把检查结果填写在表 5-5 中。

表 5-5　互检

检查项目	结果
是否使用三件套对车辆进行防护	是 □　否 □
蓄电池电压是否正常	是 □　否 □
舒适 CAN 总线故障自诊断是否能进入	是 □　否 □
舒适 CAN 总线波形是否正常	是 □　否 □
舒适 CAN 总线系统控制单元 J393 是否损坏	是 □　否 □
舒适 CAN 总线控制单元 J393 的电源、搭铁是否良好	是 □　否 □
工作场地是否清洁，车辆是否复位	是 □　否 □

六、课堂小结

____

____

____

情境二

驱动 CAN 总线故障检修

任务六　驱动 CAN 总线故障检修（一）

<table>
<tr><th colspan="6">驱动 CAN 总线故障检修任务工单——电路测量</th></tr>
<tr><td>客户信息</td><td>姓名</td><td colspan="2"></td><td>职业</td><td></td></tr>
<tr><td rowspan="2">车辆信息</td><td colspan="2">车型</td><td colspan="2">VIN 码</td><td>行驶里程</td></tr>
<tr><td colspan="2"></td><td colspan="2"></td><td></td></tr>
<tr><td>故障验证及检测</td><td colspan="5">CAN 总线无法进入故障 □　CAN 总线无法休眠故障 □　CAN 总线单线工作模式故障 □
熔断器检查 □　驱动 CAN 总线故障 □　舒适 CAN 总线故障 □
信息娱乐 CAN 总线故障 □　LIN 总线故障 □　终端电阻检测 □
总线电压检测 □　总线波形检测 □　读取故障码 □
读取测量值 □　驱动 CAN 总线节点故障 □　驱动 CAN 总线电源故障 □
总线链路故障 □　舒适 CAN 总线节点故障 □　舒适 CAN 总线电源故障 □
舒适 CAN 总线链路故障 □　ABS 总线故障 □　变速器 CAN 总线故障 □
安全气囊总线故障 □　驻车辅助 CAN 总线故障 □　发动机总线故障 □
电控助力转向系统 CAN 总线故障 □　转向灯和前照灯照明调节 CAN 总线故障 □
客户描述：</td></tr>
<tr><th colspan="3">车辆外观检查</th><th colspan="3">车辆内部检查</th></tr>
<tr><td>凹凸 □</td><td colspan="2" rowspan="4"></td><td>污渍 □</td><td colspan="2" rowspan="4"></td></tr>
<tr><td>划痕 □</td><td>破损 □</td></tr>
<tr><td>石击 □</td><td>色斑 □</td></tr>
<tr><td>油漆 □</td><td>变形 □</td></tr>
<tr><td>明确具体工作任务</td><td colspan="5"></td></tr>
</table>

任务目标

- 能够查阅维修资料，了解故障车辆 CAN 总线的结构组成
- 能够对驱动 CAN 总线进行故障诊断与分析
- 能够使用万用表、示波器对驱动 CAN 总线进行故障检测
- 能够排除驱动 CAN 总线系统故障

续表

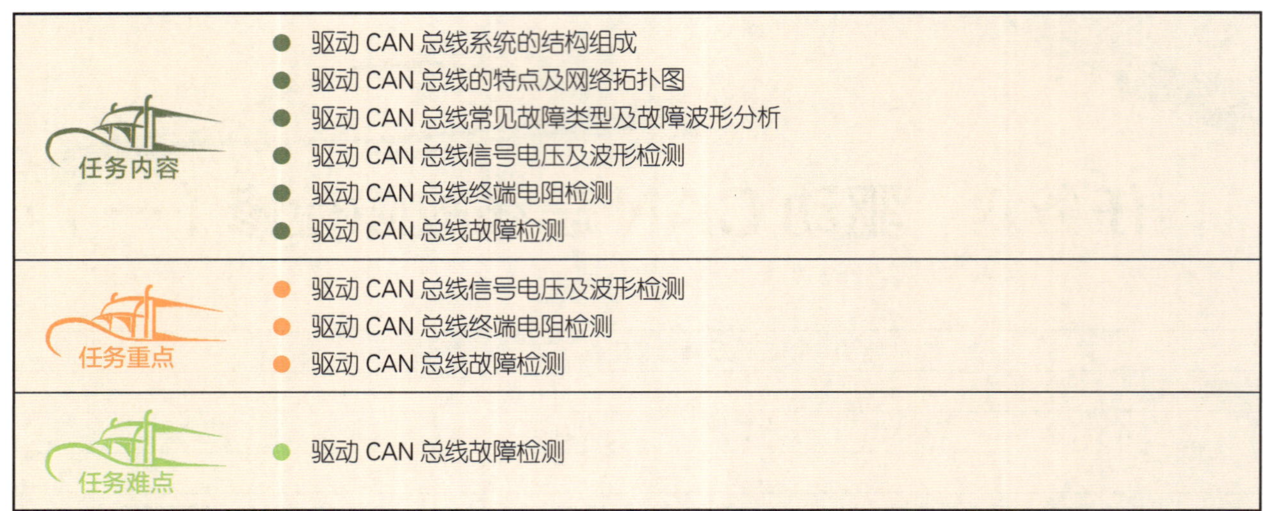

任务内容	● 驱动 CAN 总线系统的结构组成 ● 驱动 CAN 总线的特点及网络拓扑图 ● 驱动 CAN 总线常见故障类型及故障波形分析 ● 驱动 CAN 总线信号电压及波形检测 ● 驱动 CAN 总线终端电阻检测 ● 驱动 CAN 总线故障检测
任务重点	● 驱动 CAN 总线信号电压及波形检测 ● 驱动 CAN 总线终端电阻检测 ● 驱动 CAN 总线故障检测
任务难点	● 驱动 CAN 总线故障检测

一、知识讲解

（一）驱动 CAN 总线系统的结构组成

驱动 CAN 总线系统由 CAN 控制器和收发器、数据传输导线、数据传输终端组成，其中 CAN 控制器和收发器集成在控制单元内部，如图 6-1 所示。

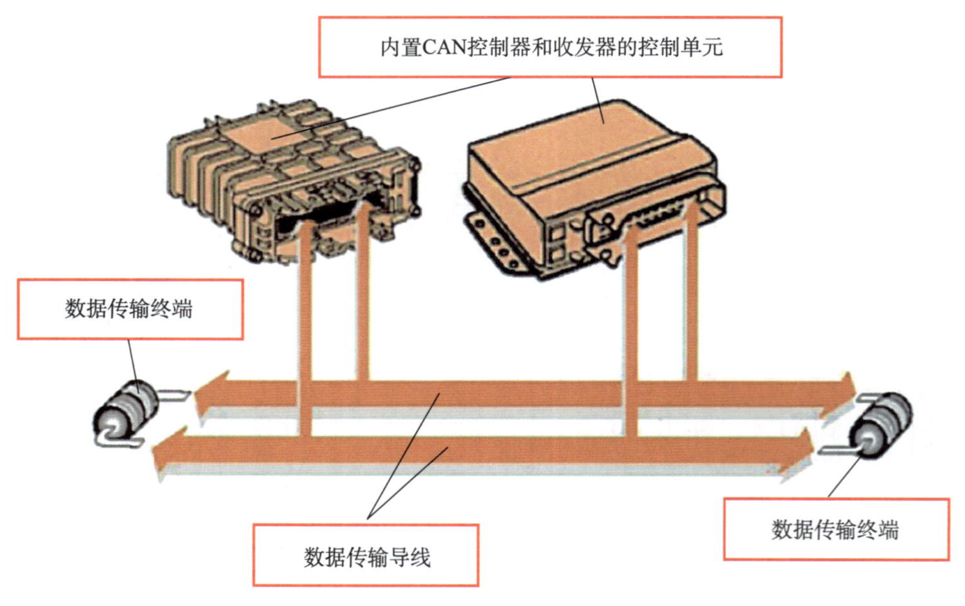

图 6-1　驱动 CAN 总线系统的结构组成

1. 数据传输终端

在数据传输总线的两个末端设有两个终端电阻，其目的是防止数据在终端被反射，并以回声的形式返回。数据在终端的反射会干扰其他数据的传输。

2. CAN 控制器

CAN 控制器（见图 6-2）负责接收并处理电控单元传来的数据信息，将其转发给 CAN 收发器；同

时还接收收发器截取的数据信息，进行处理后再将其传送给电控单元。

3. CAN 收发器

CAN 收发器是发送器和接收器的组合，兼具接收和发送的功能。它将 CAN 控制器传来的数据转化为电信号送入数据传输导线，如图 6-2 所示。

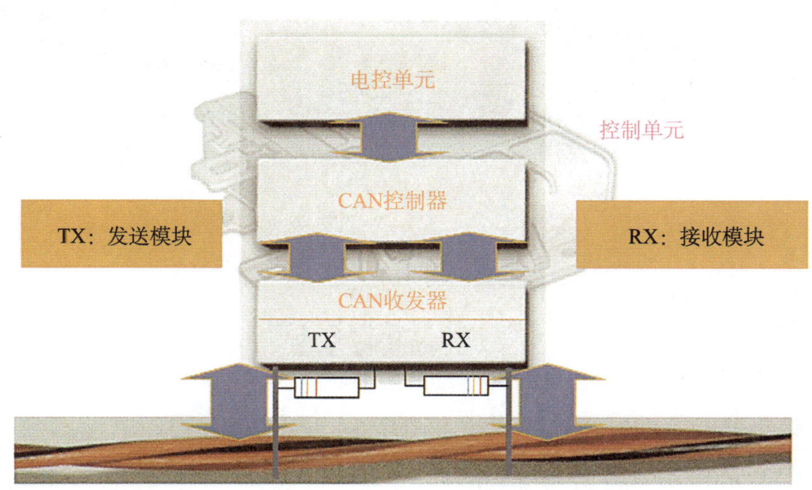

图 6-2 CAN 控制器和 CAN 收发器

4. 数据传输导线

数据传输导线用来传输数据信息，由高低双绞线组成，分别称为 CAN 高位数据线（CAN-H）和 CAN 低位数据线（CAN-L）。为防止和避免外界电磁波的干扰及辐射，这两条数据线是缠绕在一起的，如图 6-3 所示。

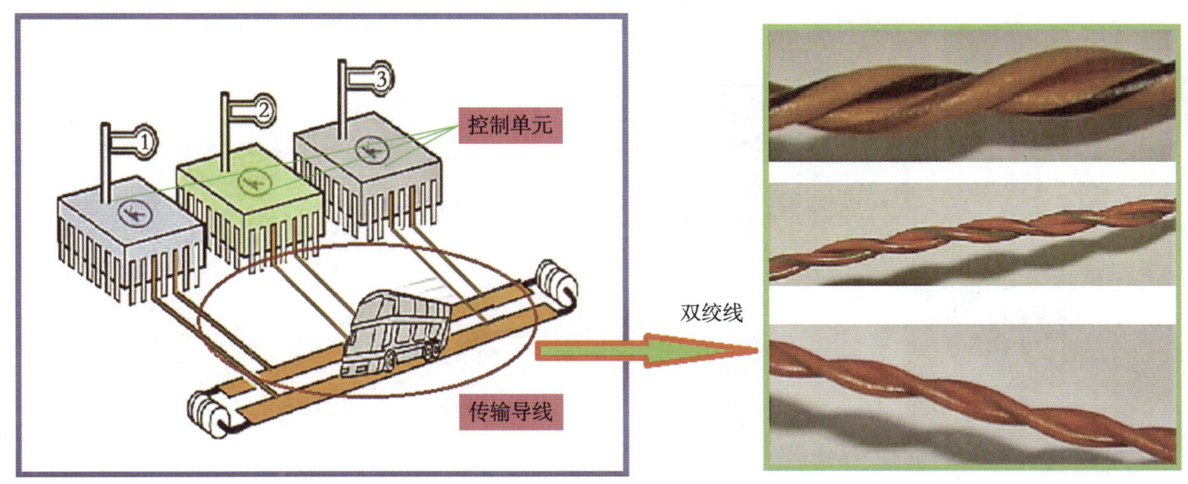

图 6-3 CAN 数据传输导线

（二）驱动 CAN 总线的特点

1. 驱动 CAN 总线的速率为 500 KB/s，用于将驱动 CAN 总线的控制单元连接成网络。

2. 驱动 CAN 总线系统由 15 号线激活，无数据传输时 CAN-H 和 CAN-L 的基础电压值均约为 2.5 V。

3. 驱动 CAN 传输导线由 CAN-H（橙 / 黑）和 CAN-L（橙 / 棕）组成，导线横截面积为 0.35 mm^2，

如图 6–4 所示。

4. 任何一根驱动 CAN 传输导线断路，驱动 CAN 总线都将无法传输数据。

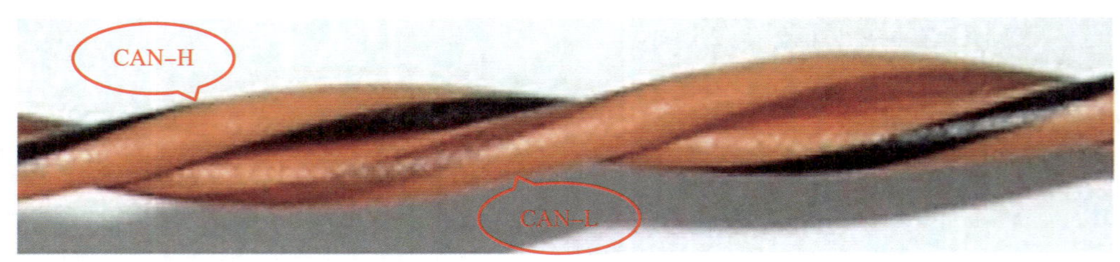

图 6–4　驱动 CAN 传输导线

（三）驱动 CAN 总线的网络拓扑图

以大众奥迪为例，驱动 CAN 总线主要由网关控制器 J533、诊断接口 T16/U31、驱动 CAN 总线断路继电器 J788、车距调节控制单元 J428、发动机控制单元 J623、转向灯及前照灯照明距离调节控制单元 J745、氧传感器 J583、前照灯功率模块 J667/J668、全轮驱动控制单元 J492、安全气囊控制单元 J234、转向盘操作单元 E221、转向角度传感器 G85、进入及启动许可开关 E415、转向柱控制单元 J527、自动变速器控制单元 J217/J743、带 EDL 的 ABS 控制单元 J104、换挡杆控制单元 J587、转向辅助控制单元 J500、驻车控制单元 J540、ESP 控制单元 G419 组成，如图 6–5 所示。

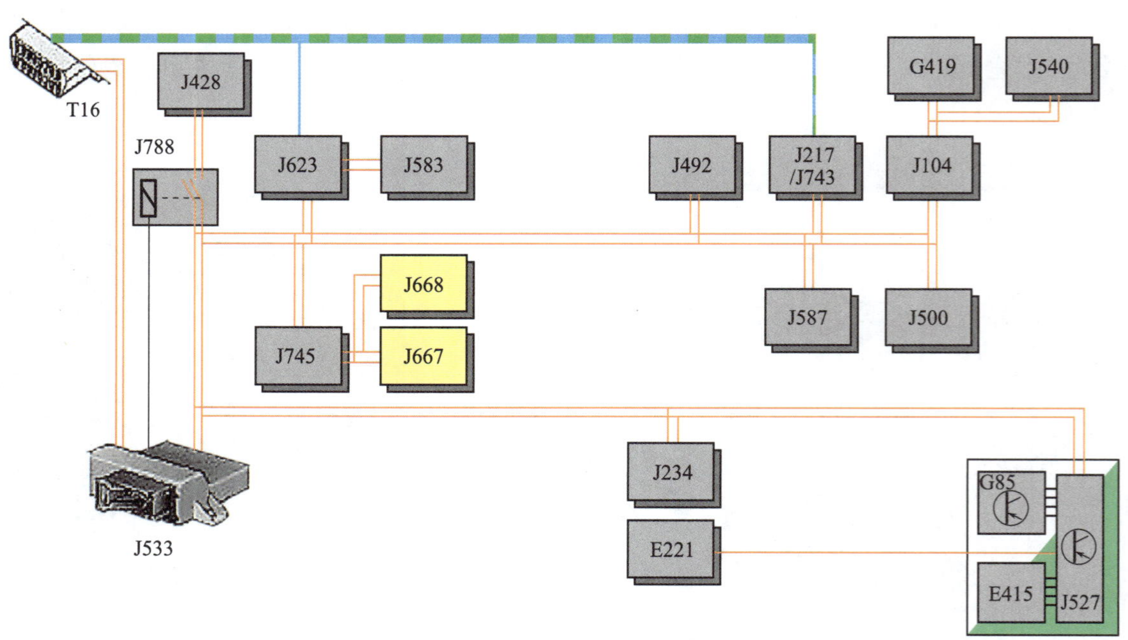

图 6–5　驱动 CAN 总线的网络拓扑图

（四）终端电阻

1. 终端电阻的基本概念

终端电阻连接在驱动 CAN 总线末端 CAN–H 和 CAN–L 之间，如图 6–6 所示。终端电阻用来防止数据在总线末端被反射，从而影响数据的传输。其阻值一般为 120 Ω，总阻值为 60 Ω。

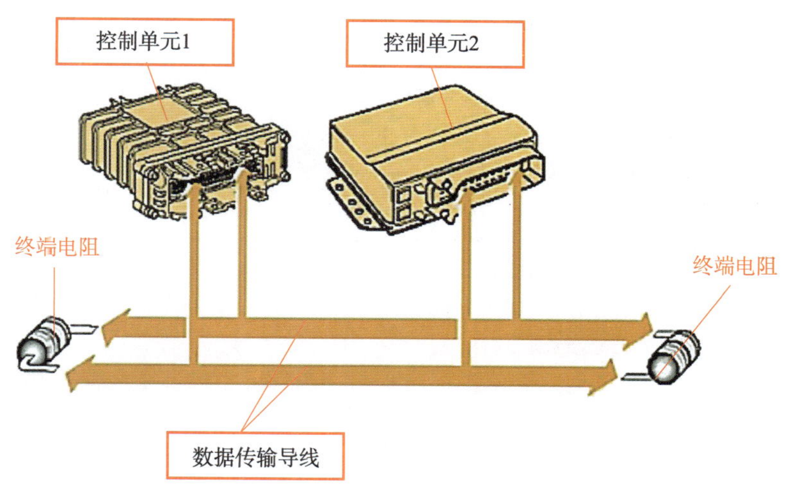

图 6-6　驱动 CAN 总线终端电阻

大众车系使用的是分配式电阻，即发动机控制单元的中央末端电阻为 66 Ω，其他控制单元内的电阻为 2.6 kΩ，如图 6-7 所示。

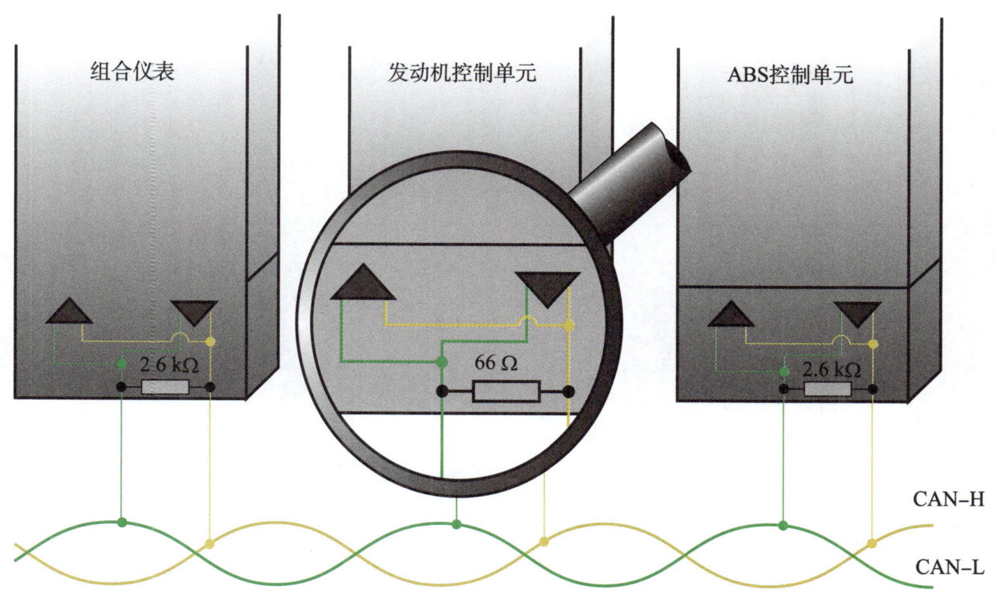

图 6-7　大众车系分配式电阻

2. 终端电阻的测量方法

驱动 CAN 终端电阻的测量方法如图 6-8 所示。

（1）关闭点火开关，断开蓄电池正负极连接线。

（2）等待 3 ~ 5 min，直到所有的电容器都充分放电。

（3）连接测量仪器或把万用表的红、黑色表笔分别连接在 CAN-H 和 CAN-L 上，测量总阻值。

（4）将一个带有终端电阻的控制单元插接器拔下，测量总阻值是否发生变化。

（5）插回该控制单元的插接器，将第二个带有终端电阻的控制单元插接器拔下，测量总阻值是否发生变化。

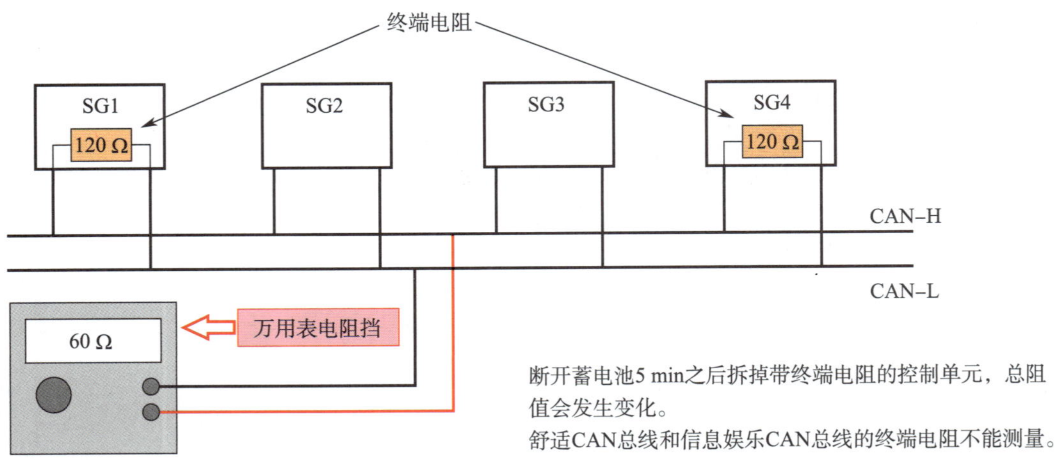

图 6–8　驱动 CAN 终端电阻的测量方法

（6）结果分析。当单个控制单元的阻值为 120 Ω、总阻值为 60 Ω 时，说明终端电阻是正常的（大众 CAN 总线发动机控制单元终端电阻为 66 Ω，其他控制单元终端电阻为 2.6 kΩ）。若总阻值为零，说明 CAN 总线短路或个别控制单元损坏；若总阻值为无穷大，说明 CAN 总线断路。

拔下一个带有终端电阻的控制单元后，如果总阻值没有变化，说明被拔下的控制单元终端电阻损坏或 CAN 总线故障；如果总阻值为无穷大，说明连接中的控制单元终端电阻损坏或 CAN 总线故障。

大众车系 CAN 总线终端电阻见表 6–1。

表 6–1　大众车系 CAN 总线终端电阻

CAN 总线	控制单元		阻值
驱动 CAN 总线	低电阻总线终端控制单元	发动机控制单元	66 Ω
	高电阻总线终端控制单元	其他控制单元	2.6 kΩ
舒适 CAN 总线	低电阻总线终端控制单元	中央控制单元	560 Ω
		车门控制单元	1 kΩ
		网关	560 Ω
	高电阻总线终端控制单元	其他控制单元	5.6 kΩ
信息娱乐 CAN 总线	低电阻总线终端控制单元	网关	560 Ω
	高电阻总线终端控制单元	组合仪表	2.6 kΩ

（五）驱动 CAN 总线的信号电压

1. 驱动 CAN 总线信号电压的基本特性

驱动 CAN 总线没有信息传递时的状态称为“隐性”状态，有信息传递时的状态称为“显性”状态，相应的信号电压称为“隐性电压”和“显性电压”，如图 6–9 所示。显性电压 CAN–H=3.5 V，CAN–L=1.5 V；隐性电压 CAN–H=2.5 V，CAN–L=2.5 V。

2. 驱动 CAN 总线信号电压的检测方法

驱动 CAN 总线信号电压的检测方法如图 6–10 所示。

（1）查阅车辆维修手册，在车上找到驱动 CAN 总线系统的传输导线。

（2）关闭点火开关，等待 2～5 min，测量驱动总线隐性电压，CAN-H=2.5 V，CAN-L=2.5 V。

（3）打开点火开关，开关车门，测量驱动 CAN 总线显性电压，CAN-H=3.5 V，CAN-L=1.5 V。

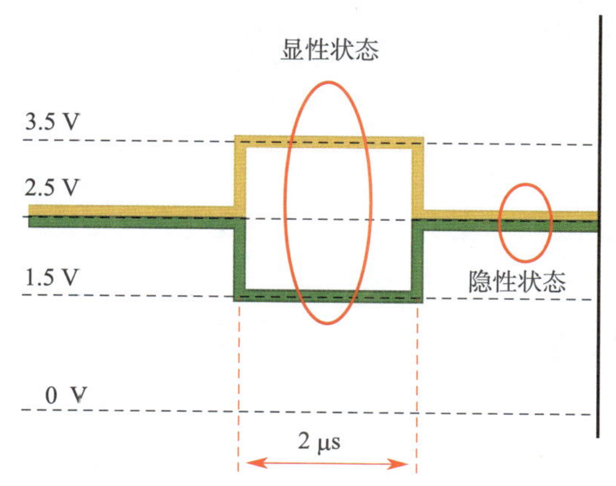

图 6-9 驱动 CAN 总线信号电压

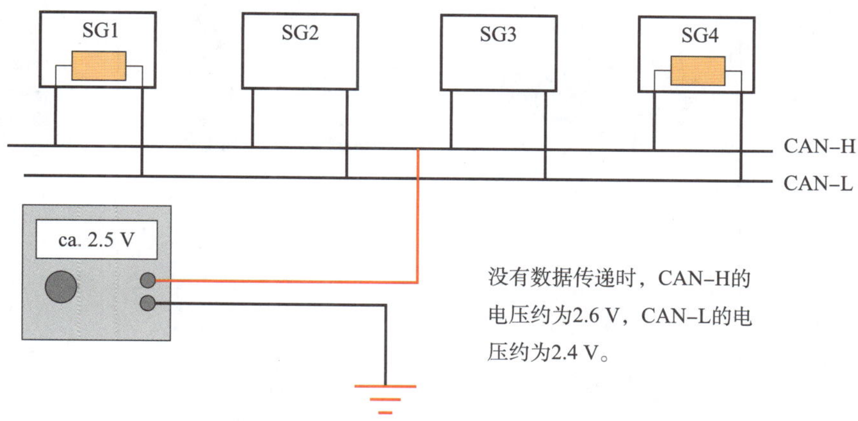

图 6-10 驱动 CAN 总线信号电压的检测方法

二、任务准备

在下面图片中勾选出完成本任务所需的工具、设备、资料等。

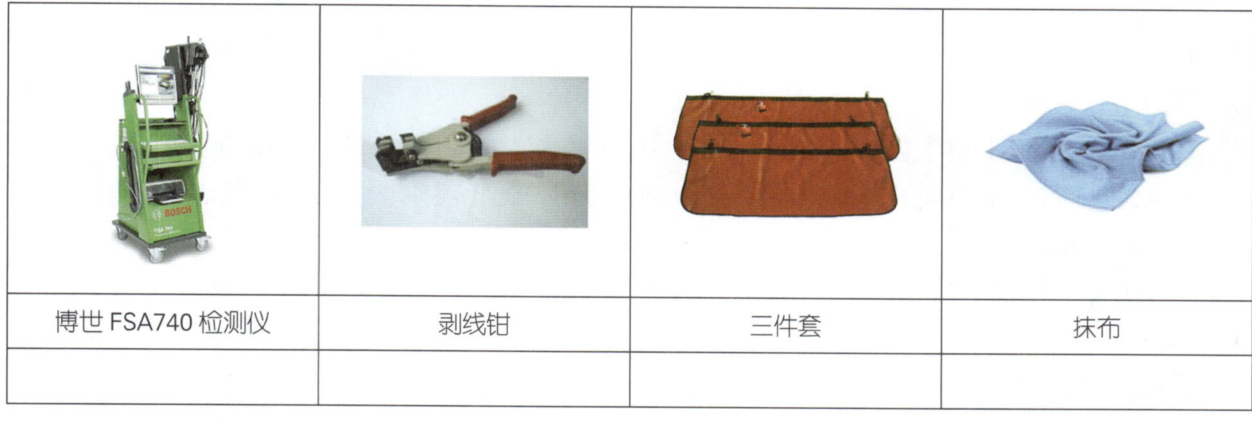

博世 FSA740 检测仪	剥线钳	三件套	抹布

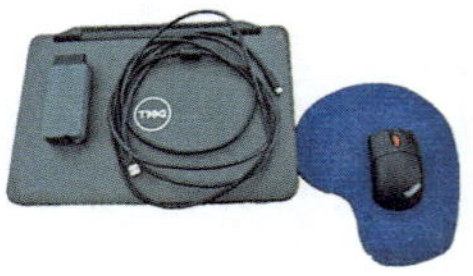	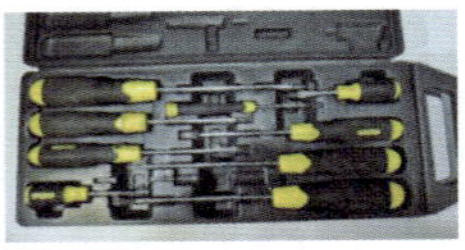	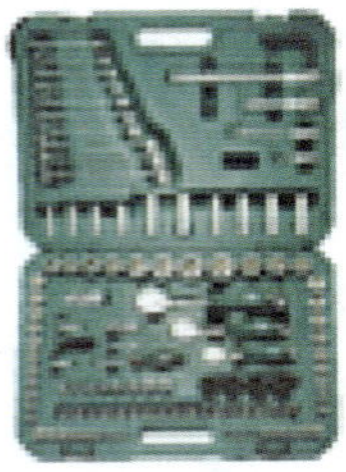	
诊断仪	旋具套装	工具套件	万用表
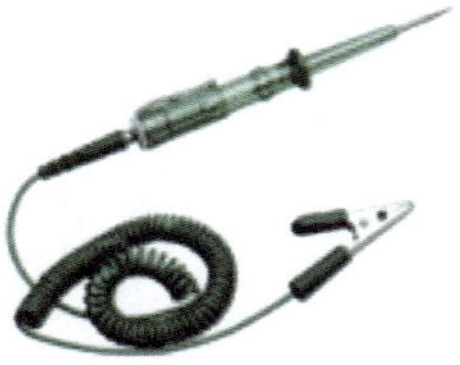	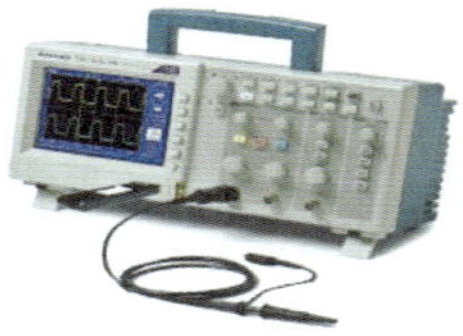	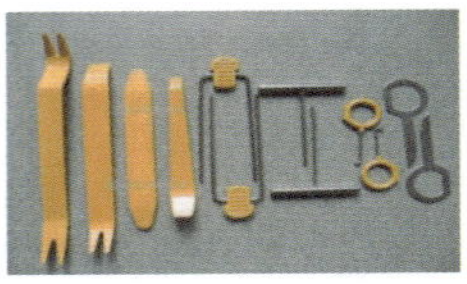	
二极管试灯	示波器	汽车内饰拆装工具	吹尘枪
		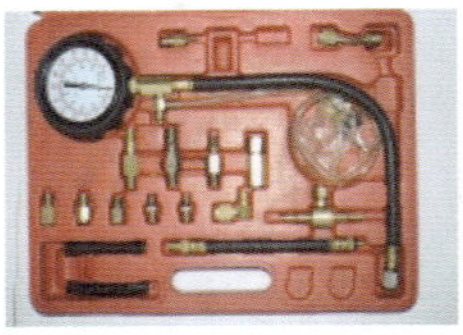	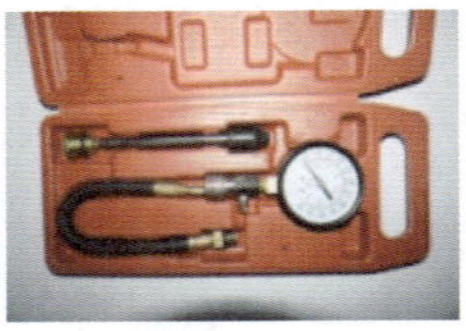
工具车	胶带	燃油压力表	气缸压力表
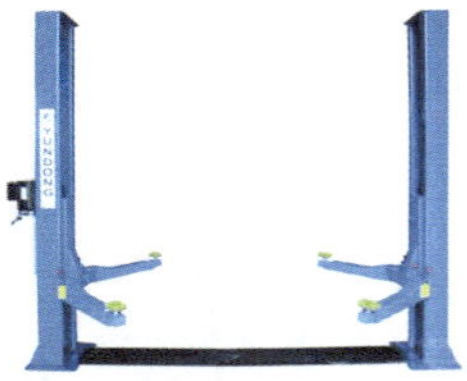	 维　修　手　册		
举升机	维修手册	实训整车	传动带

三、防护措施

1. 进入车间应穿工鞋、戴工帽；工作服应穿戴整齐，无皮肤裸露；操作时不可佩戴手表等金属饰品，以防划伤车辆表面。

2. 操作电气设备时应注意用电安全。作业结束之后，应及时切断一切用电设备的电源。

3. 在对车辆电器设备端子进行检测时，必须使用万用表线组等工具，避免用万用表表笔直接测量，导致插接器虚接。

4. 若因检测需求需要拆卸某些部件时，必须严格按照维修手册标准进行拆卸，严禁暴力拆卸，防止元件损坏。

5. 非必要情况下，严禁对线束内部进行分解检测，对线束破损、裸露部分应使用电工胶布或热缩

管做好绝缘处理。

四、任务分配（见表 6-2）

表 6-2 任务分配表

<table>
<tr><th>职务</th><th>代码</th><th>姓名</th><th>工作内容</th></tr>
<tr><td>组长</td><td>A</td><td></td><td></td></tr>
<tr><td rowspan="4">组员</td><td>B</td><td></td><td rowspan="2"></td></tr>
<tr><td>C</td><td></td></tr>
<tr><td>D</td><td></td><td rowspan="2"></td></tr>
<tr><td>E</td><td></td></tr>
</table>

五、任务实施

（一）操作步骤

完成下面工作内容的排序并填写在表 6-3 中。

表 6-3 操作步骤

<table>
<tr><th>序号</th><th>操作流程</th><th>步骤</th><th>工作内容</th></tr>
<tr><td rowspan="3">1</td><td rowspan="3">维修准备</td><td></td><td>将车辆安全停放到维修工位，拉起驻车制动器或将变速器置于 P 挡</td></tr>
<tr><td></td><td>铺设三件套</td></tr>
<tr><td></td><td>用万用表检查蓄电池电压是否正常</td></tr>
<tr><td rowspan="4">2</td><td rowspan="4">故障验证及自诊断</td><td></td><td>若发动机无法启动着车，应检查组合仪表安全气囊、润滑油压力、发动机等的故障指示灯是否点亮</td></tr>
<tr><td></td><td>连接诊断仪，打开点火开关，进入自诊断，选择“19– 数据总线车载诊断接口”</td></tr>
<tr><td></td><td>读取故障码。查看驱动 CAN 总线控制单元故障码，显示无信息通信偶发故障</td></tr>
<tr><td></td><td>读取测量值。输入组号 125 ~ 129，查看驱动 CAN 总线控制单元的工作状态是否正常</td></tr>
<tr><td rowspan="7">3</td><td rowspan="7">终端电阻故障检测</td><td></td><td>拆卸蓄电池负极接线，等待 5 min</td></tr>
<tr><td></td><td>拆卸前刮水片及流水槽盖板，找到发动机控制单元，拆卸 ABS 泵防护板和 ABS 控制单元</td></tr>
<tr><td></td><td>使用万用表测量发动机控制单元 T94/67 号端子和 T94/68 号端子之间的阻值，正常应为 58 Ω</td></tr>
<tr><td></td><td>拔下发动机控制单元的 T94 插接器，分别从 T94/67 号端子和 T94/68 号端子引出一根线，测量这两根线之间的阻值，正常应为 66 Ω</td></tr>
<tr><td></td><td>拔下 ABS 控制单元 J104 的 T38 插接器，分别从 T38a/24 号端子和 T38a/22 号端子引出一根线，测量这两根线之间的阻值，正常应为 75 Ω</td></tr>
<tr><td></td><td>将发动机控制单元装回，测量 ABS 控制单元插接器 T38a/24 号端子和 T38a/22 号端子之间的阻值，正常应为 58 Ω</td></tr>
<tr><td></td><td>如果 CAN 总线阻值为“0”或“∞”，说明控制单元或驱动 CAN 传输导线故障</td></tr>
</table>

续表

序号	操作流程	步骤	工作内容
4	信号电压故障检测		拔下发动机控制单元插接器，用万用表电压挡测量 T94/67 号端子和 T94/68 号端子对应的驱动 CAN 总线信号电压是否正常
			关闭点火开关，等待 2～5 min，测量驱动 CAN 总线隐性电压，CAN-H（T94/68 号端子）=2.5 V，CAN-L（T94/67 号端子）=2.5 V
			打开点火开关，开关车门，测量驱动 CAN 总线显性电压，CAN-H（T94/68 号端子）=3.5 V，CAN-L（T94/67 号端子）=1.5 V
5	故障维修		根据检测结果更换损坏的熔断器和控制单元，进行控制单元编码
			根据检测结果确定驱动 CAN 总线传输导线的故障部位，进行相应的故障维修
6	完工整理		安装好拆卸的部件，恢复车辆至完好状态
			取下三件套，清洁车辆
			整理维修工具、仪器和设备，打扫场地卫生

（二）实施记录

结合实施过程，对照表 6-4 中的检查项目内容，勾选或填写出实际的检查结果。

表 6-4　实施记录

序号	项目	故障检查	故障记录
1	维修准备	安全防护工作：铺设三件套 □ 蓄电池电压：_________ V 拉起驻车制动器 □　变速器置于：_________挡	维修记录：
2	故障验证及自诊断	能进入自诊断 □　不能进入自诊断 □ 诊断插座熔断器：良好 □　损坏 □　　网关熔断器：良好 □　损坏 □ 驱动 CAN 总线系统故障自诊断：能进入自诊断 □　不能进入自诊断 □ 有故障码 □　无故障码 □　故障码及测量值记录：________________ ____	故障现象：
3	驱动 CAN 总线系统故障检测	终端电阻检测：终端电阻正常 □　阻值为“0”□　阻值为“∞”□ 驱动 CAN 总线阻值：________ Ω，发动机 CAN 总线阻值：________ Ω，ABS CAN 总线阻值：________ Ω 驱动 CAN 总线电压检测：电压正常 □　电压不正常 □ 隐性电压：CAN-H= _________ V，CAN-L= _________ V 显性电压：CAN-H= _________ V，CAN-L= _________ V	故障记录：
4	完工整理	安装好拆卸的部件，恢复车辆至完好状态 □　整理工具、仪器和设备 □ 取下三件套 □　清洁车辆，打扫场地卫生 □	小组成员签字：
根据任务实施流程和故障检测操作过程，总结驱动 CAN 总线的故障类型，并填写在下面。 1. ________________________________ 2. ________________________________ 3. ________________________________ 4. ________________________________ 5. ________________________________			

六、检查

（一）自检

结合本组任务操作过程，对任务执行过程中的操作规范性进行检查，检查操作过程中是否存在以下问题，分析讨论应如何避免并总结规范的操作方法（见表 6–5）。

表 6–5 自检

检查项目	结果
是否使用三件套对车辆进行防护	是 □ 否 □
蓄电池电压是否正常	是 □ 否 □
驱动 CAN 总线故障自诊断是否能进入	是 □ 否 □
驱动 CAN 总线终端电阻阻值是否正常	是 □ 否 □
驱动 CAN 总线信号电玉是否正常	是 □ 否 □
发动机控制单元终端电阻阻值是否正常	是 □ 否 □
ABS 控制单元终端电阻阻值是否正常	是 □ 否 □
工作场地是否清洁，车辆是否复位	是 □ 否 □

（二）互检

组与组之间相互进行任务操作过程及结果检查，并把检查结果填写在表 6–6 中。

表 6–6 互检

检查项目	结果
是否使用三件套对车辆进行防护	是 □ 否 □
蓄电池电压是否正常	是 □ 否 □
驱动 CAN 总线故障自诊断是否能进入	是 □ 否 □
驱动 CAN 总线终端电阻阻值是否正常	是 □ 否 □
驱动 CAN 总线信号电玉是否正常	是 □ 否 □
发动机控制单元终端电阻阻值是否正常	是 □ 否 □
ABS 控制单元终端电阻阻值是否正常	是 □ 否 □
工作场地是否清洁，车辆是否复位	是 □ 否 □

七、课堂小结

任务七　驱动 CAN 总线故障检修（二）

<table>
<tr><th colspan="6">驱动 CAN 总线故障检修任务工单——波形检测</th></tr>
<tr><td>客户信息</td><td>姓名</td><td colspan="2"></td><td>职业</td><td></td></tr>
<tr><td rowspan="2">车辆信息</td><td colspan="2">车型</td><td colspan="2">VIN 码</td><td>行驶里程</td></tr>
<tr><td colspan="2"></td><td colspan="2"></td><td></td></tr>
<tr><td>故障验证
及检测</td><td colspan="5">CAN 总线无法进入故障 □　CAN 总线无法休眠故障 □　CAN 总线单线工作模式故障 □
熔断器检查 □　驱动 CAN 总线故障 □　舒适 CAN 总线故障 □
信息娱乐 CAN 总线故障 □　LIN 总线故障 □　终端电阻检测 □
总线电压检测 □　总线波形检测 □　读取故障码 □
读取测量值 □　驱动 CAN 总线节点故障 □　驱动 CAN 总线电源故障 □
总线链路故障 □　舒适 CAN 总线节点故障 □　舒适 CAN 总线电源故障 □
舒适 CAN 总线链路故障 □　ABS 总线故障 □　变速器 CAN 总线故障 □
安全气囊总线故障 □　驻车辅助 CAN 总线故障 □　发动机总线故障 □
电控助力转向系统 CAN 总线故障 □　转向灯和前照灯照明调节 CAN 总线故障 □
客户描述：</td></tr>
<tr><th colspan="3">车辆外观检查</th><th colspan="3">车辆内部检查</th></tr>
<tr><td>凹凸 □</td><td colspan="2" rowspan="4"></td><td>污渍 □</td><td colspan="2" rowspan="4"></td></tr>
<tr><td>划痕 □</td><td>破损 □</td></tr>
<tr><td>石击 □</td><td>色斑 □</td></tr>
<tr><td>油漆 □</td><td>变形 □</td></tr>
<tr><td>明确具体
工作任务</td><td colspan="5"></td></tr>
<tr><td>任务目标</td><td colspan="5">● 能够对驱动 CAN 总线进行故障诊断与分析
● 能够使用万用表、示波器对驱动 CAN 总线进行故障检测
● 能够排除驱动 CAN 总线系统故障</td></tr>
</table>

续表

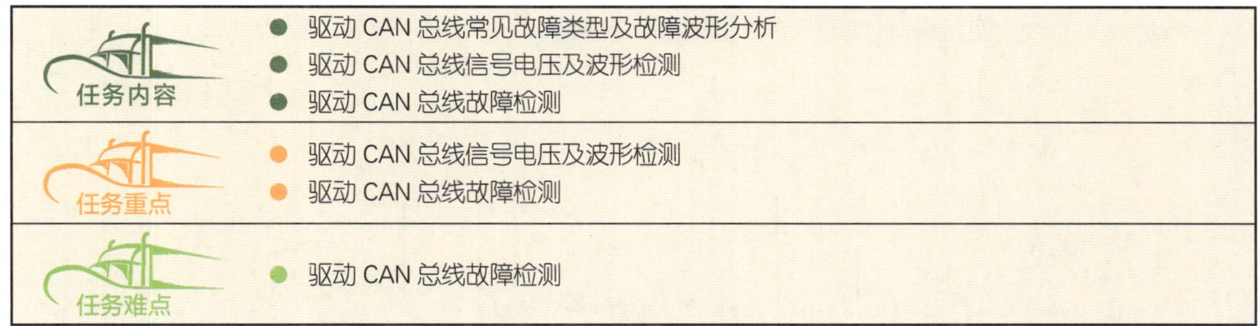

任务内容	● 驱动 CAN 总线常见故障类型及故障波形分析 ● 驱动 CAN 总线信号电压及波形检测 ● 驱动 CAN 总线故障检测
任务重点	● 驱动 CAN 总线信号电压及波形检测 ● 驱动 CAN 总线故障检测
任务难点	● 驱动 CAN 总线故障检测

一、知识讲解

（一）驱动 CAN 总线常见故障类型及故障波形分析

1. 驱动 CAN 总线信号电压及标准波形

驱动 CAN 总线信号电压及标准波形如图 7–1 所示。

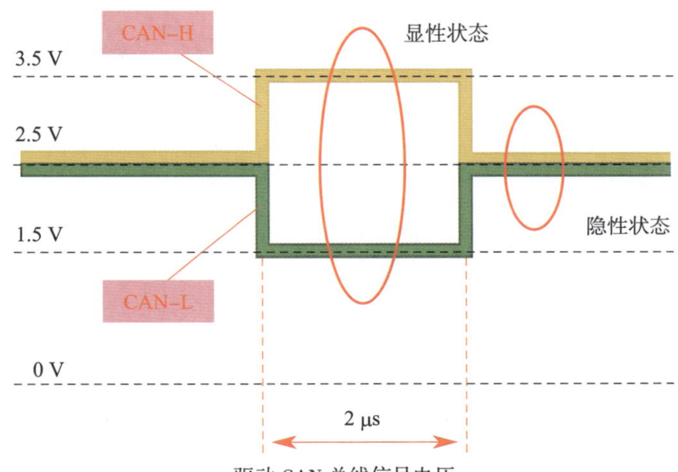

驱动 CAN 总线信号电压

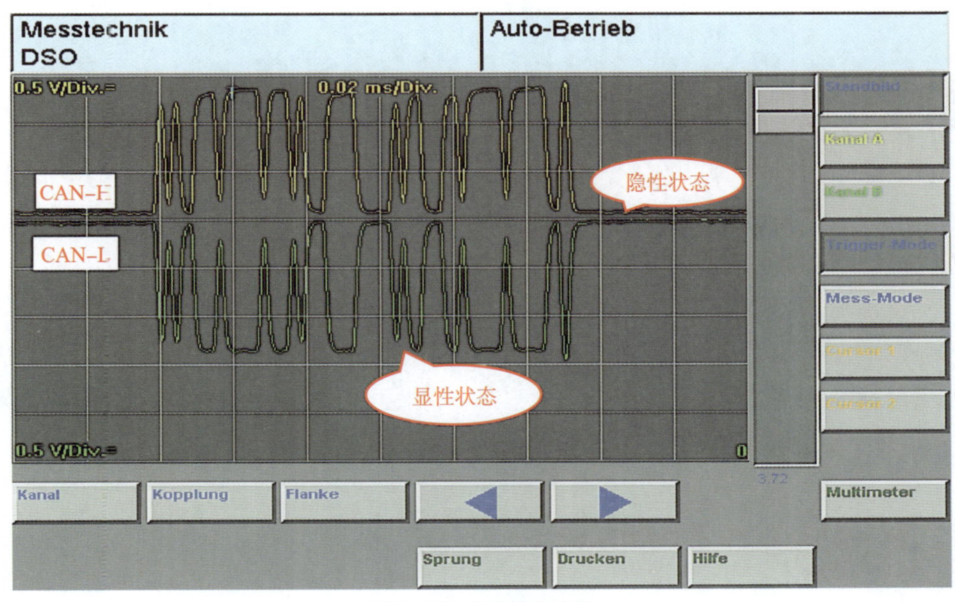

驱动 CAN 总线标准波形

图 7–1 驱动 CAN 总线信号电压及标准波形

2. 驱动 CAN 总线常见故障类型

驱动 CAN 总线常见故障类型如图 7–2 至图 7–8 所示。

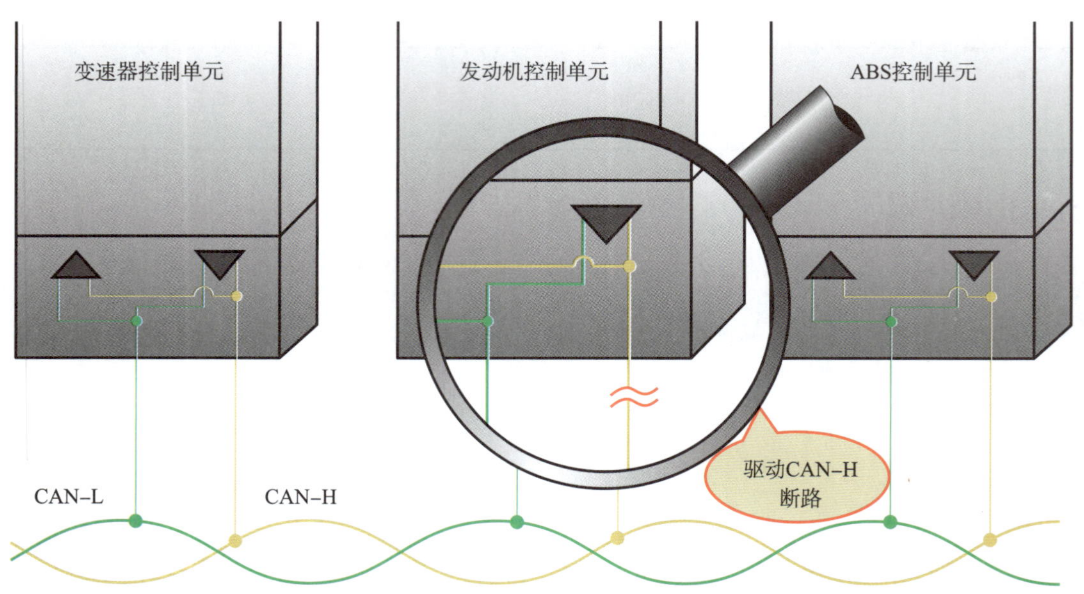

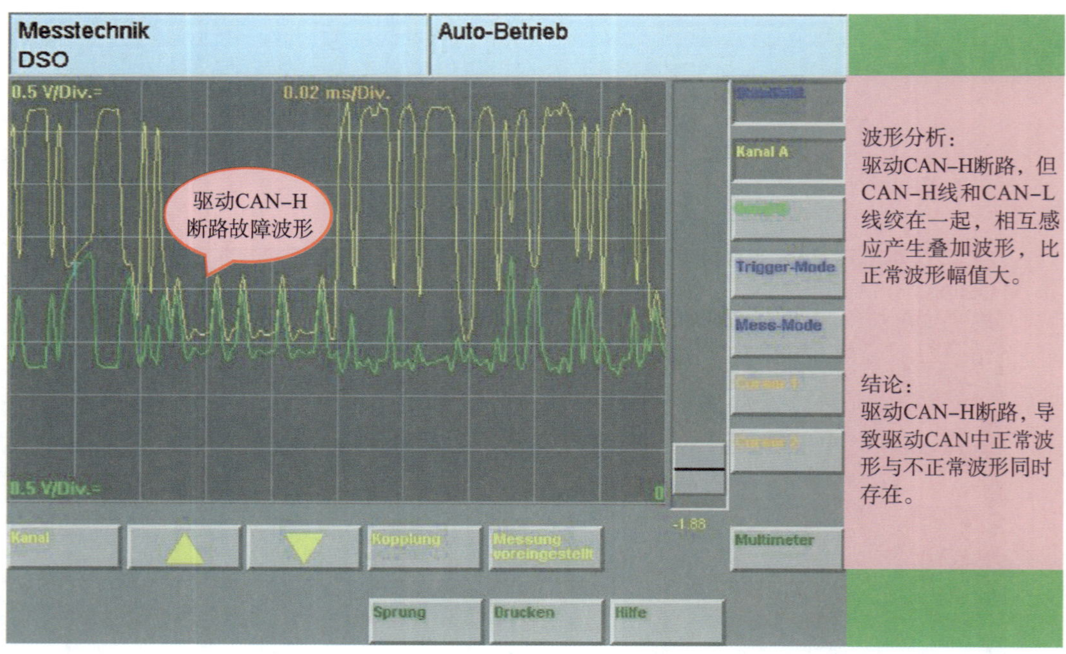

图 7–2　驱动 CAN–H 断路故障及故障波形

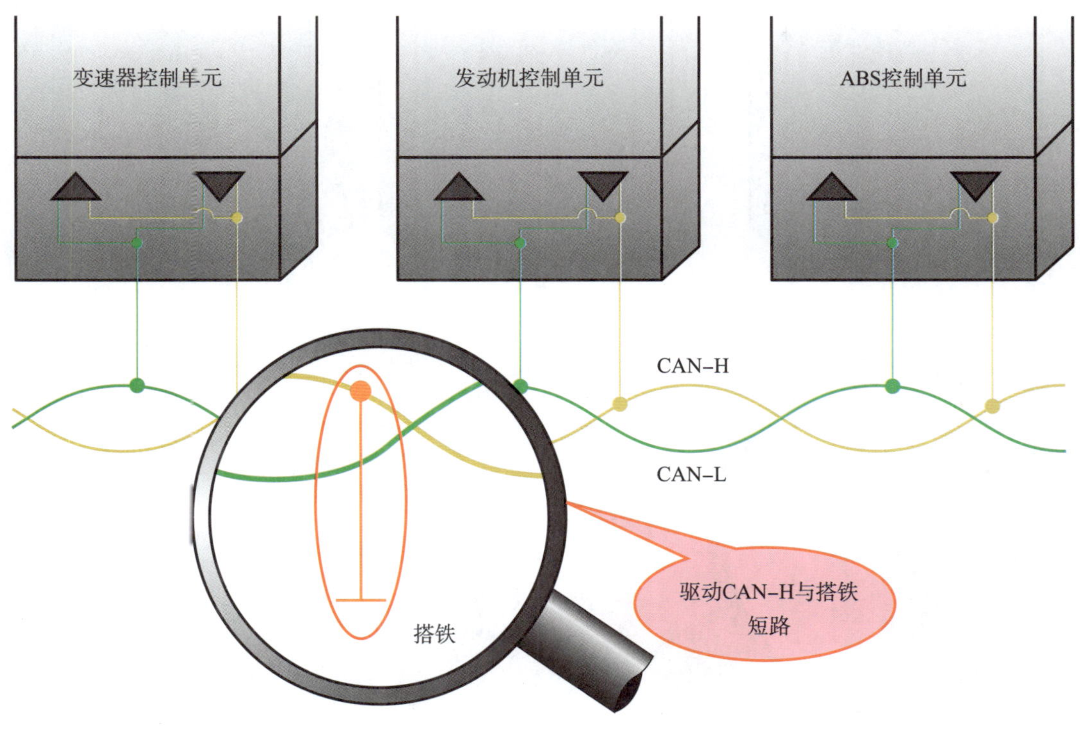

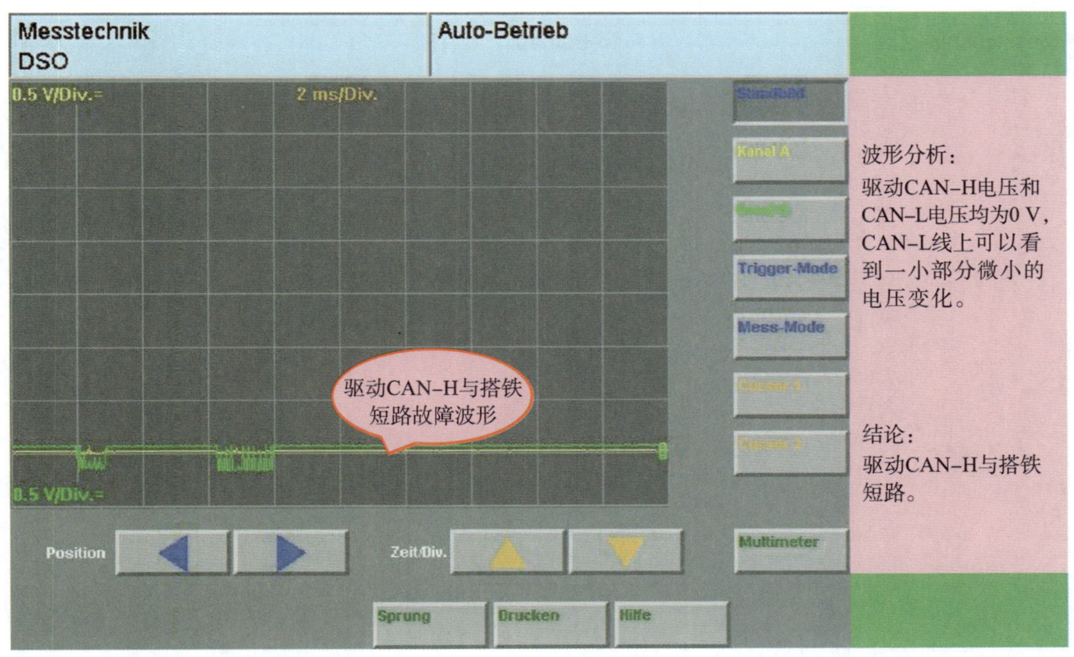

图 7-3　驱动 CAN-H 与搭铁短路故障及故障波形

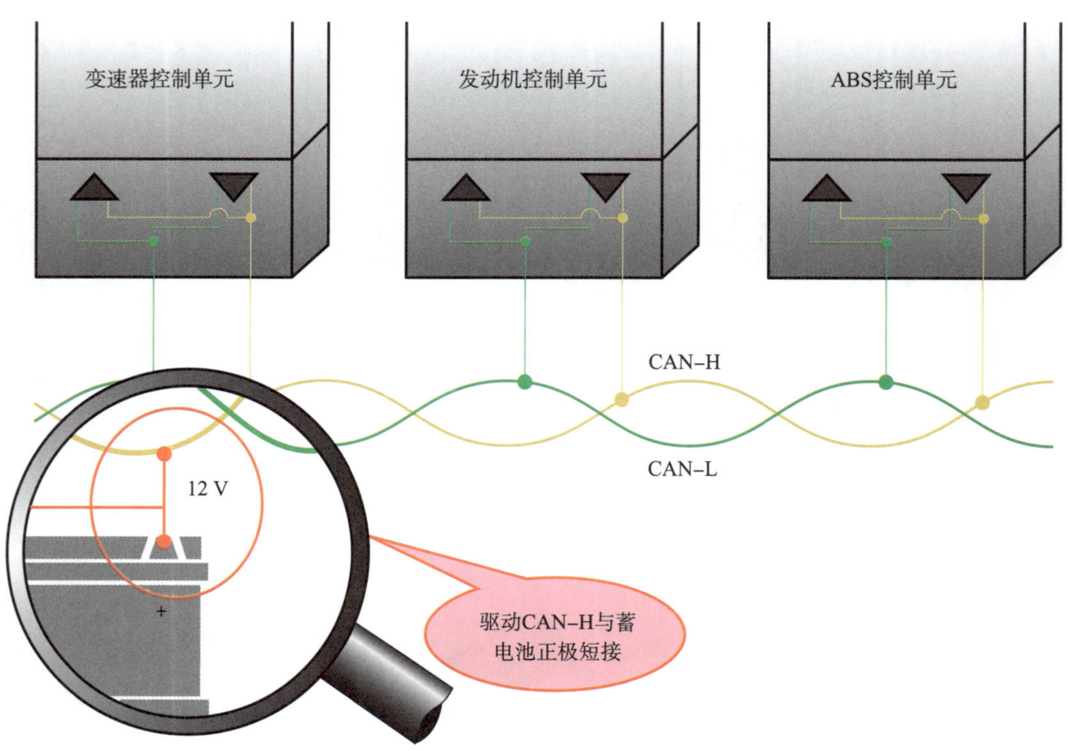

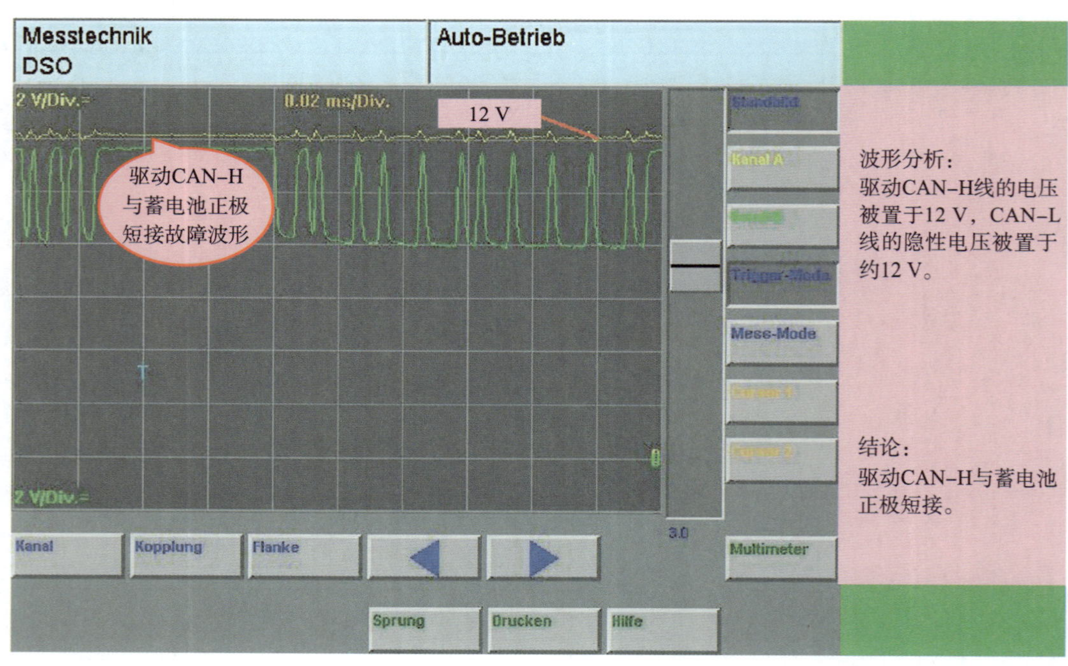

图 7-4　驱动 CAN-H 与蓄电池正极短接故障及故障波形

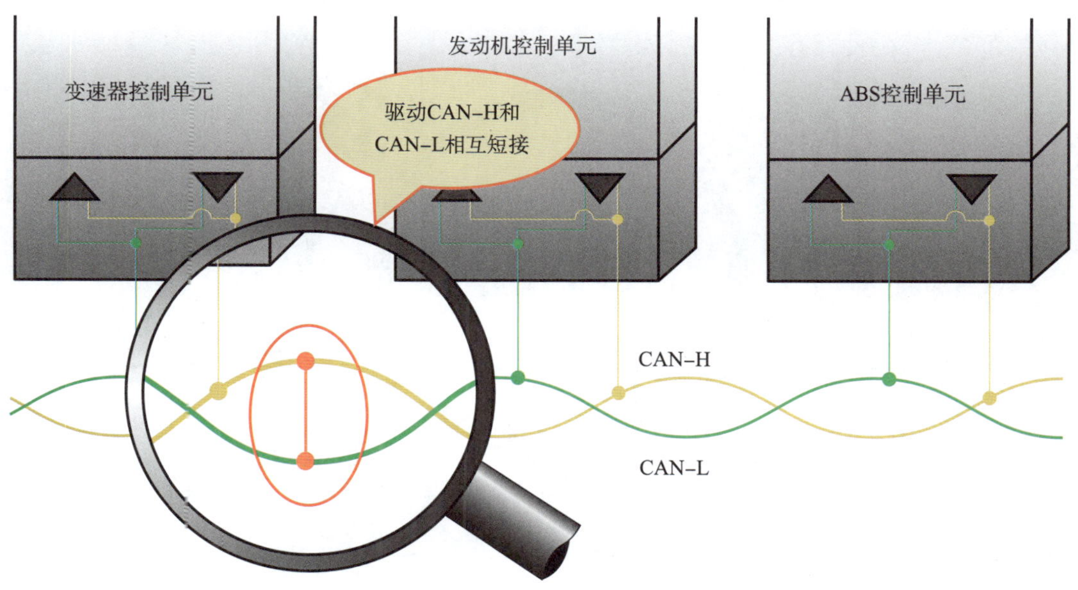

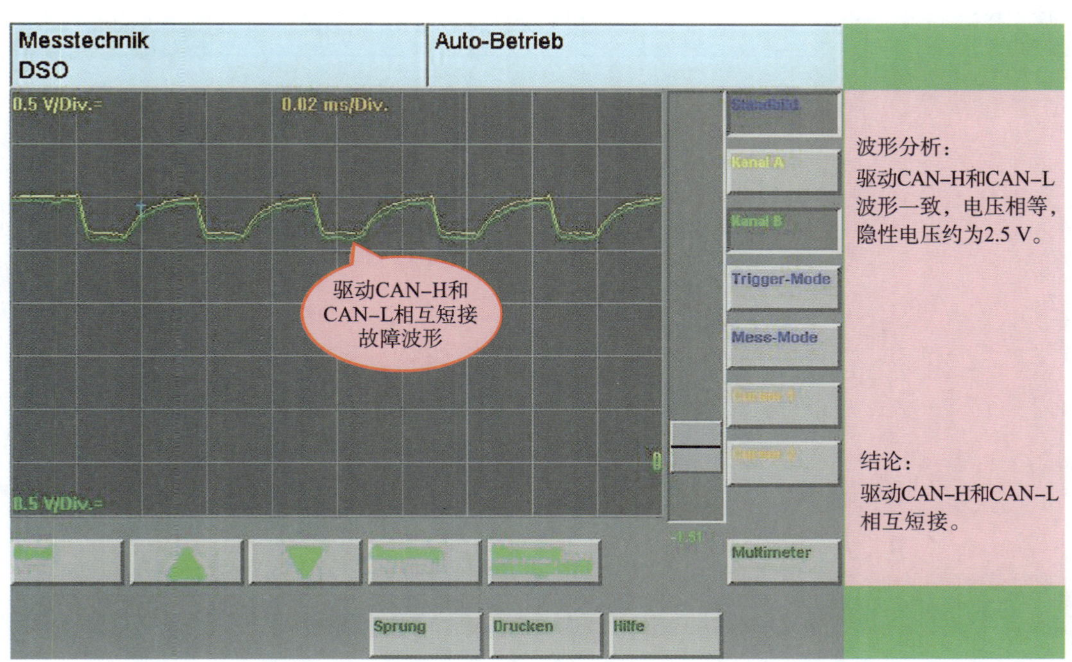

图 7-5　驱动 CAN-H 和 CAN-L 相互短接故障及故障波形

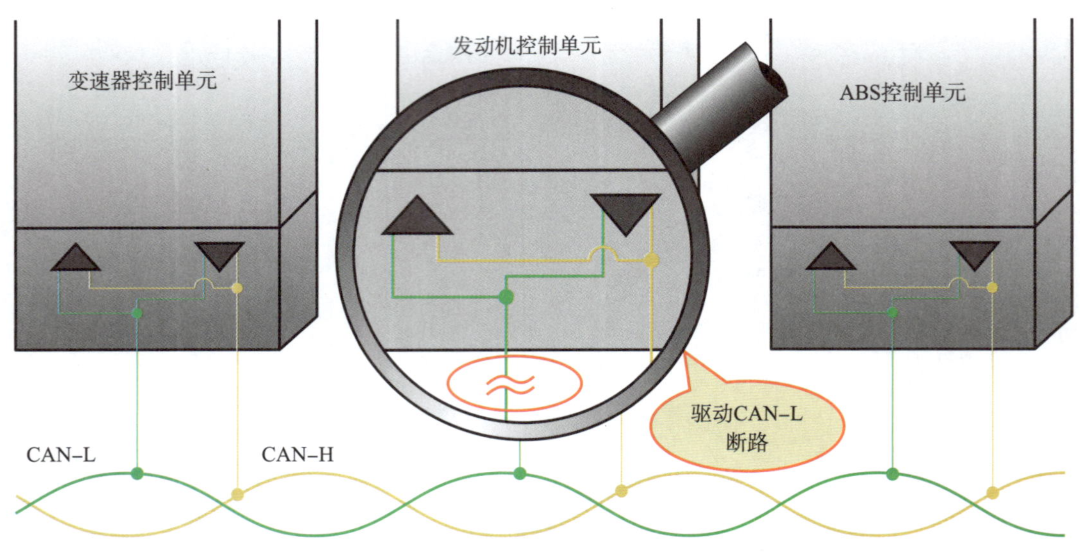

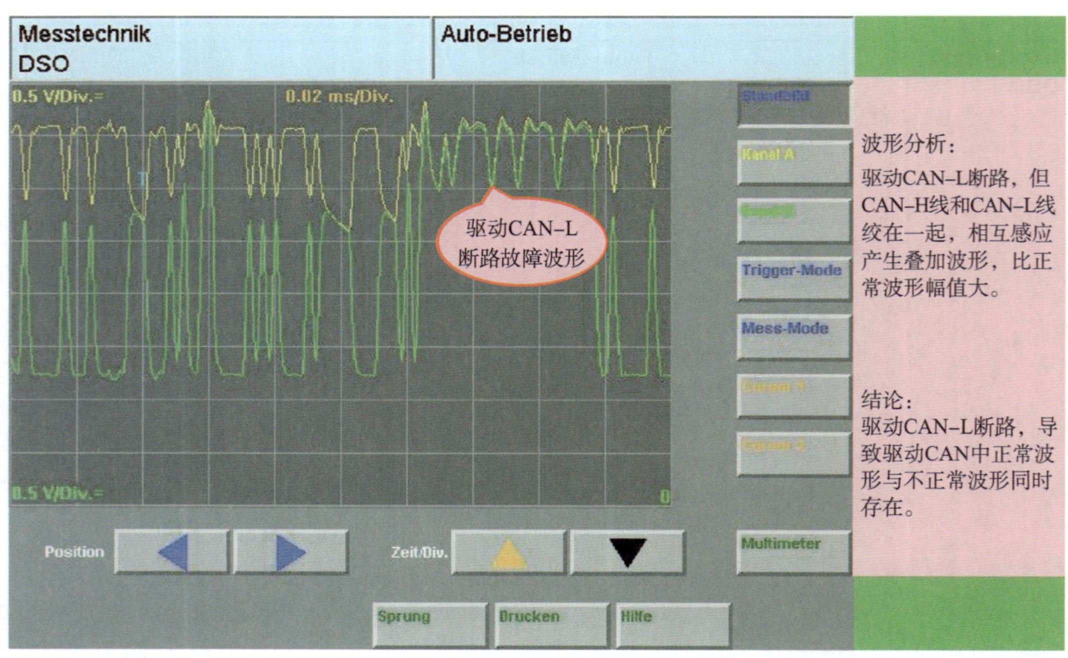

图 7-6　驱动 CAN-L 断路故障及故障波形

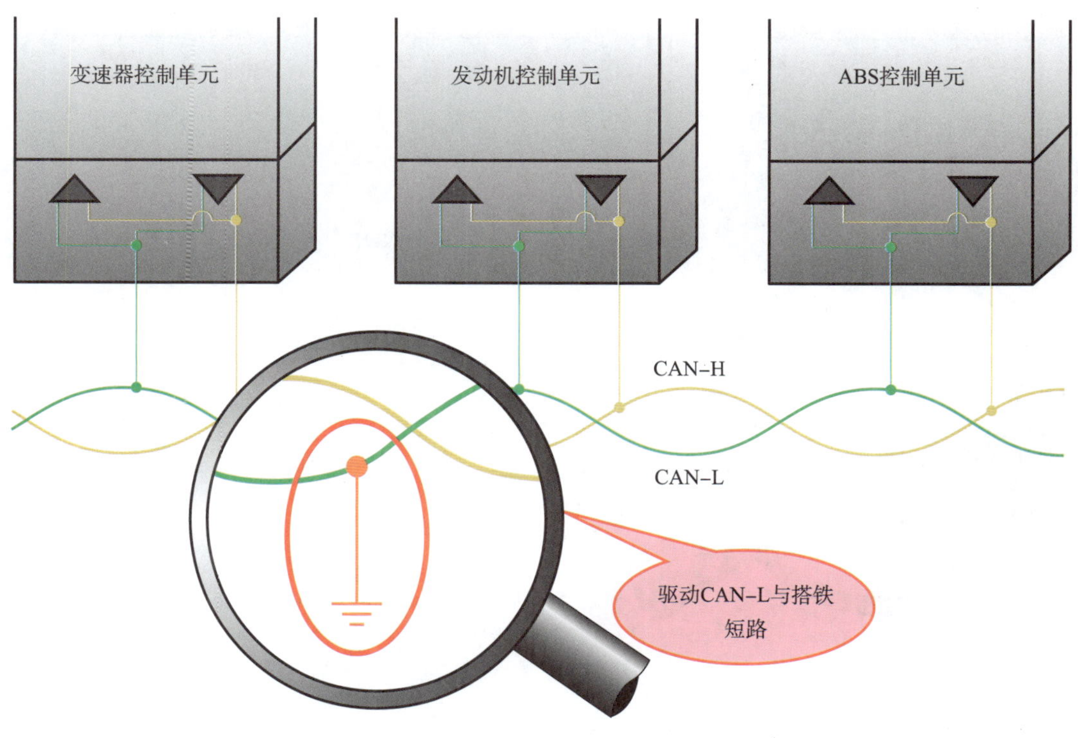

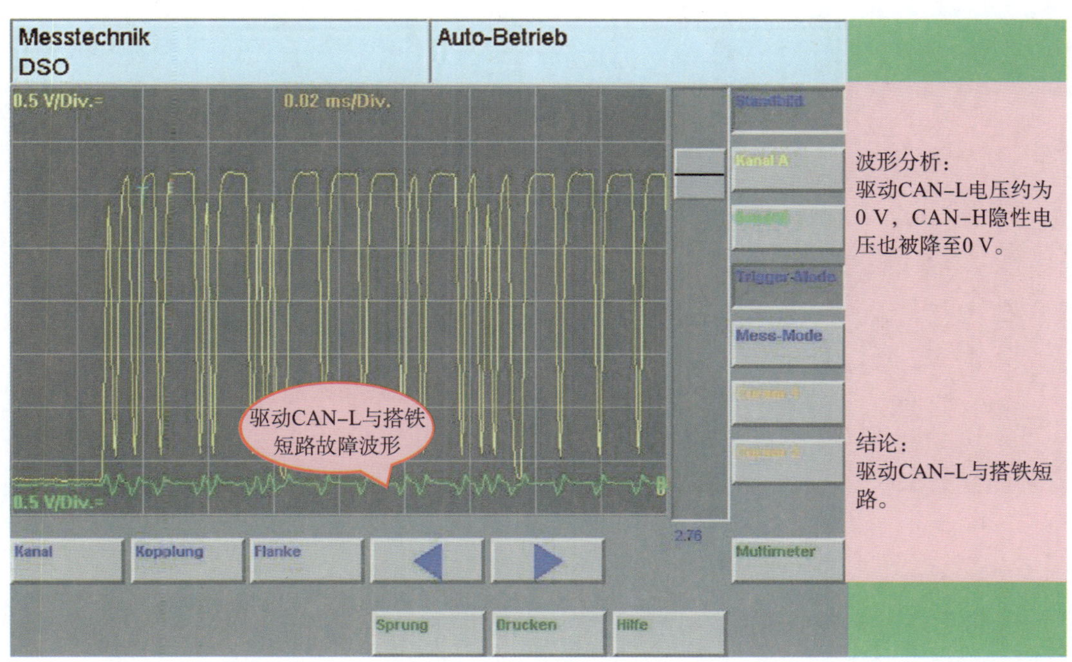

图 7–7 驱动 CAN–L 与搭铁短路故障及故障波形

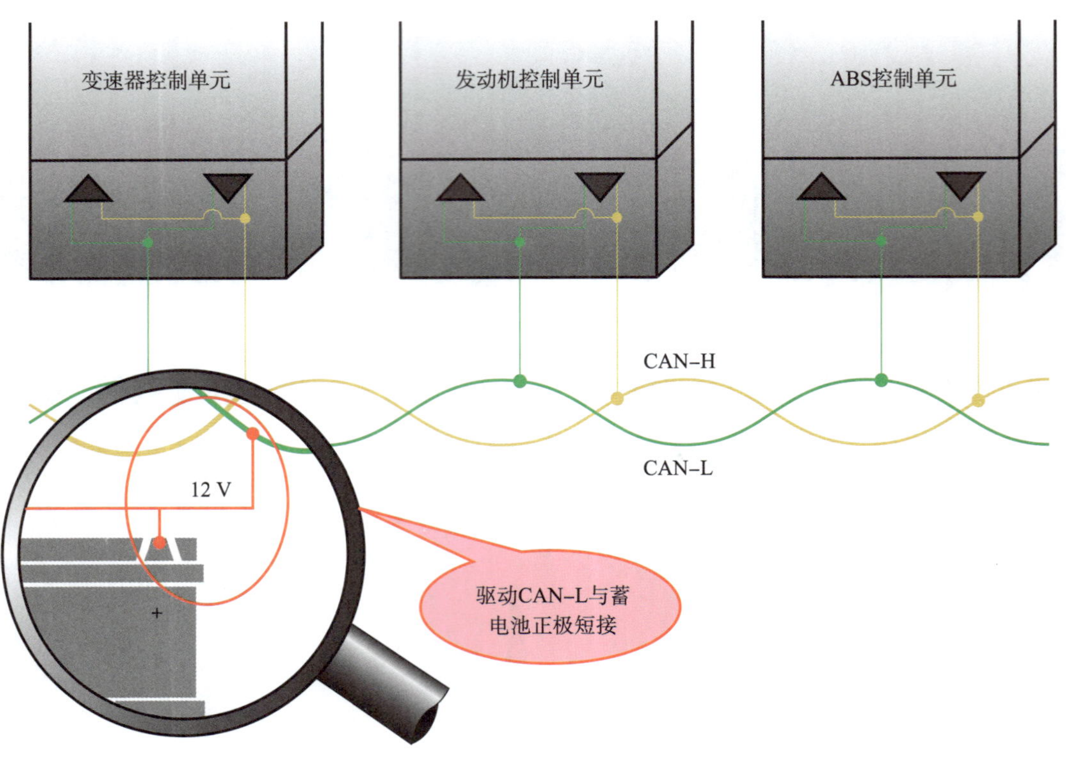

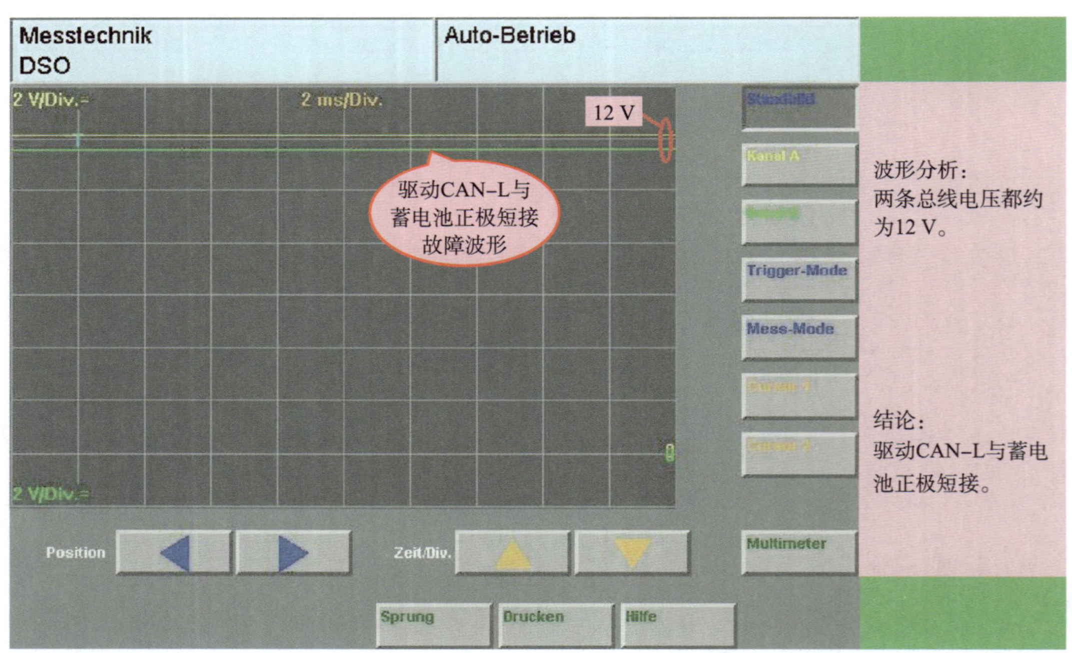

图 7-8　驱动 CAN-L 与蓄电池正极短接故障及故障波形

（二）驱动 CAN 总线故障检测方法

1. 连接诊断仪，进行数据总线故障自诊断，读取故障码。
2. 读取数据流（测量值），查看驱动 CAN 总线各控制单元的工作状态。
3. 如果无法进入自诊断，检查控制单元 J533 和诊断插座 U31 的电源、搭铁和熔断器是否正常。
4. 检测驱动 CAN 总线信号电压波形是否正常。若不正常，查阅维修手册，找到驱动 CAN 总线各

个控制单元，逐一断开控制单元插脚，观察波形是否正常。若波形正常，说明故障在控制单元；若波形不正常，说明故障在总线线束上。

5. 逐一断开驱动 CAN 总线连接导线，观察波形是否正常。若波形正常，说明故障在拆下的 CAN 导线上，仔细检查导线，找出故障发生的具体部位。

6. 维修或更换故障导线和控制单元，排除故障。

7. 恢复车辆，整理工具和检测仪器。

二、任务准备

在下面图片中勾选出完成本任务所需的工具、设备、资料等。

博世 FSA740 检测仪	剥线钳	三件套	抹布
诊断仪	旋具套装	工具套件	万用表
二极管试灯	示波器	汽车内饰拆装工具	吹尘枪
工具车	胶带	燃油压力表	气缸压力表

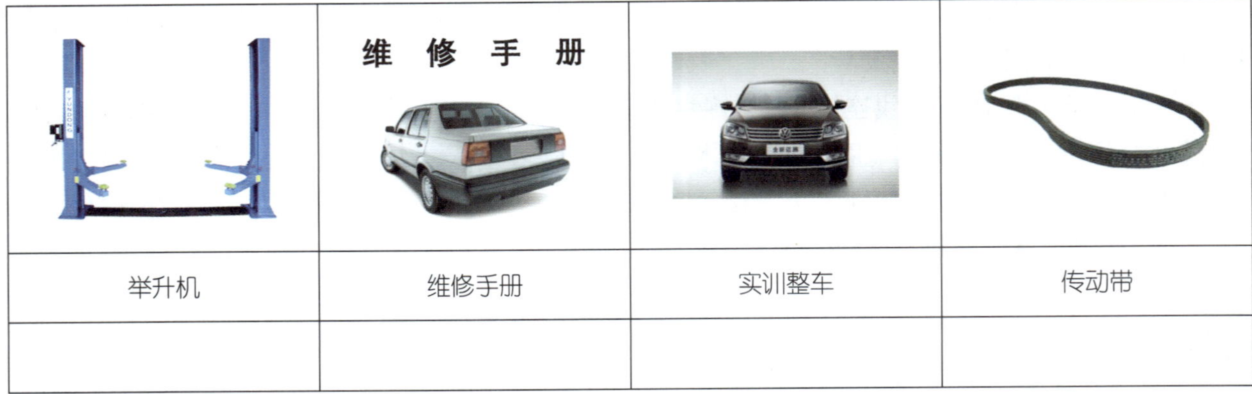

举升机	维修手册	实训整车	传动带

三、防护措施

1. 进入车间应穿工鞋、戴工帽；工作服应穿戴整齐，无皮肤裸露；操作时不可佩戴手表等金属饰品，以防划伤车辆表面。

2. 操作电气设备时应注意用电安全。作业结束之后，应及时切断一切用电设备的电源。

3. 在对车辆电器设备端子进行检测时，必须使用万用表线组等工具，避免用万用表表笔直接测量，导致插接器虚接。

4. 若因检测需求需要拆卸某些部件时，必须严格按照维修手册标准进行拆卸，严禁暴力拆卸，防止元件损坏。

5. 非必要情况下，严禁对线束内部进行分解检测，对线束破损、裸露部分应使用电工胶布或热缩管做好绝缘处理。

四、任务分配（见表 7-1）

表 7-1　任务分配表

<table>
<tr><th>职务</th><th>代码</th><th>姓名</th><th>工作内容</th></tr>
<tr><td>组长</td><td>A</td><td></td><td></td></tr>
<tr><td rowspan="4">组员</td><td>B</td><td></td><td rowspan="2"></td></tr>
<tr><td>C</td><td></td></tr>
<tr><td>D</td><td></td><td rowspan="2"></td></tr>
<tr><td>E</td><td></td></tr>
</table>

五、任务实施

（一）操作步骤

完成下面工作内容的排序并填写在表 7-2 中。

表 7-2 操作步骤

序号	操作流程	步骤	工作内容
1	维修准备		将车辆安全停放到维修工位，拉起驻车制动器或将变速器置于 P 挡
			铺设三件套
			用万用表检查蓄电池电压是否正常
2	故障验证及自诊断		若发动机无法启动着车，应检查组合仪表故障指示灯是否点亮
			连接诊断仪，打开点火开关，进入自诊断，选择“19- 数据总线车载诊断接口”
			读取故障码。查看驱动 CAN 总线控制单元故障码，显示无信息通信偶发故障
			读取测量值。输入组号 125 ~ 129，查看驱动 CAN 总线控制单元的工作状态是否正常
3	发动机 CAN 总线波形检测		将示波器置于指定位置，打开博世 FSA740 检测仪的电源开关
			拆卸前刮水片及流水槽盖板，找到发动机控制单元
			将示波器 CH1 检测线的正极连接到发动机控制单元 J623 的 T94/67 号端子 CAN-L 数据线上，将示波器 CH2 检测线的正极连接到发动机控制单元 J623 的 T94/68 号端子 CAN-H 数据线上，将 CH1、CH2 检测线的负极与车身搭铁或与蓄电池的负极相连
			打开示波器，进入示波器主界面，读取并分析驱动 CAN 总线波形是否正常
			拔下发动机控制单元插接器，观察故障波形是否变化。如果波形恢复正常，说明发动机控制单元损坏；如果波形没有变化，继续检测其他驱动 CAN 总线波形
4	ABS CAN 总线波形检测		拆卸 ABS 泵总成防护板，找到 ABS 控制单元插接器
			将示波器 CH1 检测线的正极连接到 ABS 控制单元的 T38a/22 号端子 CAN-H 数据线上，将示波器 CH2 检测线的正极连接到 ABS 控制单元的 T38a/24 号端子 CAN-L 数据线上，将 CH1、CH2 检测线的负极与车身搭铁或与蓄电池的负极相连
			打开示波器，进入示波器主界面，读取并分析驱动 CAN 总线波形是否正常
			拔下 ABS 控制单元插接器，观察故障波形是否变化。如果波形恢复正常，说明 ABS 控制单元损坏；如果波形没有变化，继续检测其他驱动 CAN 总线波形
5	转向柱 CAN 总线波形检测		拆卸转向盘下方组合开关外壳，找到转向柱控制单元 J527 的插接器
			将示波器 CH1 检测线的正极连接到转向柱控制单元 J527 的 T16o/13 号端子 CAN-H 数据线上，将示波器 CH2 检测线的正极连接到转向柱控制单元 J527 的 T16o/12 号端子 CAN-L 数据线上，将 CH1、CH2 检测线的负极与车身搭铁或与蓄电池的负极相连
			打开示波器，进入示波器主界面，读取并分析驱动 CAN 总线波形是否正常
			拔下转向柱控制单元 J527 的插接器，观察故障波形是否变化。如果波形恢复正常，说明转向柱控制单元损坏；如果波形没有变化，继续检测其他驱动 CAN 总线波形
6	其他驱动 CAN 总线波形检测		按照上述方法，依次检测其他驱动 CAN 总线波形，分析故障原因并找到故障部位。若依次拔下所有控制单元波形始终未恢复正常，则说明故障点在线束上

续表

序号	操作流程	步骤	工作内容
7	故障维修		根据检测结果更换损坏的熔断器和控制单元，进行控制单元编码
			根据检测结果确定驱动 CAN 总线传输导线的故障部位，进行相应的故障维修
8	完工整理		安装好拆卸的部件，恢复车辆至完好状态
			取下三件套，清洁车辆
			整理维修工具、仪器和设备，打扫场地卫生

（二）实施记录

结合实施过程，对照表 7-3 中的检查项目内容，勾选或填写出实际的检查结果。

表 7-3　实施记录

序号	项目	故障检查	故障记录
1	维修准备	安全防护工作：铺设三件套 □ 蓄电池电压：________V 拉起驻车制动器 □　变速器置于：________挡	维修记录：
2	故障验证及自诊断	能进入自诊断 □　不能进入自诊断 □ 诊断插座熔断器：良好 □　损坏 □　　网关熔断器：良好 □　损坏 □ 驱动 CAN 总线系统故障自诊断：能进入自诊断 □　不能进入自诊断 □ 有故障码 □　无故障码 □　故障码及测量值记录：________________ ________________________________	故障现象：
3	驱动 CAN 总线系统波形检测	正确连接博世 FSA740 检测仪：________连接数据线，________连接负极搭铁 发动机 CAN 总线波形检测：波形正常 □　波形故障 □ ABS CAN 总线波形检测：波形正常 □　波形故障 □ 转向柱 CAN 总线波形检测：波形正常 □　波形故障 □ 转向辅助 CAN 总线波形检测：波形正常 □　波形故障 □ 驱动 CAN 总线故障类型：CAN 总线断路 □　CAN 总线与蓄电池正极短接 □ CAN 总线搭铁短路 □　CAN 总线相互短接 □　CAN 总线交叉短接 □ 驱动 CAN 总线控制单元检测：良好 □　损坏 □ 驱动 CAN 总线终端电阻检测：________ Ω 驱动 CAN 总线信号电压检测：隐性电压________V，显性电压________V	故障记录：
4	完工整理	安装好拆卸的部件，恢复车辆至完好状态 □　整理工具、仪器和设备 □ 取下三件套 □　清洁车辆，打扫场地卫生 □	小组成员签字：
根据任务实施流程和故障检测操作过程，总结驱动 CAN 总线的故障类型，并填写在下面。 1. ________________ 2. ________________ 3. ________________ 4. ________________ 5. ________________			

六、检查

（一）自检

结合本组任务操作过程，对任务执行过程中的操作规范性进行检查，检查操作过程中是否存在以下问题，分析讨论应如何避免并总结规范的操作方法（见表 7-4）。

表 7-4 自检

检查项目	结果
是否使用三件套对车辆进行防护	是□ 否□
蓄电池电压是否正常	是□ 否□
驱动 CAN 总线故障自诊断是否能进入	是□ 否□
发动机 CAN 总线波形检测是否正常	是□ 否□
ABS CAN 总线波形检测是否正常	是□ 否□
转向柱 CAN 总线波形检测是否正常	是□ 否□
其他驱动 CAN 总线波形检测是否正常	是□ 否□
驱动 CAN 总线故障是否排除	是□ 否□
工作场地是否清洁，车辆是否复位	是□ 否□

（二）互检

组与组之间相互进行任务操作过程及结果检查，并把检查结果填写在表 7-5 中。

表 7-5 互检

检查项目	结果
是否使用三件套对车辆进行防护	是□ 否□
蓄电池电压是否正常	是□ 否□
驱动 CAN 总线故障自诊断是否能进入	是□ 否□
发动机 CAN 总线波形检测是否正常	是□ 否□
ABS CAN 总线波形检测是否正常	是□ 否□
转向柱 CAN 总线波形检测是否正常	是□ 否□
其他驱动 CAN 总线波形检测是否正常	是□ 否□
驱动 CAN 总线故障是否排除	是□ 否□
工作场地是否清洁，车辆是否复位	是□ 否□

七、课堂小结

任务八　驱动 CAN 总线故障检修（三）

驱动 CAN 总线故障检修任务工单——控制单元检测					
客户信息	姓名			职业	
车辆信息	车型		VIN 码		行驶里程
故障验证及检测	CAN 总线无法进入故障 □ 熔断器检查 □ 信息娱乐 CAN 总线故障 □ 总线电压检测 □ 读取测量值 □ 总线链路故障 □ 舒适 CAN 总线链路故障 □ 安全气囊总线故障 □ 电控助力转向系统 CAN 总线故障 □		CAN 总线无法休眠故障 □ 驱动 CAN 总线故障 □ LIN 总线故障 □ 总线波形检测 □ 驱动 CAN 总线节点故障 □ 舒适 CAN 总线节点故障 □ ABS 总线故障 □ 驻车辅助 CAN 总线故障 □		CAN 总线单线工作模式故障 □ 舒适 CAN 总线故障 □ 终端电阻检测 □ 读取故障码 □ 驱动 CAN 总线电源故障 □ 舒适 CAN 总线电源故障 □ 变速器 CAN 总线故障 □ 发动机总线故障 □ 转向灯和前照灯照明调节 CAN 总线故障 □
	客户描述：				
车辆外观检查			车辆内部检查		
凹凸 □			污渍 □		
划痕 □			破损 □		
石击 □			色斑 □		
油漆 □			变形 □		
明确具体工作任务					

任务目标

- 能够对驱动 CAN 总线进行故障诊断与分析
- 能够使用万用表、示波器对驱动 CAN 总线进行故障检测
- 能够排除驱动 CAN 总线系统故障

续表

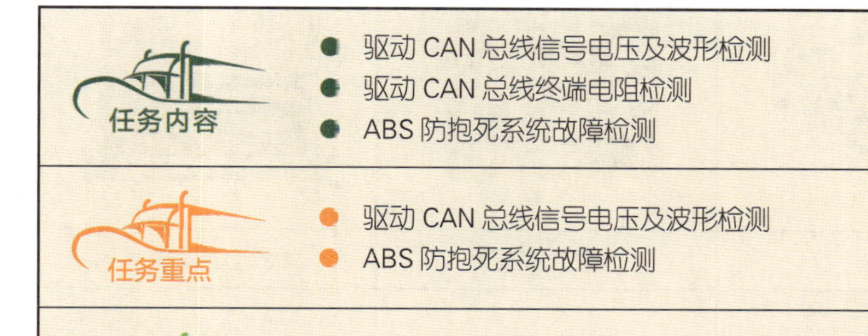

任务内容	● 驱动 CAN 总线信号电压及波形检测 ● 驱动 CAN 总线终端电阻检测 ● ABS 防抱死系统故障检测
任务重点	● 驱动 CAN 总线信号电压及波形检测 ● ABS 防抱死系统故障检测
任务难点	● ABS 防抱死系统故障检测

一、任务准备

在下面图片中勾选出完成本任务所需的工具、设备、资料等。

博世 FSA740 检测仪	剥线钳	三件套	抹布
诊断仪	旋具套装	工具套件	万用表
二极管试灯	示波器	汽车内饰拆装工具	吹尘枪

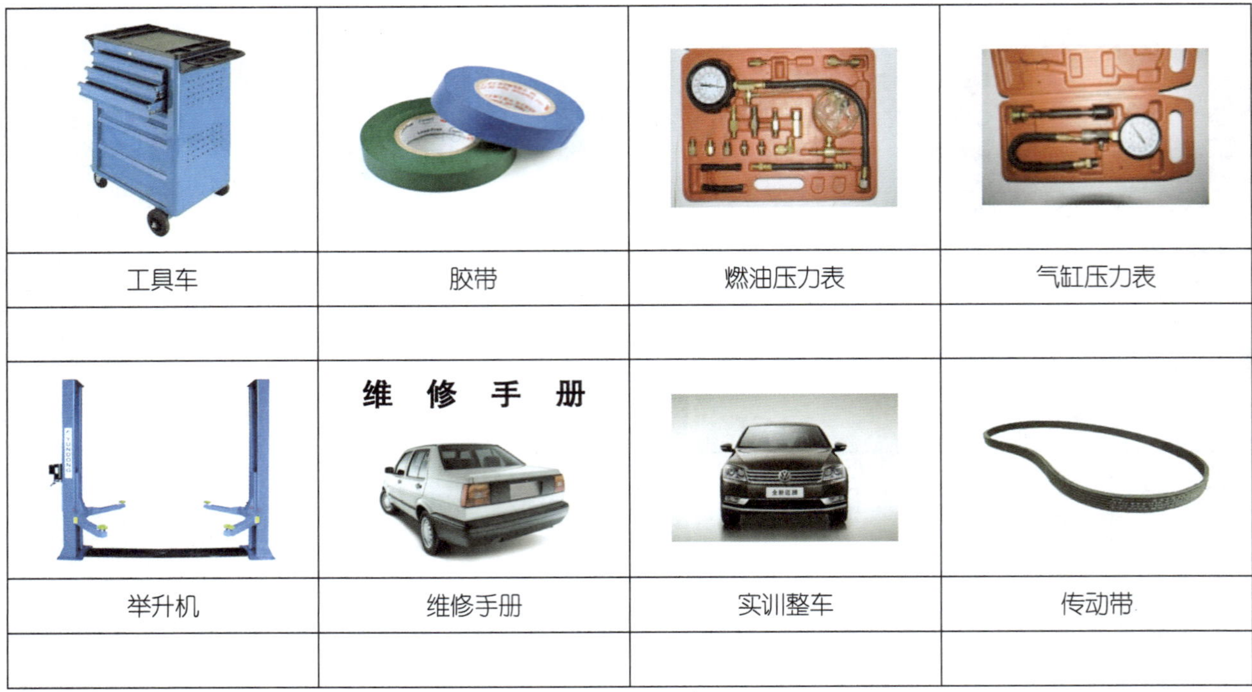

工具车	胶带	燃油压力表	气缸压力表
举升机	维修手册	实训整车	传动带

二、防护措施

1. 进入车间应穿工鞋、戴工帽；工作服应穿戴整齐，无皮肤裸露；操作时不可佩戴手表等金属饰品，以防划伤车辆表面。

2. 操作电气设备时应注意用电安全。作业结束之后，应及时切断一切用电设备的电源。

3. 在对车辆电器设备端子进行检测时，必须使用万用表线组等工具，避免用万用表表笔直接测量，导致插接器虚接。

4. 若因检测需求需要拆卸某些部件时，必须严格按照维修手册标准进行拆卸，严禁暴力拆卸，防止元件损坏。

5. 非必要情况下，严禁对线束内部进行分解检测，对线束破损、裸露部分应使用电工胶布或热缩管做好绝缘处理。

三、任务分配（见表 8-1）

表 8-1　任务分配表

职务	代码	姓名	工作内容
组长	A		
组员	B		
	C		
	D		
	E		

四、任务实施

（一）操作步骤

完成下面工作内容的排序并填写在表 8-2 中。

表 8-2 操作步骤

序号	操作流程	步骤	工作内容
1	维修准备		将车辆安全停放到维修工位，拉起驻车制动器或将变速器置于 P 挡
			铺设三件套
			用万用表检查蓄电池电压是否正常
2	故障验证及自诊断		启动着车，组合仪表 ABS 故障指示灯点亮
			连接诊断仪，打开点火开关，进入自诊断，选择“03- 制动控制系统”
			读取 ABS 防抱死系统 CAN 总线故障码
			读取测量值。输入组号 125 ~ 129，查看驱动 CAN 总线控制单元的工作状态是否正常
3	ABS 防抱死系统 CAN 总线故障检测		检查熔断器 SA8/SB2、SC2/SC15 是否损坏，如果熔断器良好，则进行下面的检测
			关闭点火开关，打开发动机舱盖，拆卸 ABS 泵总成防护板
			拔下 ABS 控制单元插接器，打开点火开关，检测插接器的 T38/1、T38/25、T38/14、T38/15 号端子是否有 12 V 工作电压
			检测插接器 T38/13、T38/38 号端子对地阻值是否小于 0.5 Ω，搭铁是否良好
			检测 ABS 控制单元 T38/22、T38/24 号端子之间的阻值是否符合标准
			检测 ABS 控制单元 T38/22、T38/24 号端子与网关 J533 插接器 T20e/16、T20e/6 号端子之间的 CAN 数据传输导线是否良好
			连接好 ABS 控制单元插接器，打开博世 FSA740 检测仪电源开关，启动测量程序，调试其测量参数，以测量 CAN 总线波形
			将 CH1、CH2 检测线的正极连接到 ABS 插接器 T38/22、T38/24 号端子对应的 CAN 数据线上，将 CH1、CH2 检测线的负极与车身搭铁或与蓄电池的负极相连
			打开点火开关，操作波形检测仪，进入示波器主界面，读取驱动 CAN 总线波形
4	故障维修		根据检测结果更换损坏的熔断器和控制单元，进行控制单元编码
			根据检测结果确定驱动 CAN 总线传输导线的故障部位，进行相应的故障维修
5	完工整理		安装好拆卸的部件，恢复车辆至完好状态
			取下三件套，清洁车辆
			整理维修工具、仪器和设备，打扫场地卫生

（二）实施记录

结合实施过程，对照表 8-3 中的检查项目内容，勾选或填写出实际的检查结果。

表 8-3 实施记录

序号	项目	故障检查	故障记录
1	维修准备	安全防护工作：铺设三件套 □ 蓄电池电压：________V 拉起驻车制动器 □ 变速器置于：________挡	维修记录：
2	故障验证及自诊断	能进入自诊断 □ 不能进入自诊断 □ 诊断插座熔断器：良好 □ 损坏 □ 网关熔断器：良好 □ 损坏 □ ABS 防抱死系统自诊断：能进入自诊断 □ 不能进入自诊断 □ 有故障码 □ 无故障码 □ 故障码及测量值记录：________________ ________________________________	故障现象：
3	ASB 防抱死系统 CAN 总线故障检测	熔断器 SA8/SB2、SC2/SC15 检查：良好 □ 损坏 □ 更换 □ 插接器 T38/1、T38/25、T38/14、T38/15 号端子电压检测：________V 插接器 T38/13、T38/38 号端子对地阻值检测：________Ω ABS 控制单元 T38/22、T38/24 号端子之间的阻值：________Ω ABS 和网关之间的 CAN 数据线检测：良好 □ 损坏 □ 驱动 CAN 总线电压检测：CAN-H=________V，CAN-L=________V 驱动 CAN 总线波形检测： 检测线 CH1 连接：________________ 检测线 CH2 连接：________________ CH1/CH2 公共导线连接：________________ 驱动 CAN 总线波形检测结果：波形正常 □ 波形故障 □ 故障波形记录：________________ ________________________________ 驱动 CAN 总线故障部位：________________ ________________________________ ABS 防抱死系统故障是否排除：排除 □ 故障灯熄灭 □ 未排除 □	故障记录：
4	完工整理	安装好拆卸的部件，恢复车辆至完好状态 □ 整理工具、仪器和设备 □ 取下三件套 □ 清洁车辆，打扫场地卫生 □	小组成员签字：
根据任务实施流程和故障检测操作过程，总结 ABS 防抱死系统 CAN 总线的故障类型，并填写在下面。 1. ________________ 2. ________________ 3. ________________ 4. ________________ 5. ________________			

五、检查

（一）自检

结合本组任务操作过程，对任务执行过程中的操作规范性进行检查，检查操作过程中是否存在以下问题，分析讨论应如何避免并总结规范的操作方法（见表 8-4）。

表 8-4 自检

检查项目	结果
是否使用三件套对车辆进行防护	是 □ 否 □
蓄电池电压是否正常	是 □ 否 □
ABS 防抱死系统故障自诊断是否能进入	是 □ 否 □
驱动 CAN 总线信号电压是否正常	是 □ 否 □
驱动 CAN 总线波形是否正常	是 □ 否 □
ABS 控制单元终端电阻阻值是否正常	是 □ 否 □
ABS 控制单元熔断器、搭铁、电源是否正常	是 □ 否 □
工作场地是否清洁，车辆是否复位	是 □ 否 □

（二）互检

组与组之间相互进行任务操作过程及结果检查，并把检查结果填写在表 8-5 中。

表 8-5 互检

检查项目	结果
是否使用三件套对车辆进行防护	是 □ 否 □
蓄电池电压是否正常	是 □ 否 □
ABS 防抱死系统故障自诊断是否能进入	是 □ 否 □
驱动 CAN 总线信号电压是否正常	是 □ 否 □
驱动 CAN 总线波形是否正常	是 □ 否 □
ABS 控制单元终端电阻阻值是否正常	是 □ 否 □
ABS 控制单元熔断器、搭铁、电源是否正常	是 □ 否 □
工作场地是否清洁，车辆是否复位	是 □ 否 □

六、课堂小结

任务九　驱动 CAN 总线故障检修（四）

<table>
<tr><td colspan="6">驱动 CAN 总线故障检修任务工单——故障点判定</td></tr>
<tr><td>客户信息</td><td>姓名</td><td colspan="2"></td><td>职业</td><td></td></tr>
<tr><td rowspan="2">车辆信息</td><td colspan="2">车型</td><td colspan="2">VIN 码</td><td>行驶里程</td></tr>
<tr><td colspan="2"></td><td colspan="2"></td><td></td></tr>
<tr><td>故障验证
及检测</td><td colspan="5">CAN 总线无法进入故障 □　CAN 总线无法休眠故障 □　CAN 总线单线工作模式故障 □
熔断器检查 □　驱动 CAN 总线故障 □　舒适 CAN 总线故障 □
信息娱乐 CAN 总线故障 □　LIN 总线故障 □　终端电阻检测 □
总线电压检测 □　总线波形检测 □　读取故障码 □
读取测量值 □　驱动 CAN 总线节点故障 □　驱动 CAN 总线电源故障 □
总线链路故障 □　舒适 CAN 总线节点故障 □　舒适 CAN 总线电源故障 □
舒适 CAN 总线链路故障 □　ABS 总线故障 □　变速器 CAN 总线故障 □
安全气囊总线故障 □　驻车辅助 CAN 总线故障 □　发动机总线故障 □
电控助力转向系统 CAN 总线故障 □　转向灯和前照灯照明调节 CAN 总线故障 □
客户描述：</td></tr>
<tr><td colspan="3">车辆外观检查</td><td colspan="3">车辆内部检查</td></tr>
<tr><td>凹凸 □</td><td colspan="2" rowspan="4"></td><td>污渍 □</td><td colspan="2" rowspan="4"></td></tr>
<tr><td>划痕 □</td><td>破损 □</td></tr>
<tr><td>石击 □</td><td>色斑 □</td></tr>
<tr><td>油漆 □</td><td>变形 □</td></tr>
<tr><td>明确具体
工作任务</td><td colspan="5"></td></tr>
<tr><td>任务目标</td><td colspan="5">● 能够对驱动 CAN 总线进行故障诊断与分析
● 能够使用万用表、示波器对驱动 CAN 总线进行故障检测
● 能够排除驱动 CAN 总线系统故障</td></tr>
</table>

续表

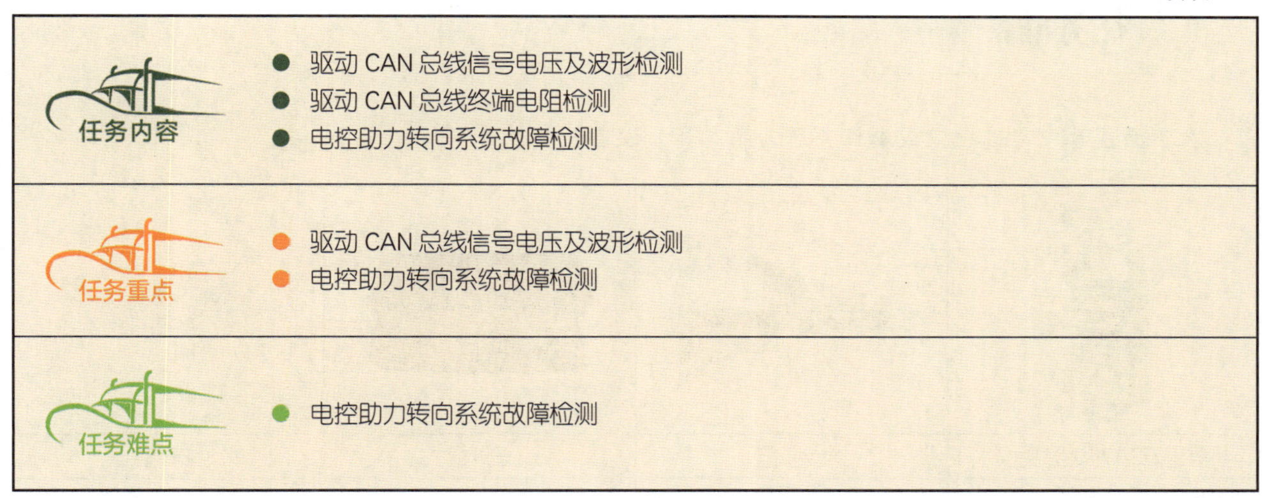

任务内容	● 驱动 CAN 总线信号电压及波形检测 ● 驱动 CAN 总线终端电阻检测 ● 电控助力转向系统故障检测
任务重点	● 驱动 CAN 总线信号电压及波形检测 ● 电控助力转向系统故障检测
任务难点	● 电控助力转向系统故障检测

一、知识讲解

大众迈腾电控助力转向系统控制电路如图 9-1 所示，G269 为转向扭矩传感器，J500 为转向辅助控制单元，V187 为电控机械式伺服转向电动机，J533 为网关控制单元。

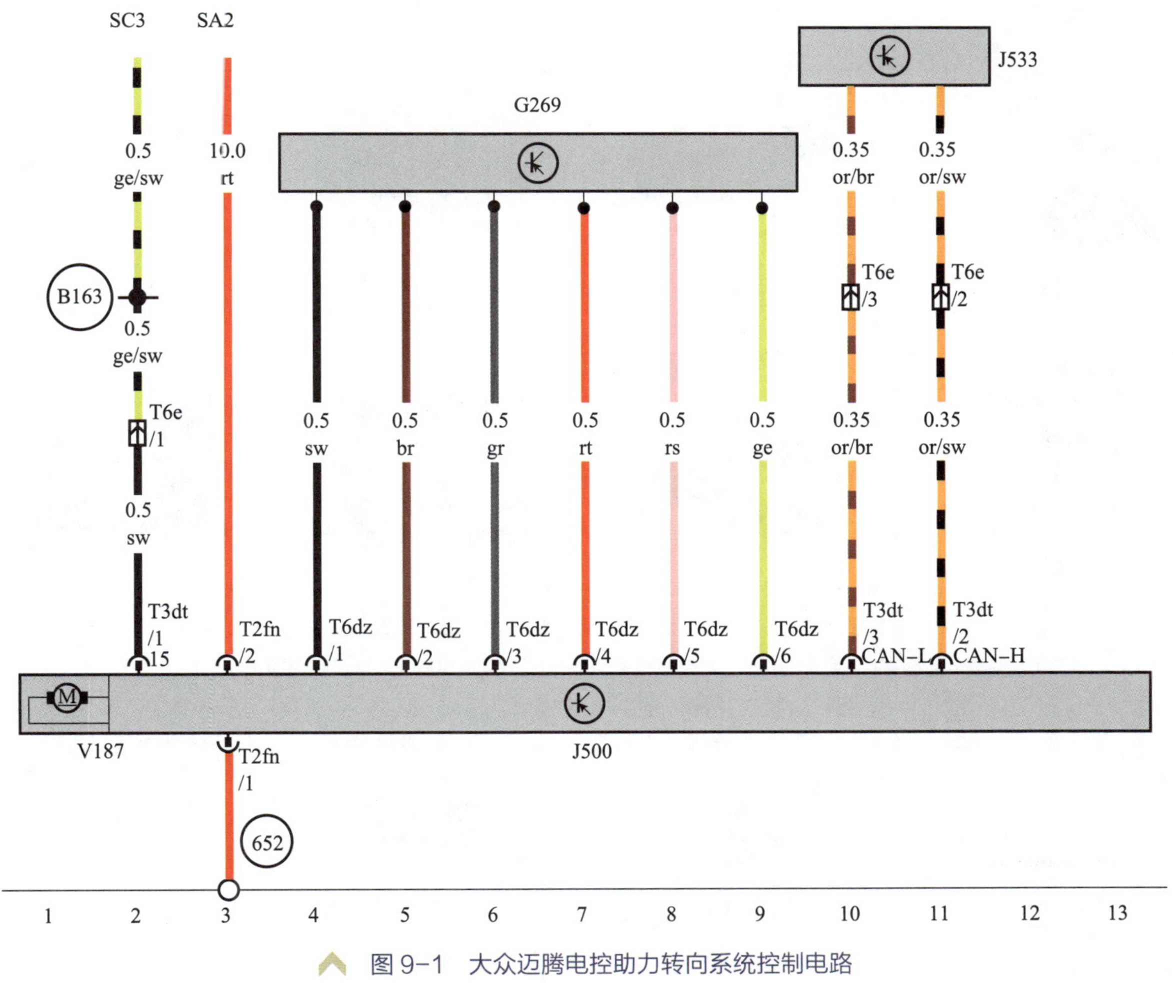

图 9-1 大众迈腾电控助力转向系统控制电路

二、任务准备

在下面图片中勾选出完成本任务所需的工具、设备、资料等。

 博世 FSA740 检测仪	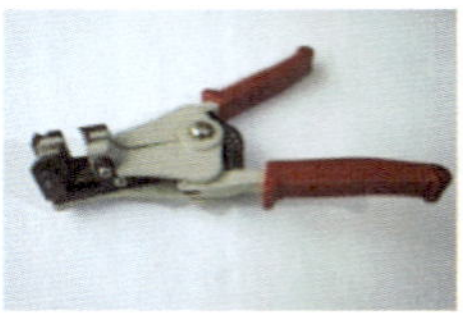 剥线钳	 三件套	 抹布
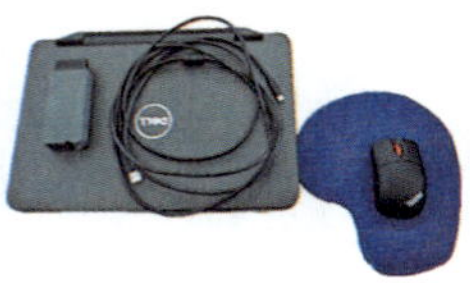	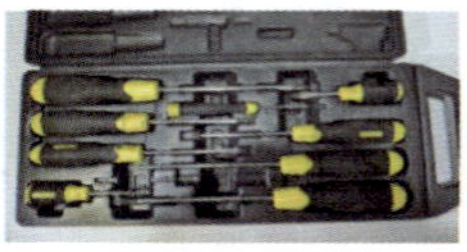	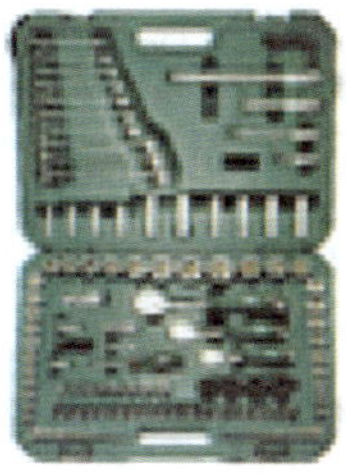	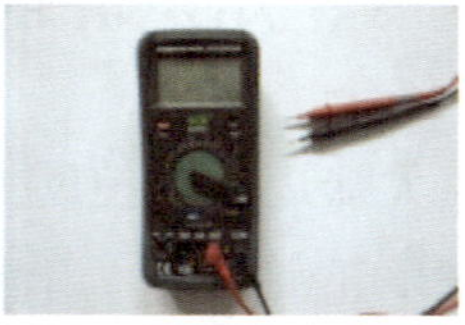
诊断仪	旋具套装	工具套件	万用表
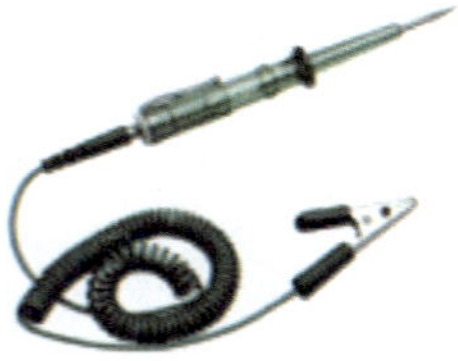	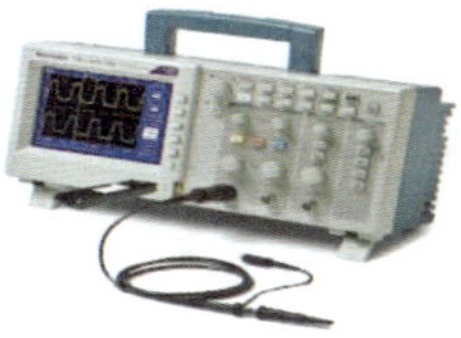	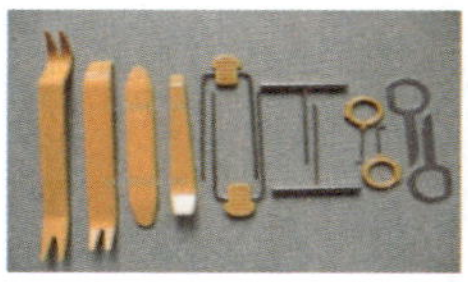	
二极管试灯	示波器	汽车内饰拆装工具	吹尘枪
		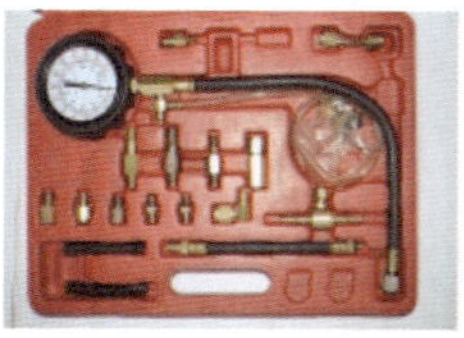	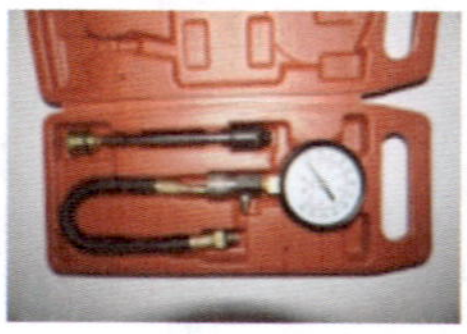
工具车	胶带	燃油压力表	气缸压力表
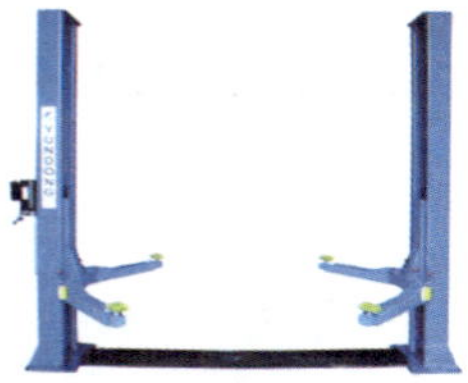	 维 修 手 册		
举升机	维修手册	实训整车	传动带

三、防护措施

1. 进入车间应穿工鞋、戴工帽；工作服应穿戴整齐，无皮肤裸露；操作时不可佩戴手表等金属饰品，以防划伤车辆表面。

2. 操作电气设备时应注意用电安全。作业结束之后，应及时切断一切用电设备的电源。

3. 在对车辆电器设备端子进行检测时，必须使用万用表线组等工具，避免用万用表表笔直接测量，导致插接器虚接。

4. 若因检测需求需要拆卸某些部件时，必须严格按照维修手册标准进行拆卸，严禁暴力拆卸，防止元件损坏。

5. 非必要情况下，严禁对线束内部进行分解检测，对线束破损、裸露部分应使用电工胶布或热缩管做好绝缘处理。

四、任务分配（见表 9-1）

表 9-1 任务分配表

职务	代码	姓名	工作内容
组长	A		
组员	B		
	C		
	D		
	E		

五、任务实施

（一）操作步骤

完成下面工作内容的排序并填写在表 9-2 中。

表 9-2 操作步骤

序号	操作流程	步骤	工作内容
1	维修准备		将车辆安全停放到维修工位，拉起驻车制动器或将变速器置于 P 挡
			铺设三件套
			用万用表检查蓄电池电压是否正常
2	故障验证及自诊断		启动着车，组合仪表助力转向故障指示灯点亮，转向盘转动不灵活
			连接诊断仪，打开点火开关，进入自诊断，选择“44- 电子转向控制单元”
			读取助力转向系统故障码，显示无法到达
			读取测量值。输入组号 125 ~ 129，查看驱动 CAN 总线控制单元的工作状态是否正常

续表

序号	操作流程	步骤	工作内容
3	电控助力转向系统故障检测		检查熔断器 SA2、SC3 是否损坏，若良好则进行下面的检测
			关闭点火开关，举升车辆到合适的高度，确保举升机保险机构锁止
			拔下转向辅助控制单元 J500 的插接器，检测其 T2fn/2 号端子是否有 12 V 工作电压。打开点火开关，检测插接器 T3dt/1 号端子是否有 12 V 工作电压
			检测插接器 T2fn/1 号端子对地阻值是否小于 0.5 Ω，搭铁是否良好
			检测转向辅助控制单元 J500 的 T3dt/2、T3dt/3 号端子之间的阻值是否符合标准
			检测转向辅助控制单元 J500 的 T3dt/2、T3dt/3 号端子与网关 J533 插接器 T20e/16、T20e/6 号端子之间的 CAN 数据传输导线是否良好
			连接好转向辅助控制单元插接器，打开博世 FSA740 检测仪电源开关，启动测量程序，调试其测量参数，以测量 CAN 总线波形
			将 CH1、CH2 检测线的正极连接到助力转向系统插接器 T3dt/2、T3dt/3 号端子对应的 CAN 数据线上，将 CH1、CH2 检测线的负极与车身搭铁或与蓄电池的负极相连
			打开点火开关，操作波形检测仪，进入示波器主界面，读取驱动 CAN 总线波形
			降低举升车辆，启动着车，转动转向盘，检测驱动 CAN 总线波形是否正常
4	故障维修		根据检测结果更换损坏的熔断器和控制单元，进行控制单元编码
			根据检测结果确定驱动 CAN 总线传输导线的故障部位，进行相应的故障维修
5	完工整理		安装好拆卸的部件，恢复车辆至完好状态
			取下三件套，清洁车辆
			整理维修工具、仪器和设备，打扫场地卫生

（二）实施记录

结合实施过程，对照表 9-3 中的检查项目内容，勾选或填写出实际的检查结果。

表 9-3　实施记录

序号	项目	故障检查	故障记录
1	维修准备	安全防护工作：铺设三件套 □ 蓄电池电压：__________ V 拉起驻车制动器 □　变速器置于：__________挡	维修记录：
2	故障验证及自诊断	能进入自诊断 □　不能进入自诊断 □ 诊断插座熔断器：良好 □　损坏 □　　网关熔断器：良好 □　损坏 □ 电控助力转向系统自诊断：能进入自诊断 □　不能进入自诊断 □ 有故障码 □　无故障码 □　故障码及测量值记录：____________________ ____	故障现象：

续表

序号	项目	故障检查	故障记录
3	电控助力转向系统故障检测	熔断器 SA2、SC3 检查：良好 □ 损坏 □ 更换 □ 插接器 T2fn/2 号端子电压：________ V，T3dt/1 号端子电压：________ V 插接器 T2fn/1 号端子对地阻值检测：________ Ω 转向辅助控制单元 T3dt/2、T3dt/3 号端子之间的阻值：________ Ω 转向辅助控制单元和网关之间的 CAN 数据线检测：良好 □ 损坏 □ 驱动 CAN 总线电压检测：CAN-H= ________ V，CAN-L= ________ V 驱动 CAN 总线波形检测： 检测线 CH1 连接：________ 检测线 CH2 连接：________ CH1/CH2 公共导线连接：________ 驱动 CAN 总线波形检测结果：波形正常 □ 波形故障 □ 故障波形记录：________ ________ 驱动 CAN 总线故障部位：________ ________ 电控助力转向系统故障是否排除：排除 □ 故障灯熄灭 □ 未排除 □	故障记录：
4	完工整理	安装好拆卸的部件，恢复车辆至完好状态 □ 整理工具、仪器和设备 □ 取下三件套 □ 清洁车辆，打扫场地卫生 □	小组成员签字：
根据任务实施流程和故障检测操作过程，总结电控助力转向系统 CAN 总线的故障类型，并填写在下面。 1. ________ 2. ________ 3. ________ 4. ________ 5. ________			

六、检查

（一）自检

结合本组任务操作过程，对任务执行过程中的操作规范性进行检查，检查操作过程中是否存在以下问题，分析讨论应如何避免并总结规范的操作方法（见表 9-4）。

表 9-4 自检

检查项目	结果
是否使用三件套对车辆进行防护	是 □ 否 □
蓄电池电压是否正常	是 □ 否 □
电控助力转向系统故障自诊断是否能进入	是 □ 否 □
驱动 CAN 总线信号电压是否正常	是 □ 否 □
驱动 CAN 总线波形是否正常	是 □ 否 □
转向辅助控制单元终端电阻阻值是否正常	是 □ 否 □
转向辅助控制单元是否损坏	是 □ 否 □

续表

检查项目	结果
转向辅助控制单元熔断器、搭铁、电源是否正常	是 □　否 □
工作场地是否清洁，车辆是否复位	是 □　否 □

（二）互检

组与组之间相互进行任务操作过程及结果检查，并把检查结果填写在表 9–5 中。

表 9–5　互检

检查项目	结果
是否使用三件套对车辆进行防护	是 □　否 □
蓄电池电压是否正常	是 □　否 □
电控助力转向系统故障自诊断是否能进入	是 □　否 □
驱动 CAN 总线信号电压是否正常	是 □　否 □
驱动 CAN 总线波形是否正常	是 □　否 □
转向辅助控制单元终端电阻阻值是否正常	是 □　否 □
转向辅助控制单元是否损坏	是 □　否 □
转向辅助控制单元熔断器、搭铁、电源是否正常	是 □　否 □
工作场地是否清洁，车辆是否复位	是 □　否 □

七、课堂小结

____

____

____

任务十　驱动 CAN 总线故障检修（五）

<table>
<tr><th colspan="7">驱动 CAN 总线故障检修任务工单——故障修复</th></tr>
<tr><td>客户信息</td><td>姓名</td><td colspan="2"></td><td>职业</td><td colspan="2"></td></tr>
<tr><td rowspan="2">车辆信息</td><td colspan="2">车型</td><td colspan="2">VIN 码</td><td colspan="2">行驶里程</td></tr>
<tr><td colspan="2"></td><td colspan="2"></td><td colspan="2"></td></tr>
<tr><td>故障验证
及检测</td><td colspan="6">CAN 总线无法进入故障 □　CAN 总线无法休眠故障 □　CAN 总线单线工作模式故障 □
熔断器检查 □　驱动 CAN 总线故障 □　舒适 CAN 总线故障 □
信息娱乐 CAN 总线故障 □　LIN 总线故障 □　终端电阻检测 □
总线电压检测 □　总线波形检测 □　读取故障码 □
读取测量值 □　驱动 CAN 总线节点故障 □　驱动 CAN 总线电源故障 □
总线链路故障 □　舒适 CAN 总线节点故障 □　舒适 CAN 总线电源故障 □
舒适 CAN 总线链路故障 □　ABS 总线故障 □　变速器 CAN 总线故障 □
安全气囊总线故障 □　驻车辅助 CAN 总线故障 □　发动机总线故障 □
电控助力转向系统 CAN 总线故障 □　转向灯和前照灯照明调节 CAN 总线故障 □
客户描述：</td></tr>
<tr><th colspan="3">车辆外观检查</th><th colspan="4">车辆内部检查</th></tr>
<tr><td>凹凸 □</td><td colspan="2" rowspan="4"></td><td>污渍 □</td><td colspan="3" rowspan="4"></td></tr>
<tr><td>划痕 □</td><td>破损 □</td></tr>
<tr><td>石击 □</td><td>色斑 □</td></tr>
<tr><td>油漆 □</td><td>变形 □</td></tr>
<tr><td>明确具体
工作任务</td><td colspan="6"></td></tr>
<tr><td>任务目标</td><td colspan="6">● 能够对驱动 CAN 总线进行故障诊断与分析
● 能够使用万用表、示波器对驱动 CAN 总线进行故障检测
● 能够排除驱动 CAN 总线系统故障</td></tr>
</table>

续表

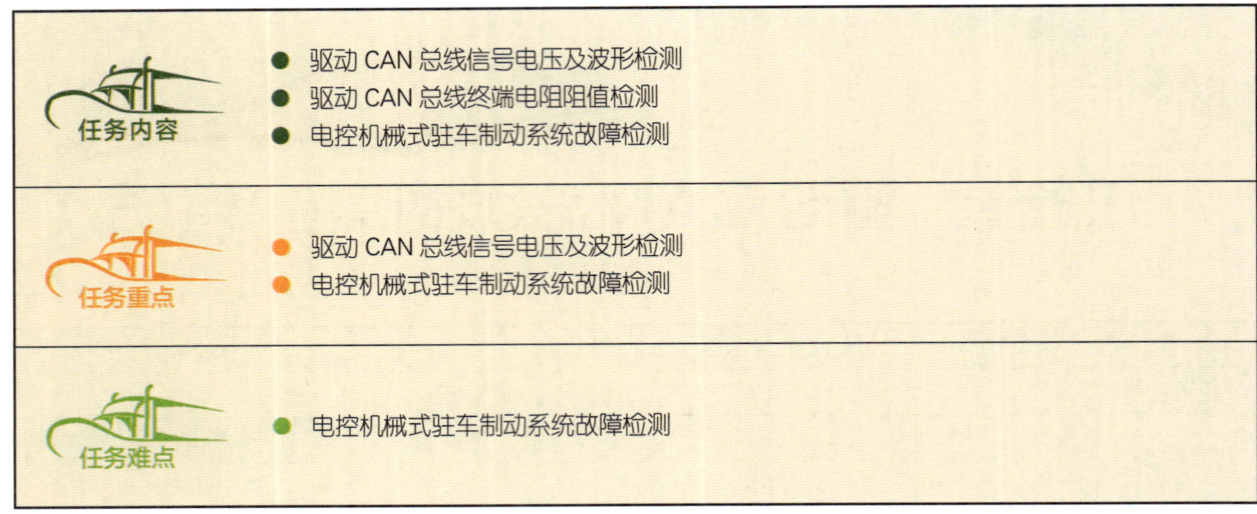

任务内容	● 驱动 CAN 总线信号电压及波形检测 ● 驱动 CAN 总线终端电阻阻值检测 ● 电控机械式驻车制动系统故障检测
任务重点	● 驱动 CAN 总线信号电压及波形检测 ● 电控机械式驻车制动系统故障检测
任务难点	● 电控机械式驻车制动系统故障检测

一、知识讲解

大众迈腾 B7L 电控机械式驻车制动系统主要由驻车制动开关、驻车制动控制单元、ABS 控制单元、离合器位置传感器、Auto Hold 开关和制动器执行元件等组成，如图 10-1 所示。

电控机械式驻车制动系统控制电路如图 10-2 至图 10-4 所示。

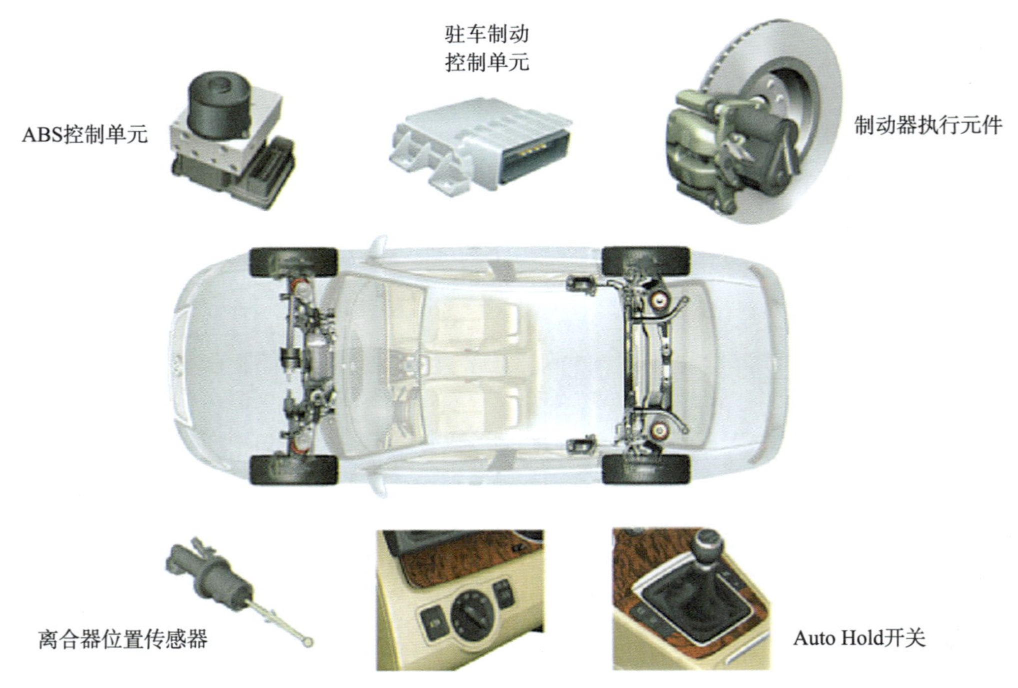

图 10-1　大众迈腾 B7L 电控机械式驻车制动系统的结构组成

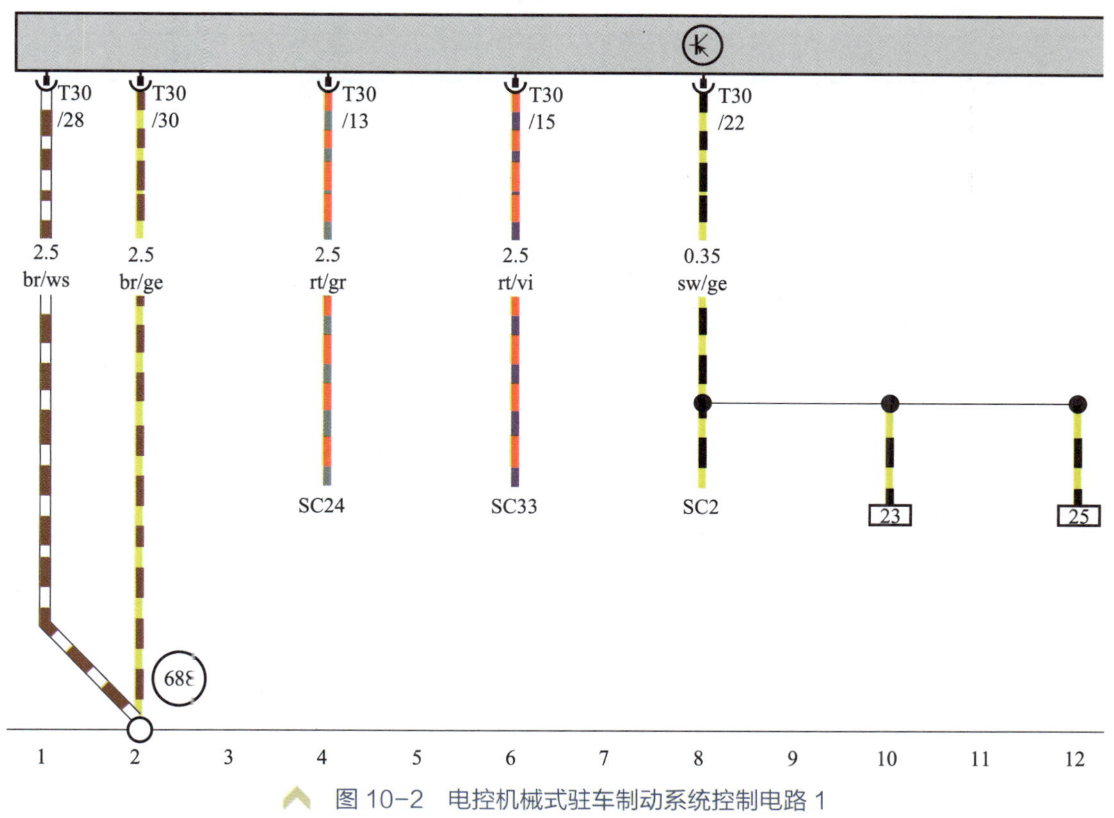

图 10-2 电控机械式驻车制动系统控制电路 1

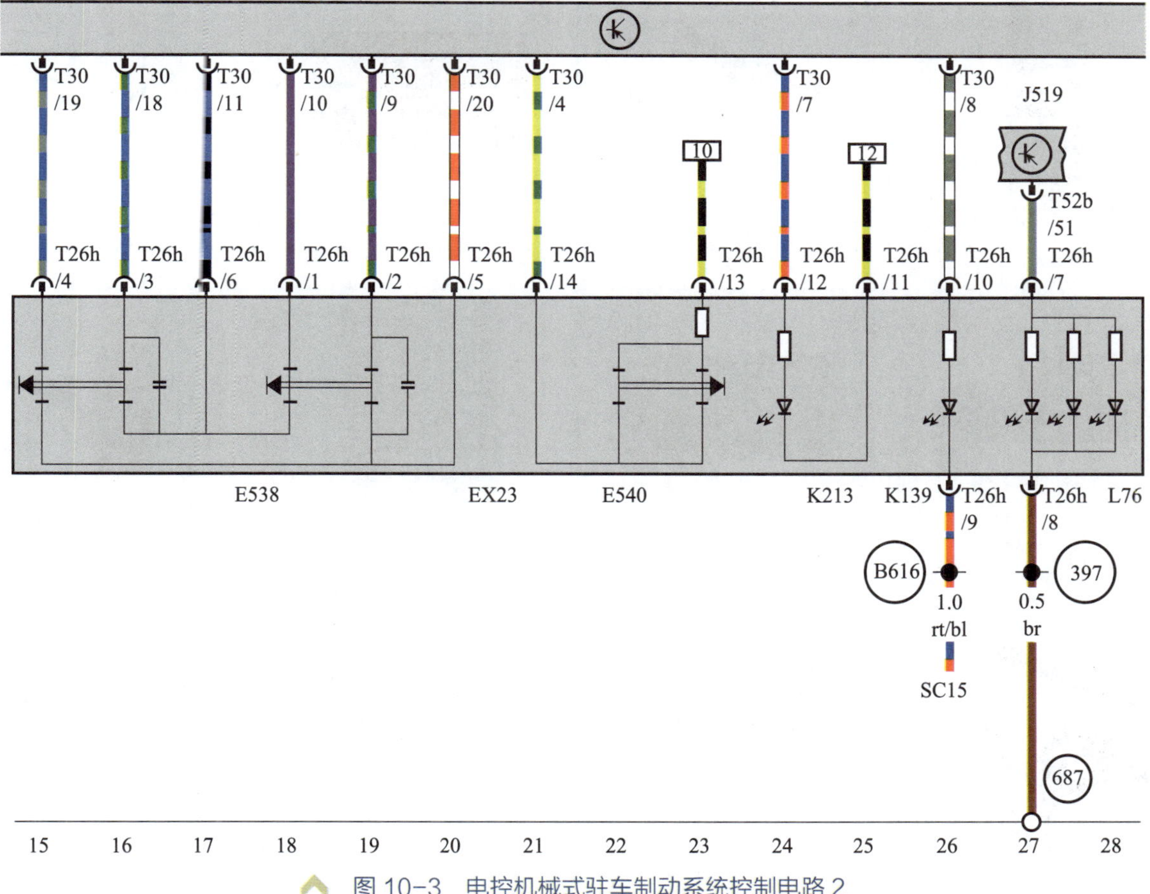

图 10-3 电控机械式驻车制动系统控制电路 2

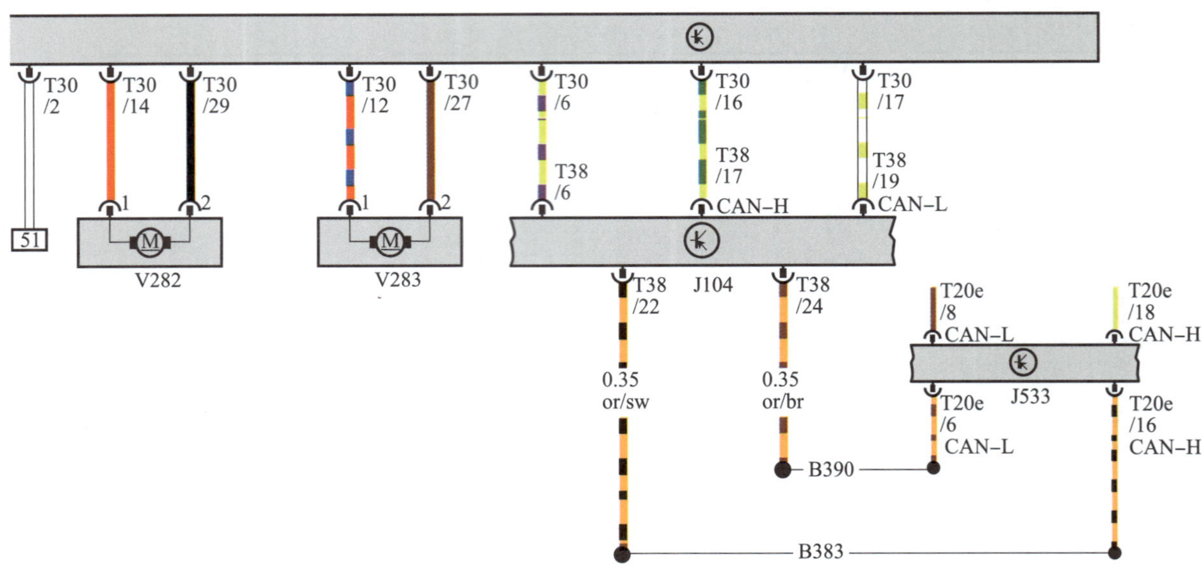

图 10-4　电控机械式驻车制动系统控制电路 3

二、任务准备

在下面图片中勾选出完成本任务所需的工具、设备、资料等。

 博世 FSA740 检测仪	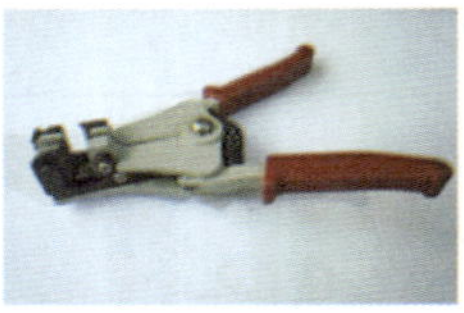 剥线钳	 三件套	 抹布
		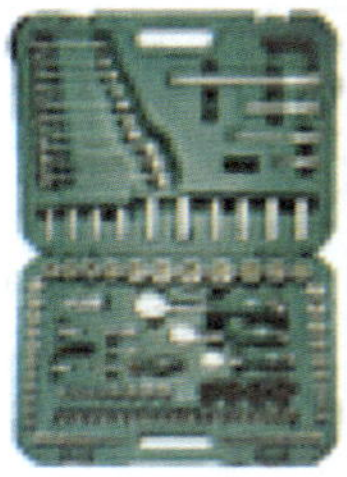	
诊断仪	旋具套装	工具套件	万用表
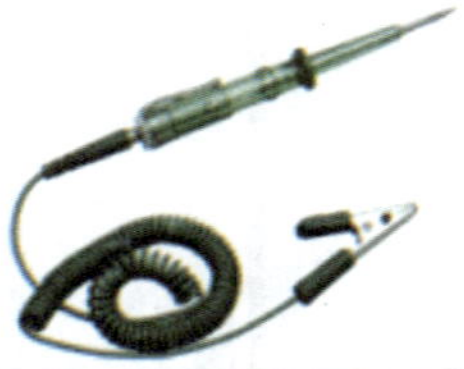	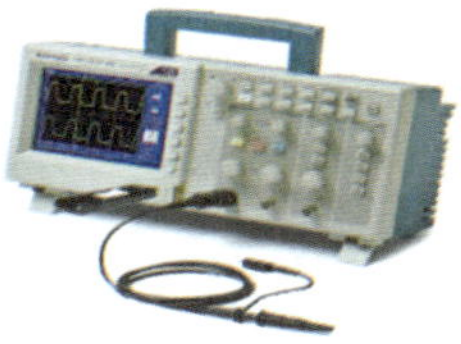	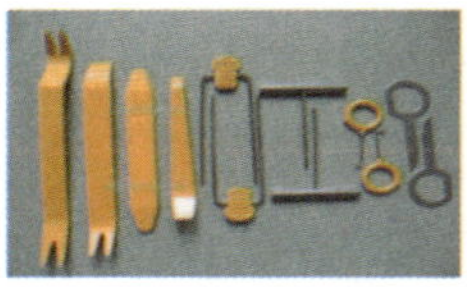	
二极管试灯	示波器	汽车内饰拆装工具	吹尘枪

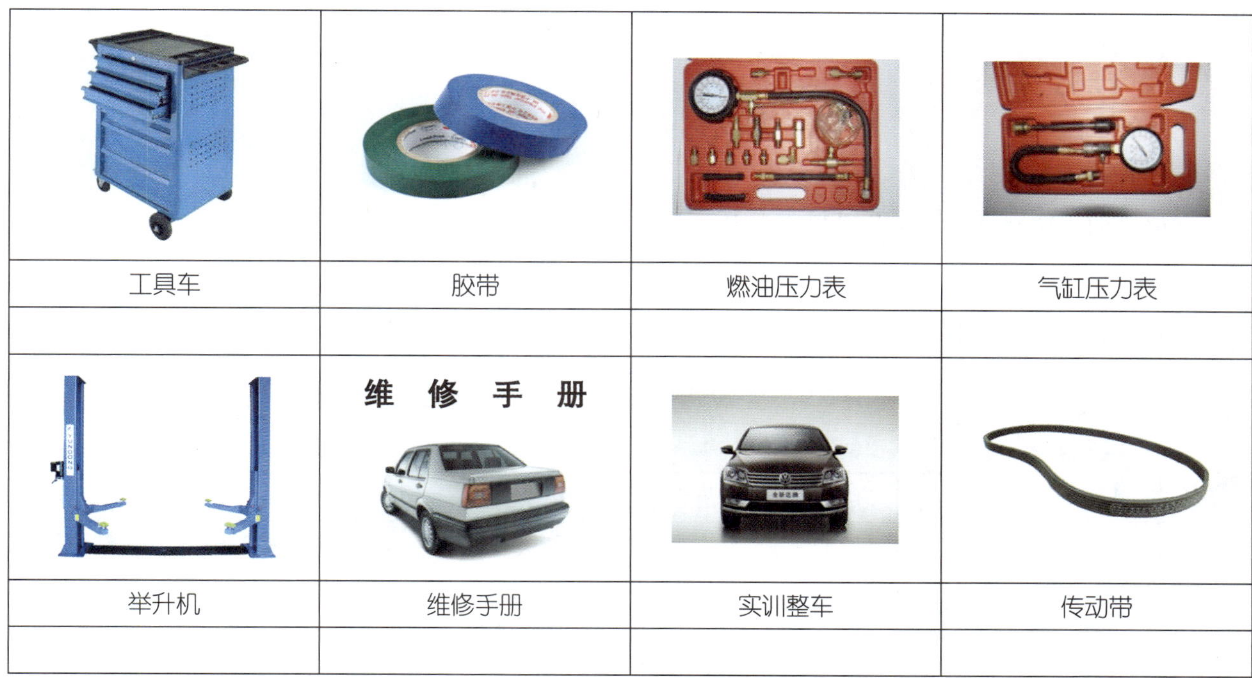

工具车	胶带	燃油压力表	气缸压力表
举升机	维修手册	实训整车	传动带

三、防护措施

1. 进入车间应穿工鞋、戴工帽；工作服应穿戴整齐，无皮肤裸露；操作时不可佩戴手表等金属饰品，以防划伤车辆表面。

2. 操作电气设备时应注意用电安全。作业结束之后，应及时切断一切用电设备的电源。

3. 在对车辆电器设备端子进行检测时，必须使用万用表线组等工具，避免用万用表表笔直接测量，导致插接器虚接。

4. 若因检测需求需要拆卸某些部件时，必须严格按照维修手册标准进行拆卸，严禁暴力拆卸，防止元件损坏。

5. 非必要情况下，严禁对线束内部进行分解检测，对线束破损、裸露部分应使用电工胶布或热缩管做好绝缘处理。

四、任务分配（见表 10-1）

表 10-1　任务分配表

职务	代码	姓名	工作内容
组长	A		
组员	B		
	C		
	D		
	E		

五、任务实施

（一）操作步骤

完成下面工作内容的排序并填写在表 10–2 中。

表 10–2 操作步骤

序号	操作流程	步骤	工作内容
1	维修准备		将车辆安全停放到维修工位，拉起驻车制动器或将变速器置于 P 挡
			铺设三件套
			用万用表检查蓄电池电压是否正常
2	故障验证及自诊断		启动着车，组合仪表驻车制动报警灯点亮。按下电子驻车开关，驻车制动不起作用
			连接诊断仪，打开点火开关，进入自诊断，选择“53– 驻车制动器控制单元”
			读取电控机械式驻车制动系统故障码，显示信息丢失功能损坏
			读取测量值。输入组号 125 ~ 129，查看驱动 CAN 总线控制单元的工作状态是否正常
3	电控机械式驻车制动系统故障检测		检查熔断器 SC2、SC24、SC33 是否损坏，若良好则进行下面的检测
			关闭点火开关，按照维修手册中的步骤，拆卸中控台，在后部中间通道上找到电控机械式驻车制动系统控制单元 J540
			拔下电控机械式驻车制动系统控制单元 J540 的插接器，打开点火开关，检测插接器 T30/13、T30/15、T30/22 号端子是否有 12 V 工作电压
			检测插接器 T30/28、T30/30 号端子对地阻值是否小于 0.5 Ω，搭铁是否良好
			检测电控机械式驻车制动系统控制单元 J540 T30/16、T30/17 号端子之间的阻值是否符合标准
			检测电控机械式驻车制动系统控制单元 J540 T30/16、T30/17 号端子与 ABS 控制单元 J104 T38/17、T38/19 号端子之间的 CAN 数据传输导线是否良好
			连接好电控机械式驻车制动系统控制单元插接器，将博世 FSA740 检测仪拨至合适的位置，打开电源开关
			将 CH1、CH2 检测线的正极连接到电控机械式驻车制动系统控制单元 J540 T30/16、T30/17 号端子对应的 CAN 数据线上，将 CH1、CH2 检测线的负极与车身搭铁或与蓄电池负极相连
			打开点火开关，操作波形检测仪，进入示波器主界面，读取驱动 CAN 总线波形
			按下驻车制动开关 E538，检测并分析驱动 CAN 总线波形是否正常
4	故障维修		根据检测结果更换损坏的熔断器和控制单元，进行控制单元编码
			根据检测结果确定驱动 CAN 总线传输导线的故障部位，进行相应的故障维修
5	完工整理		安装好拆卸的部件，恢复车辆至完好状态
			取下三件套，清洁车辆
			整理维修工具、仪器和设备，打扫场地卫生

（二）实施记录

结合实施过程，对照表 10-3 中的检查项目内容，勾选或填写出实际的检查结果。

表 10-3 实施记录

序号	项目	故障检查	故障记录
1	维修准备	安全防护工作：铺设三件套 □ 蓄电池电压：________V 拉起驻车制动器 □ 变速器置于：________挡	维修记录：
2	故障验证及自诊断	组合仪表驻车制动报警灯：常亮 □ 正常 □ 不亮 □ 按下驻车制动开关 E538：驻车制动器正常 □ 驻车制动器不工作 □ 能进入自诊断 □ 不能进入自诊断 □ 诊断插座熔断器：良好 □ 损坏 □ 网关熔断器：良好 □ 损坏 □ 驻车制动器控制单元自诊断：能进入自诊断 □ 不能进入自诊断 □ 有故障码 □ 无故障码 □ 故障码及测量值记录：________________ ________________________________	故障现象：
3	电控机械式驻车制动系统故障检测	熔断器 SC2、SC24、SC33 检查：良好 □ 损坏 □ 更换 □ 插接器 T30/13 号端子电压：_______V，T30/15 号端子电压：_______V，T30/22 号端子电压：________V 插接器 T30/28、T30/30 号端子对地阻值检测：________Ω 电控机械式驻车制动系统控制单元 J540 T30/16、T30/17 号端子之间的阻值：_______Ω 电控机械式驻车制动系统控制单元 J540 T30/16、T30/17 号端子与 ABS 控制单元 J104 T38/17、T38/19 号端子之间的 CAN 数据传输导线检测：良好 □ 损坏 □ 驱动 CAN 总线电压检测：CAN-H=________V，CAN-L=________V 驱动 CAN 总线波形检测： 检测线 CH1 连接：________________ 检测线 CH2 连接：________________ CH1/CH2 公共导线连接：________________ 驱动 CAN 总线波形检测结果：波形正常 □ 波形故障 □ 故障波形记录：________________ ________________________________ 驱动 CAN 总线故障部位：________________ ________________________________ 电控机械式驻车制动系统故障是否排除：排除 □ 故障灯熄灭 □ 未排除 □	故障记录：
4	完工整理	安装好拆卸的部件，恢复车辆至完好状态 □ 整理工具、仪器和设备 □ 取下三件套 □ 清洁车辆，打扫场地卫生 □	小组成员签字：

根据任务实施流程和故障检测操作过程，总结电控机械式驻车制动系统 CAN 总线的故障类型，并填写在下面。

1. ________________________________
2. ________________________________
3. ________________________________
4. ________________________________
5. ________________________________

六、检查

（一）自检

结合本组任务操作过程，对任务执行过程中的操作规范性进行检查，检查操作过程中是否存在以下问题，分析讨论应如何避免并总结规范的操作方法（见表 10–4）。

表 10–4　自检

检查项目	结果
是否使用三件套对车辆进行防护	是 □　否 □
蓄电池电压是否正常	是 □　否 □
驱动 CAN 总线信号电压是否正常	是 □　否 □
驱动 CAN 总线波形是否正常	是 □　否 □
电控机械式驻车制动系统故障自诊断是否能进入	是 □　否 □
电控机械式驻车制动系统控制单元终端电阻阻值是否正常	是 □　否 □
电控机械式驻车制动系统控制单元熔断器、搭铁、电源是否正常	是 □　否 □
工作场地是否清洁，车辆是否复位	是 □　否 □

（二）互检

组与组之间相互进行任务操作过程及结果检查，并把检查结果填写在表 10–5 中。

表 10–5　互检

检查项目	结果
是否使用三件套对车辆进行防护	是 □　否 □
蓄电池电压是否正常	是 □　否 □
驱动 CAN 总线信号电压是否正常	是 □　否 □
驱动 CAN 总线波形是否正常	是 □　否 □
电控机械式驻车制动系统故障自诊断是否能进入	是 □　否 □
电控机械式驻车制动系统控制单元终端电阻阻值是否正常	是 □　否 □
电控机械式驻车制动系统控制单元熔断器、搭铁、电源是否正常	是 □　否 □
工作场地是否清洁，车辆是否复位	是 □　否 □

七、课堂小结

任务十一　CAN 总线网关故障检修

CAN 总线网关故障检修任务工单					
客户信息	姓名		职业		
车辆信息	车型		VIN 码		行驶里程
故障验证及检测	CAN 总线无法进入故障 □ 熔断器检查 □ 信息娱乐 CAN 总线故障 □ 总线电压检测 □ 读取测量值 □ 总线链路故障 □ 舒适 CAN 总线链路故障 □ 网关自诊断故障 □	CAN 总线无法休眠故障 □ 驱动 CAN 总线故障 □ LIN 总线故障 □ 总线波形检测 □ 驱动 CAN 总线节点故障 □ 舒适 CAN 总线节点故障 □ 网关故障检测 □ 网关编码 □		CAN 总线单线工作模式故障 □ 舒适 CAN 总线故障 □ 终端电阻检测 □ 读取故障码 □ 驱动 CAN 总线电源故障 □ 舒适 CAN 总线电源故障 □ 诊断插座检测 □	
	客户描述：				
车辆外观检查			车辆内部检查		
凹凸 □			污渍 □		
划痕 □			破损 □		
石击 □			色斑 □		
油漆 □			变形 □		
明确具体工作任务					

任务目标

- 能够查阅维修手册，找到网关的安装位置
- 能够对网关进行故障诊断，读取测量值，设置编码
- 能够检测并排除网关故障

续表

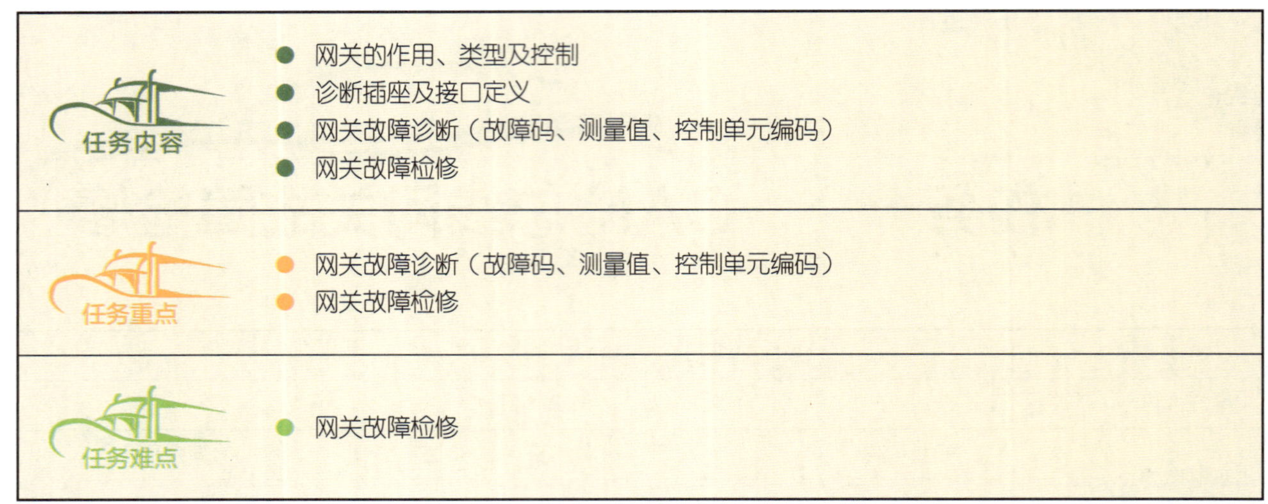

任务内容	● 网关的作用、类型及控制 ● 诊断插座及接口定义 ● 网关故障诊断（故障码、测量值、控制单元编码） ● 网关故障检修
任务重点	● 网关故障诊断（故障码、测量值、控制单元编码） ● 网关故障检修
任务难点	● 网关故障检修

一、知识讲解

（一）网关的作用、类型及控制

1. 网关的作用

网关是将不同区域 CAN 总线传递的数据信息进行信号识别和传递速率的改变，使信号能从一个总线区域进入另一个总线区域，其作用具体有以下两方面：

（1）诊断作用

在不改变数据的情况下，将驱动 CAN 总线、舒适 CAN 总线、信息娱乐 CAN 总线以及仪表 CAN 总线的诊断信息传递到自诊断接口，如图 11–1 所示。

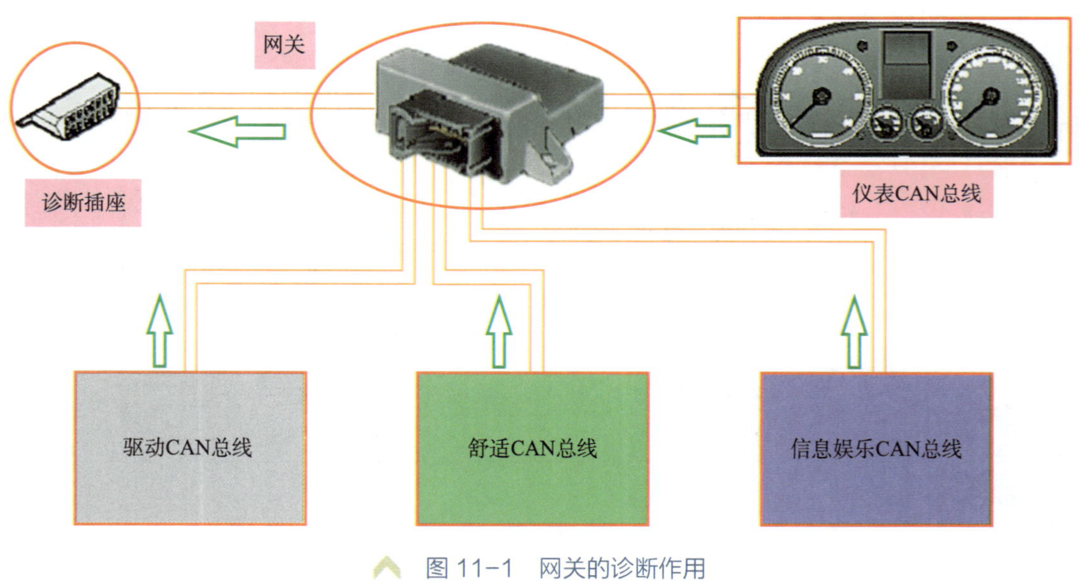

图 11–1　网关的诊断作用

（2）数据传输作用

使连接在不同 CAN 总线上的控制单元能够交换数据，如图 11–2 所示。

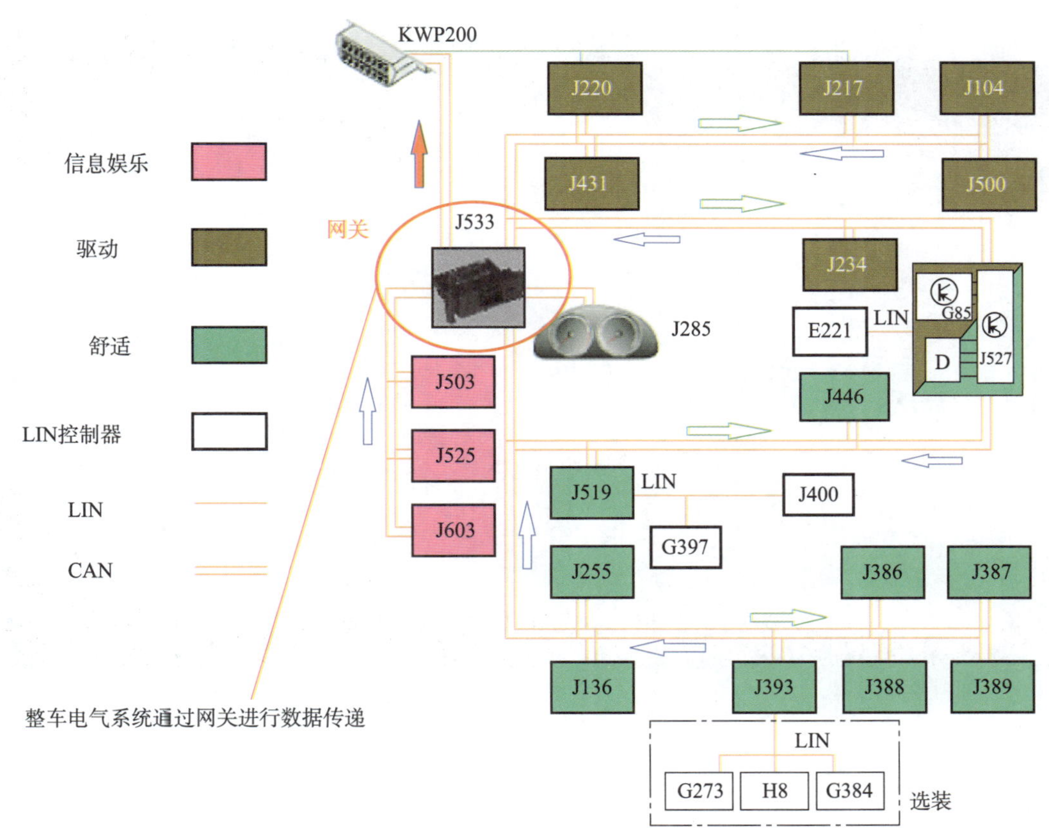

图 11-2　网关的数据传输作用

2. 网关的类型

网关按照安装位置不同可分为集成在组合仪表内部的网关、集成在控制单元内部的网关和独立的网关。

（1）集成在组合仪表内部的网关

网关集成在组合仪表内部及其电路板上，如图 11-3 和图 11-4 所示。

图 11-3　集成在组合仪表内部的网关

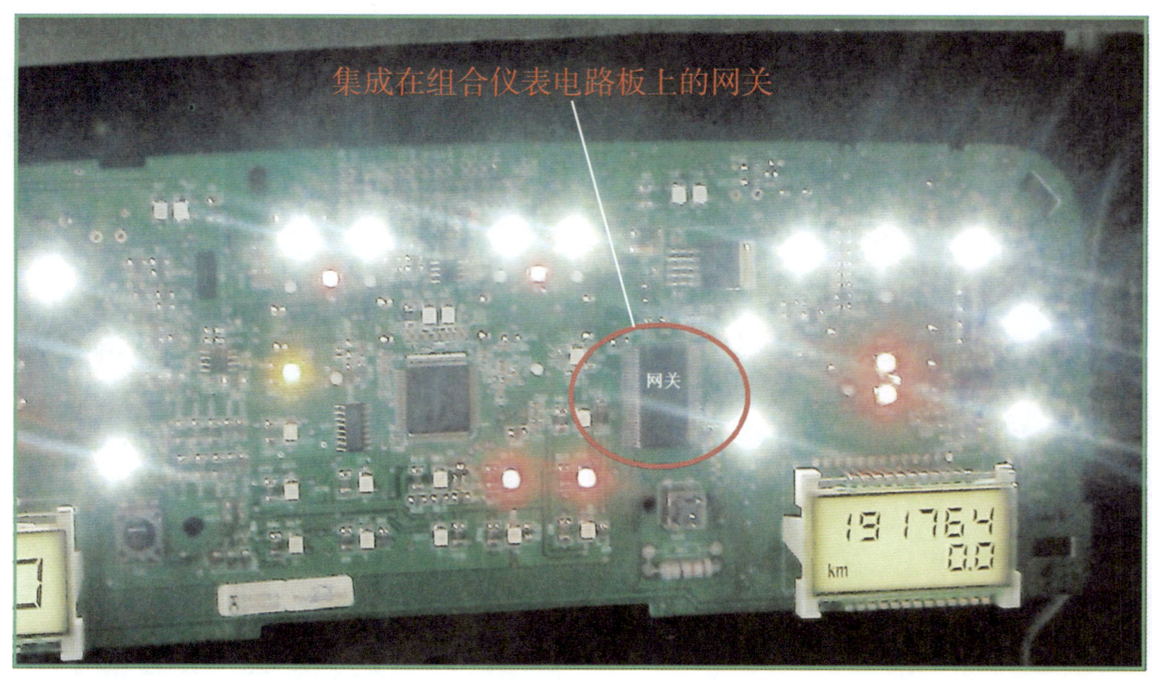

图 11-4　集成在组合仪表电路板上的网关

（2）集成在控制单元（J519）内部的网关

网关集成在控制单元 J519 内部的电路上，如图 11-5 所示。

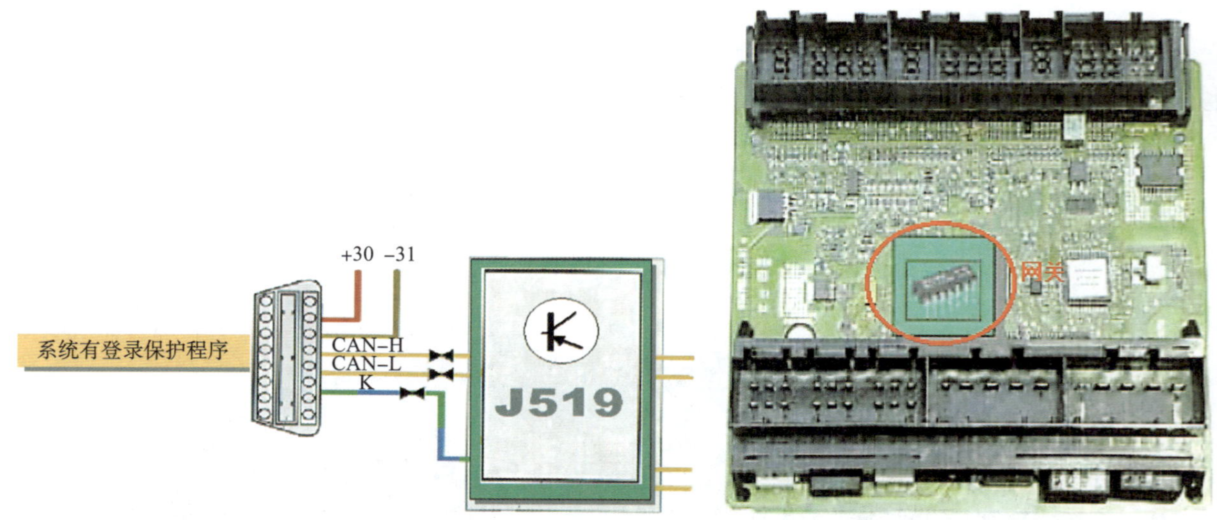

图 11-5　集成在控制单元 J519 内部的网关

（3）独立的网关（J533）

独立的网关一般安装在仪表下方、加速踏板上方，如图 11-6 所示。网关接口针脚及外部接线如图 11-7 所示。

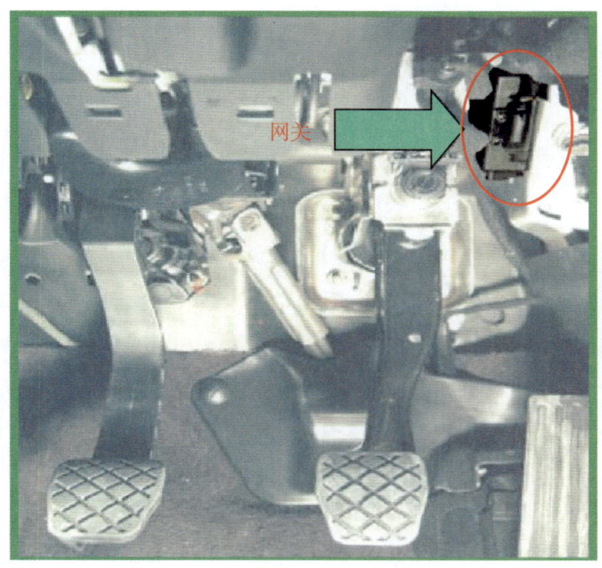

图 11-6 独立的网关

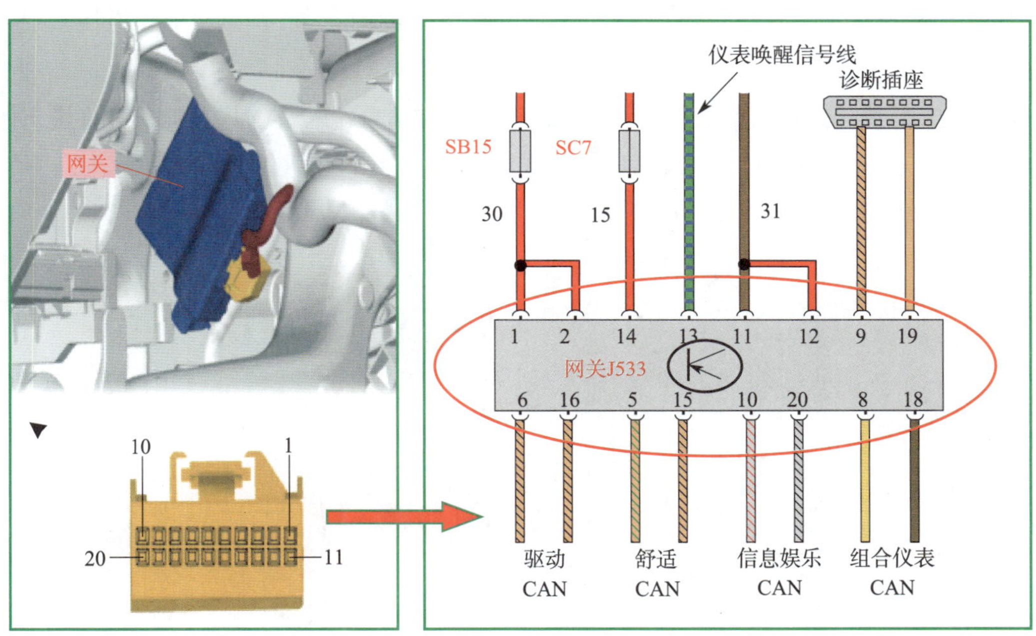

图 11-7 独立网关接口针脚及外部接线

3. 网关的控制功能

（1）15 号线再激活功能

驱动 CAN 总线在 15 号正电关闭后，有些控制单元仍然需要交换信息，在控制单元内部，网关用 30 号正电激活 15 号正电，以确保断电后信息能正常传递，再激活功能的时间为 10 s ~ 15 min，如图 11-8 所示。

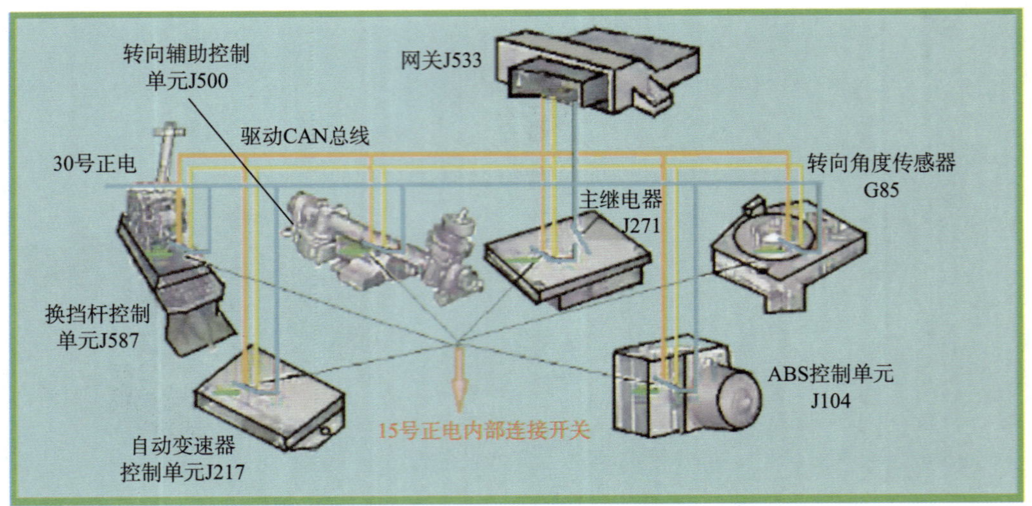

图 11-8　15 号线再激活功能

（2）总线休眠和唤醒模式监测

当舒适 CAN 和信息娱乐 CAN 系统总线处于空闲状态时，控制单元发送休眠请求。当网关监测到所有总线都有休眠请求时，控制 CAN 总线进入休眠模式。此时，舒适 CAN 总线电压 CAN–L=12 V，CAN–H=0 V。

如果驱动 CAN 总线仍处于信息传递过程中，舒适 CAN 和信息娱乐 CAN 总线则不允许进入休眠模式。当舒适 CAN 总线处于信息传递过程中，信息娱乐 CAN 总线也不允许进入休眠模式。

总线休眠和唤醒模式监测如图 11–9 所示。

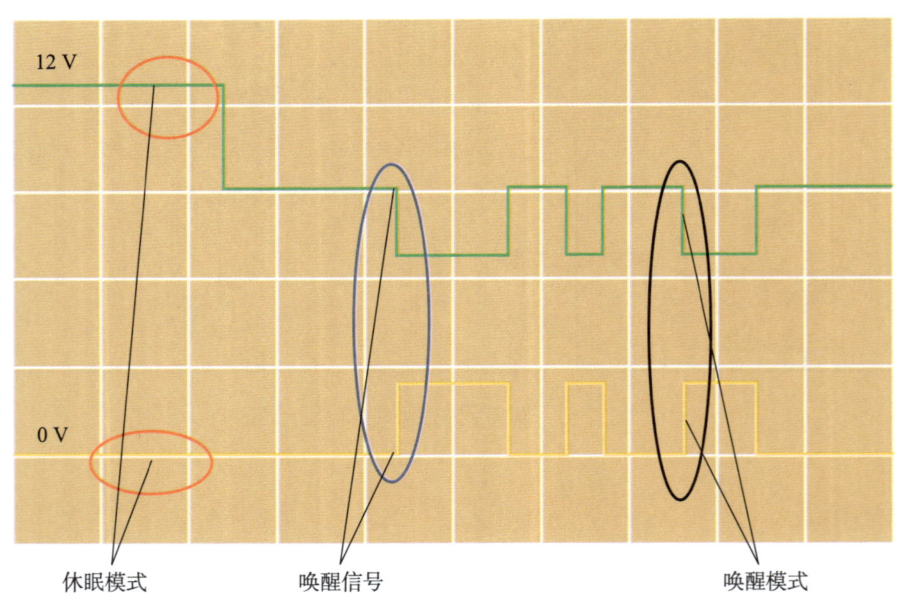

图 11–9　总线休眠和唤醒模式监测

（3）运输模式控制

在商品车运输到经销商处之前，为了防止蓄电池过度放电，车辆的某些功能将被关闭，称为网关的运输模式控制。在运输模式下，收音机、内部监控系统、驻车加热的遥控接收器、车门上的二极管防盗指示灯等不工作。

经销商在将车辆销售给用户之前，必须使用诊断仪的自诊断功能关闭运输模式。当车辆行驶里程低于 150 km 时，可以用网关切换运输模式；当车辆行驶里程高于 150 km 时，系统自动关闭运输模式，如图 11-10 所示。

19-08-002：2 区

运输模式（激活 / 禁用）

图 11-10 网关的运输模式

（二）诊断插座及接口定义

当车辆使用 CAN 总线结构后，诊断仪必须使用相对应的新型诊断线，否则无法读出相应的诊断信息。图 11-11 所示为大众 VAS 5054 诊断仪。

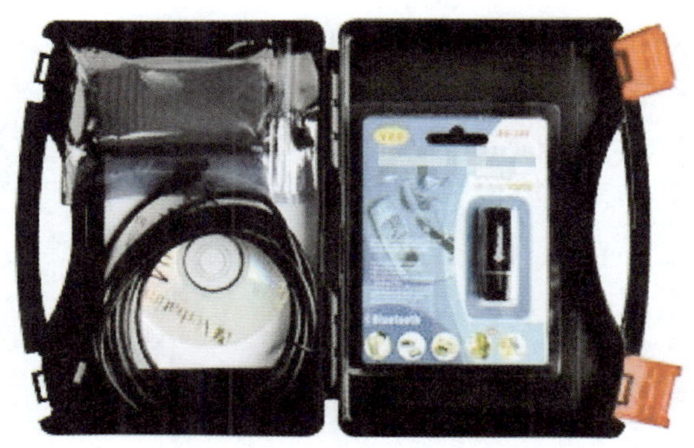

图 11-11 大众 VAS 5054 诊断仪

诊断插座用来连接诊断仪。诊断插座常见的安装位置有 A、B、C、D、E 五个区域，如图 11-12 所示。诊断插座接口针脚定义如图 11-13 所示。

图 11-12　诊断插座安装位置

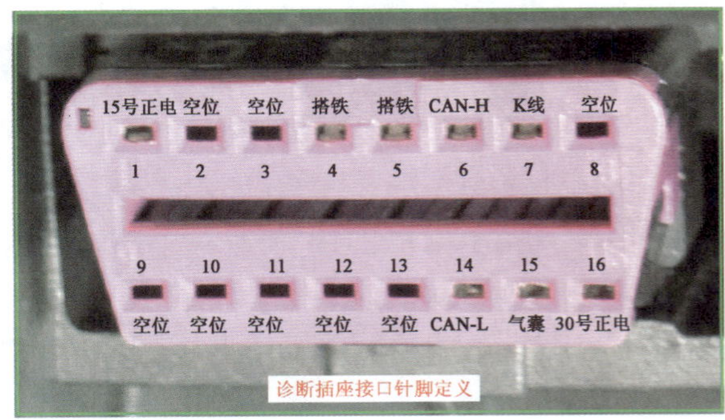

图 11-13　诊断插座接口针脚定义

（三）网关自诊断

1．读取测量值

连接诊断仪 VAS 5054，打开点火开关，进入自诊断界面，选择“19- 数据总线诊断接口”→“08- 读取数据总线测量值”，输入组号 12X、13X、14X，读取 CAN 总线测量值。CAN 总线系统显示组号对应的测量值见表 11-1 至表 11-3，显示界面如图 11-14 至图 11-16 所示。

表 11-1　驱动 CAN 总线系统显示组号对应的测量值

显示组号	测量值 1	测量值 2	测量值 3	测量值 4
125	发动机	变速箱	ABS/ESP	组合仪表
126	转向角度传感器	安全气囊	转向系统	前照灯照明距离调节
127			防盗锁止系统	
128				
129				

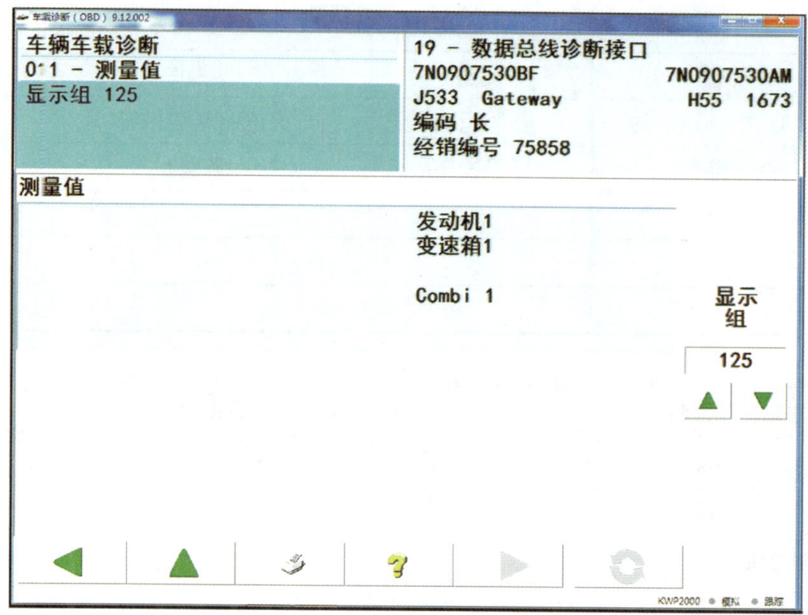

图 11-14 驱动 CAN 总线系统自诊断显示界面（显示组号：125）

表 11-2 舒适 CAN 总线系统显示组号对应的测量值

显示组号	测量值 1	测量值 2	测量值 3	测量值 4
130	单线、双线	中央电器 控制单元	舒适、便利 控制单元	驾驶员侧 车门控制单元
131	副驾驶员侧车门 控制单元	左后门 控制单元	右后门 控制单元	驾驶员座椅位置记忆 控制单元
132	轮胎压力监控	多功能转向盘	空调	驻车距离控制
133	PTC 加热	电动折叠式车顶	挂车	副驾驶员座椅位置记忆控制单元
134	专用汽车			

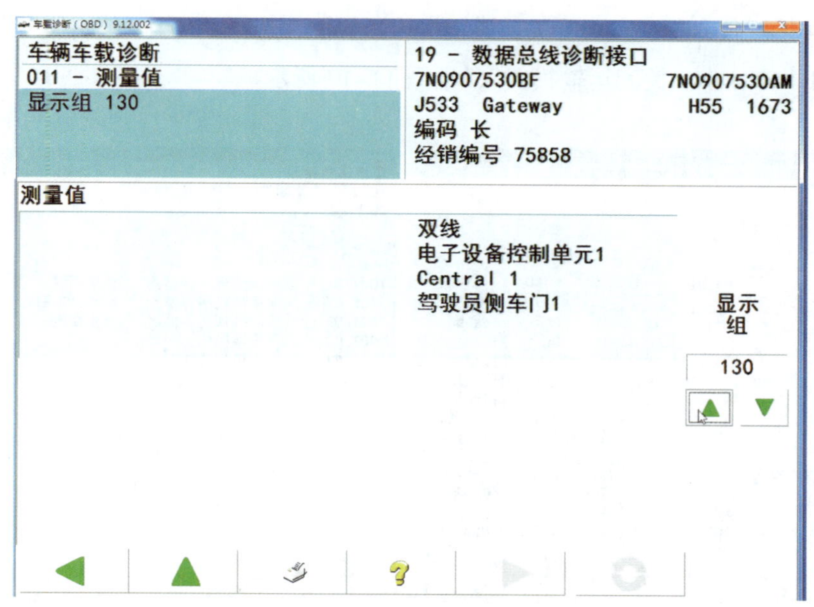

图 11-15 舒适 CAN 总线系统自诊断显示界面（显示组号：130）

表 11-3　信息娱乐 CAN 总线系统显示组号对应的测量值

显示组号	测量值 1	测量值 2	测量值 3	测量值 4
140	单线、双线	数字音响系统	电子通信系统	导航系统
141	TV 调谐器	语音操作系统	收音机	电话
142	驻车暖风			
143				
144				

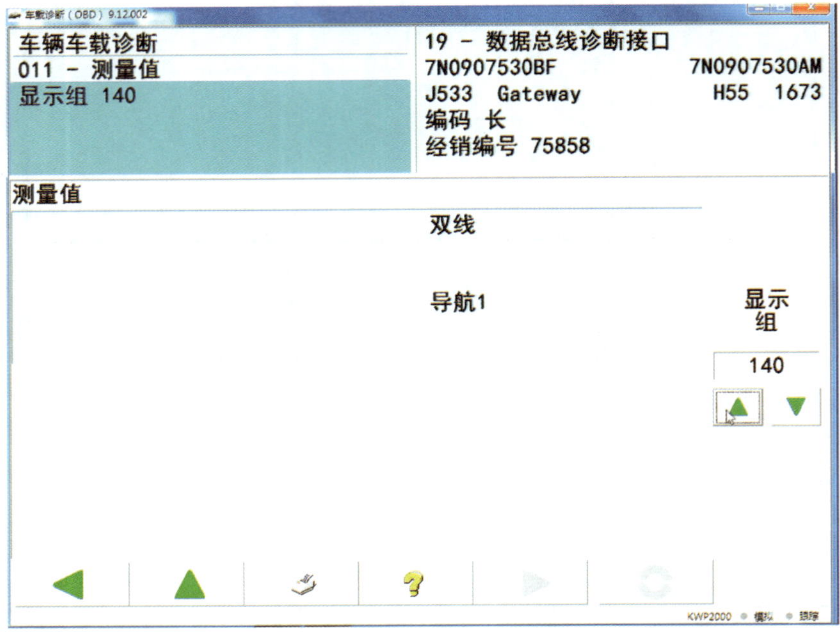

图 11-16　信息娱乐 CAN 总线系统自诊断显示界面（显示组号：140）

2. 运输模式控制

连接 VAS 5054 诊断仪，打开点火开关，进入自诊断界面，选择“1001– 编辑服务”，选择“1001.03– 打开运输模式”和“1001.04– 关闭运输模式”，如图 11–17 所示。

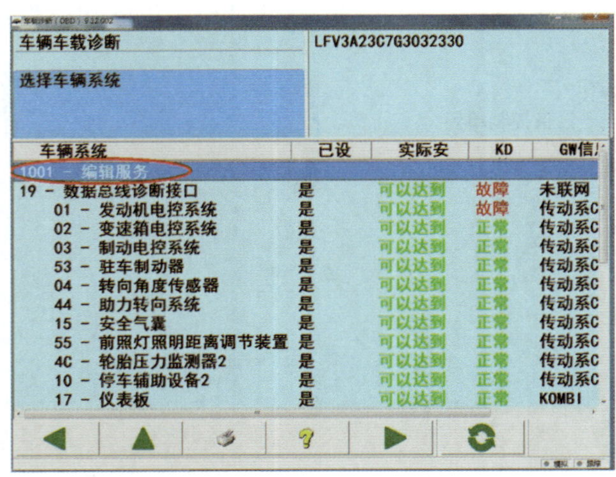

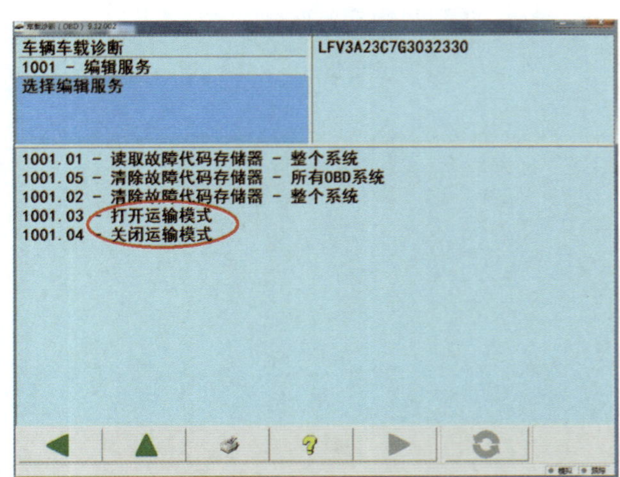

图 11–17　运输模式控制

3. 网关编码

网关编码是指控制单元在网关中的注册码，所有的控制单元必须在网关中进行注册后，才能正常通信。连接 VAS 5054 诊断仪，打开点火开关，进入“引导性功能”，选择车型、年代；进入“车辆系统或功能选择”，选择“19- 数据总线诊断接口”→“对数据总线诊断接口进行编码”，选择需要编码的控制单元进行编码，其操作步骤如图 11-18 所示。

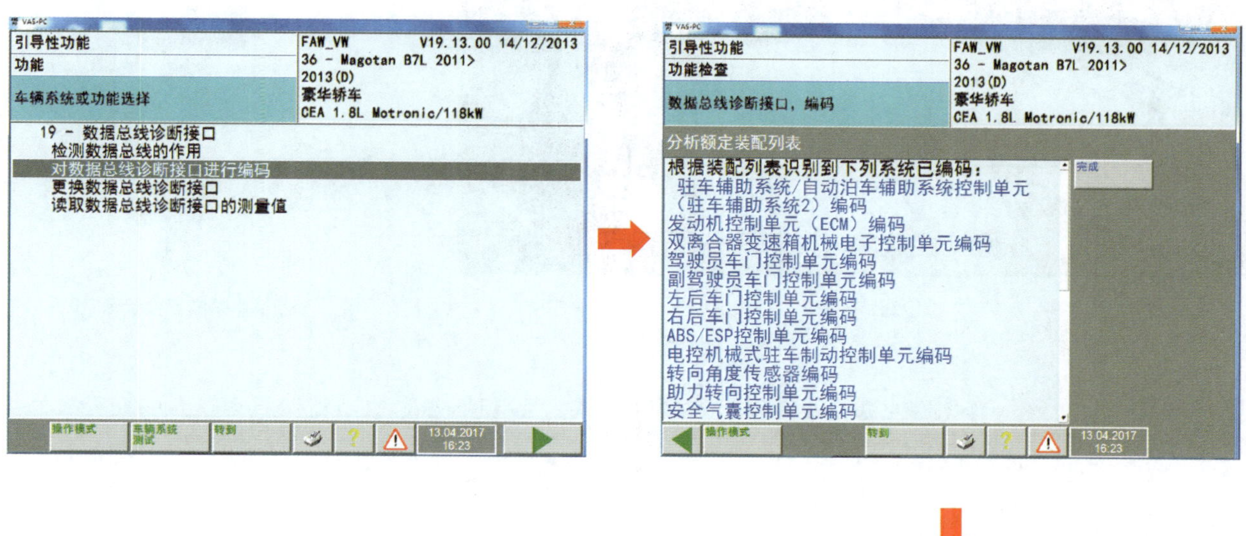

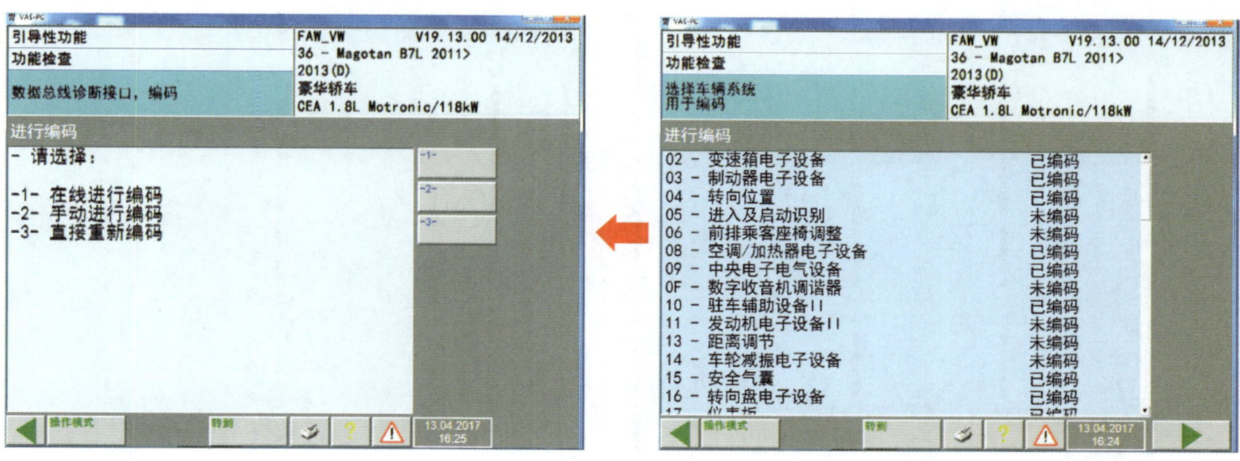

图 11-18 网关编码

4. 网关故障检修

（1）检查诊断插座电源、搭铁和熔断器是否良好，如图 11-19 所示。

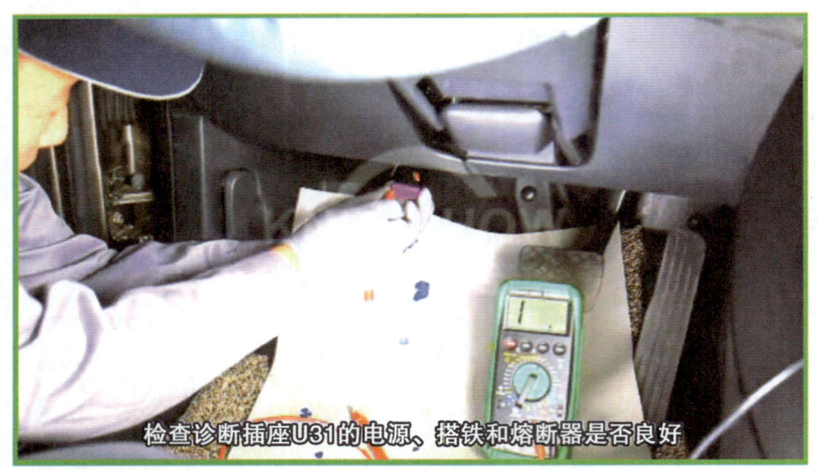

操作示意图

诊断插座熔断器
SC1/SC13

诊断插座熔断器位置示意图

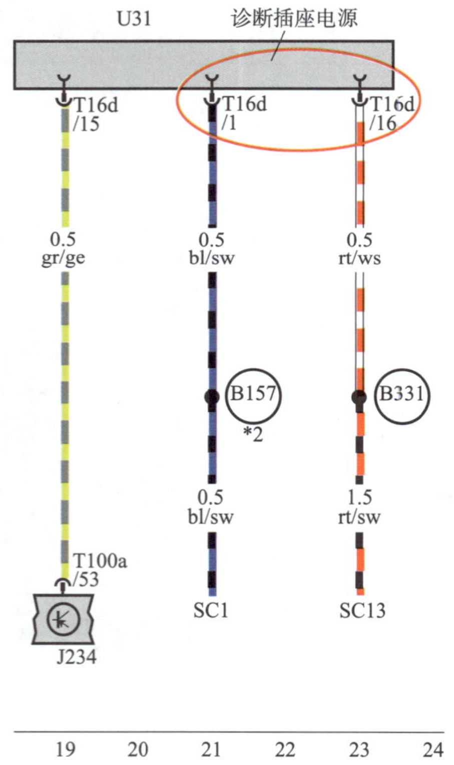

*：依汽车装备而定。

诊断插座电源在控制电路中的位置

T16d
/6
U31
CAN–H out
T16d
/14
CAN–L out
T16d
/4
T16d
/5
诊断插座搭铁
T16d
/7k
0.5
br
0.5
br
0.35
gr/ws
400
B444
1.5
br
0.35
gr/ws
0.35
gr/ws
T20m
/1
T25
/11
J743*1
J743*2
639
6
7
8
9
10
11
12
13
14

诊断插座搭铁在控制电路中的位置

图 11–19 检查诊断插座电源、搭铁和熔断器

（2）检查网关电源、搭铁和熔断器是否良好，如图 11–20 所示。

（3）检查网关和诊断插座之间的 CAN 总线是否良好。网关 J533 和诊断插座 U31 在控制电路中的位置如图 11–21 所示。

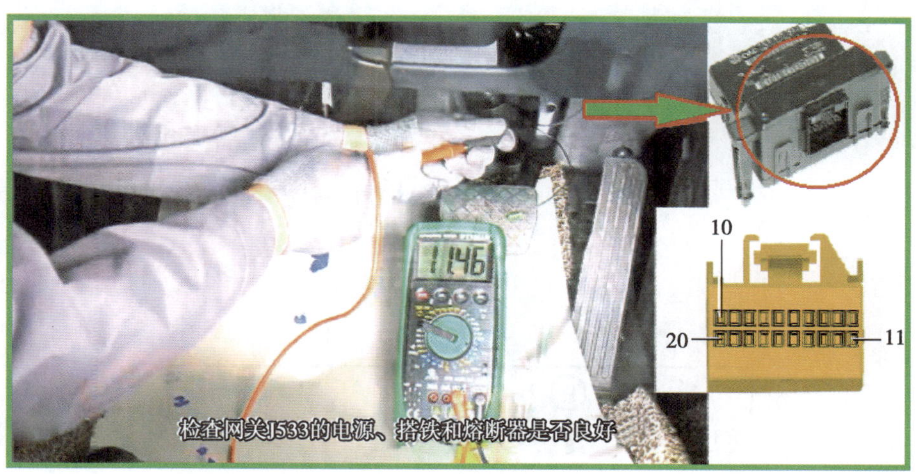

操作示意图

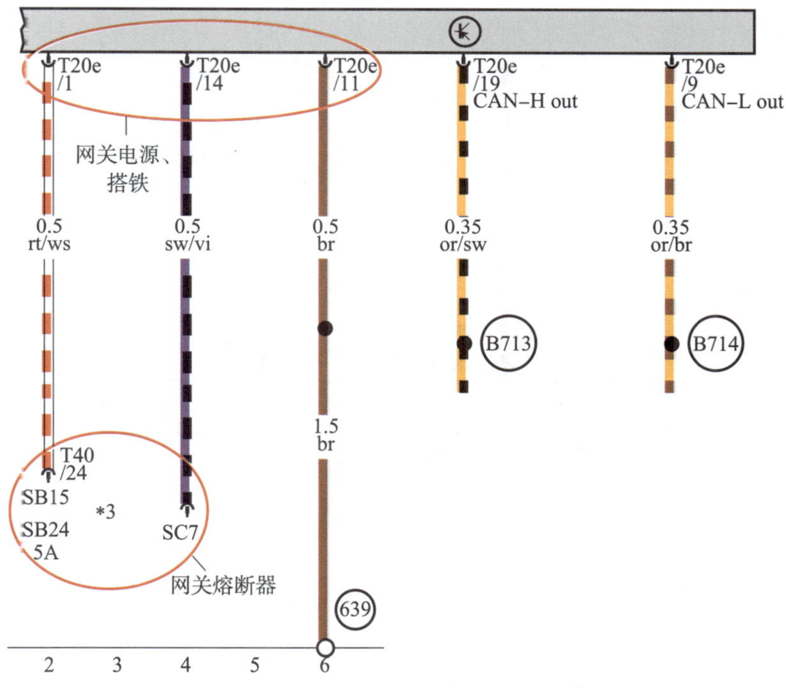

网关电源、搭铁和熔断器在控制电路中的位置

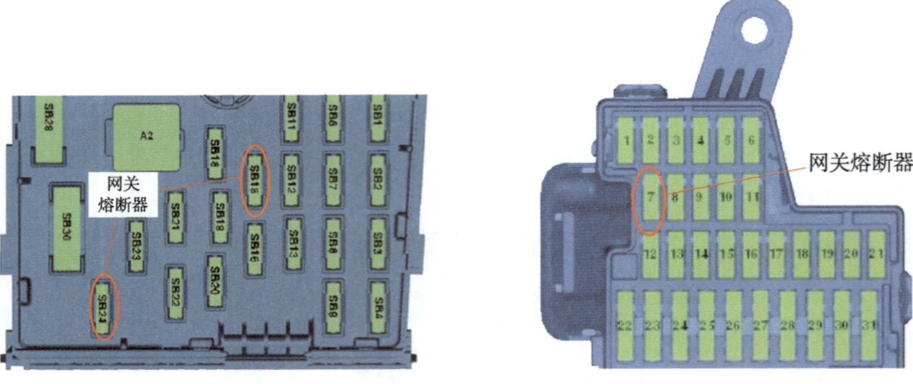

图 11-20　检查网关电源、搭铁和熔断器

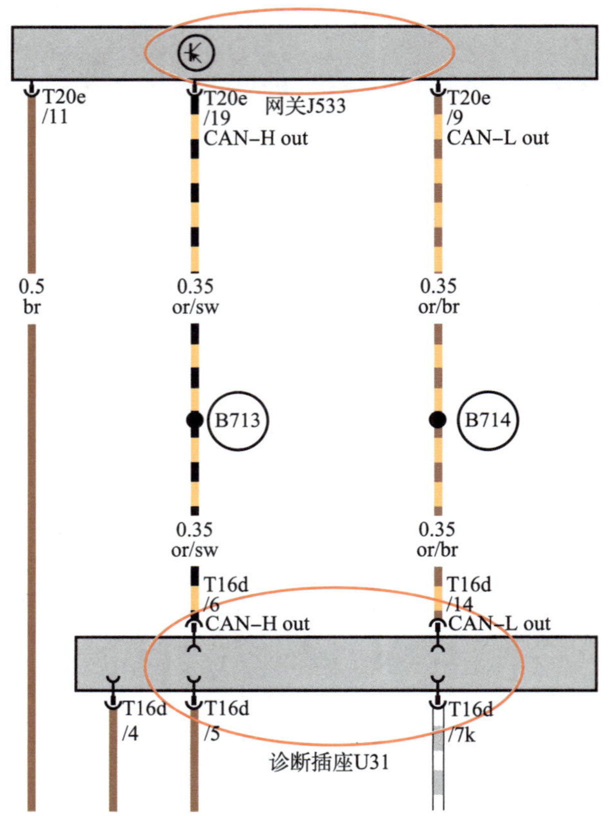

图 11-21　网关 J533 和诊断插座 U31 在控制电路中的位置

（4）检查网关与各总线连接导线是否良好。网关 J533 与各总线在控制电路中的位置如图 11-22 所示。

（5）更换网关并重新设置网关编码，如图 11-23 所示。

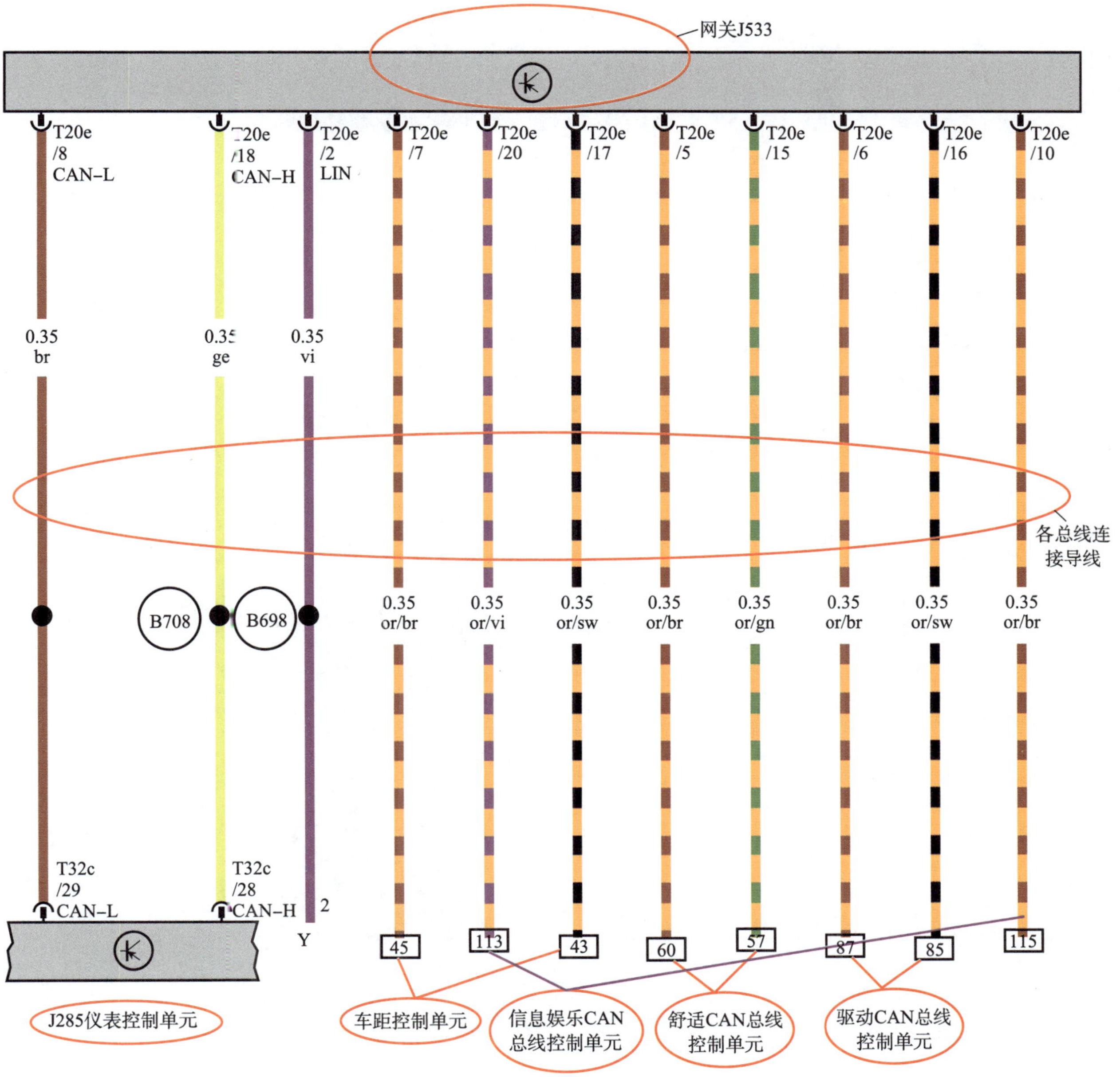

网关J533

T20e /8 CAN-L　T20e /18 CAN-H　T20e /2 LIN　T20e /7　T20e /20　T20e /17　T20e /5　T20e /15　T20e /6　T20e /16　T20e /10

0.35 br　0.35 ge　0.35 vi

各总线连接导线

B708　B698

0.35 or/br　0.35 or/vi　0.35 or/sw　0.35 or/br　0.35 or/gn　0.35 or/br　0.35 or/sw　0.35 or/br

T32c /29 CAN-L　T32c /28 CAN-H　2　Y

45　113　43　60　57　87　85　115

J285仪表控制单元　车距控制单元　信息娱乐CAN总线控制单元　舒适CAN总线控制单元　驱动CAN总线控制单元

图 11-22　网关 J533 与各总线在控制电路中的位置

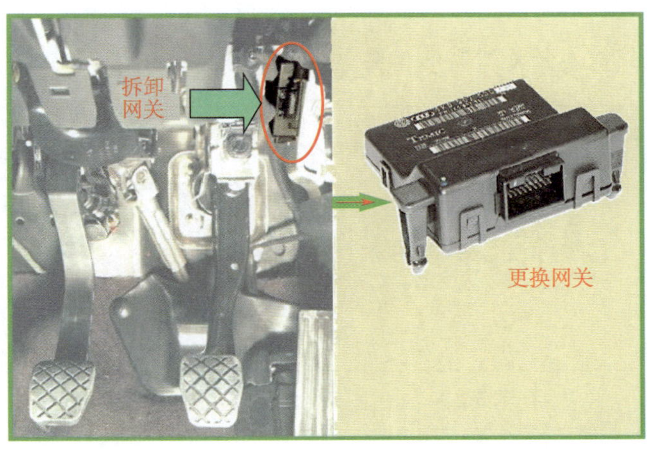

更换网关

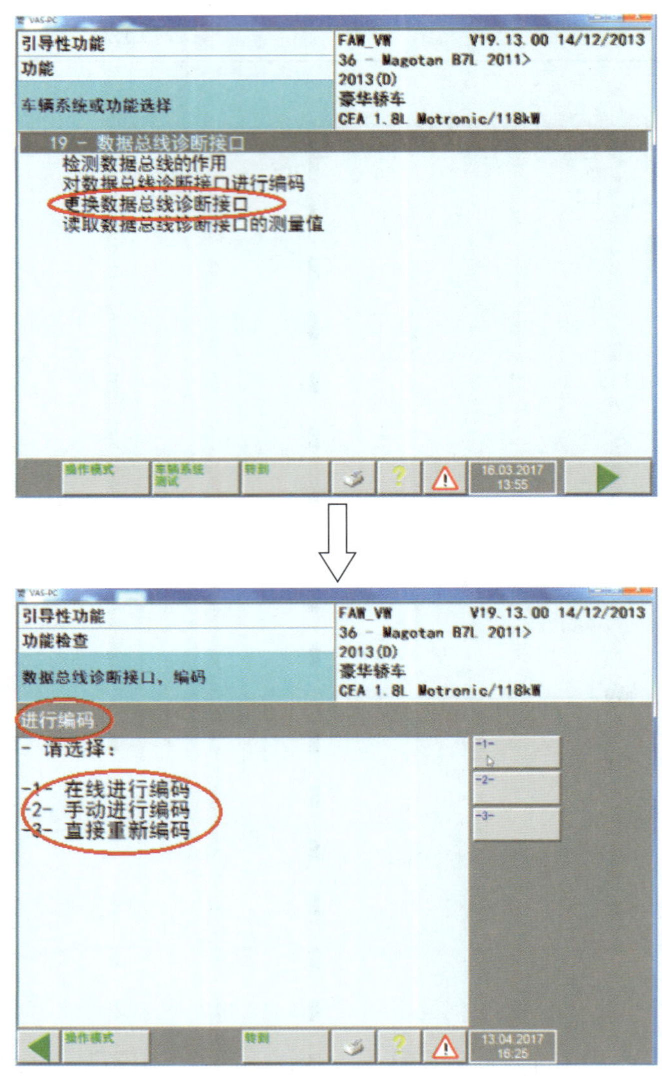

重新设置网关编码

图 11-23 更换网关并重新设置网关编码

二、任务准备

在下面图片中勾选出完成本任务所需的工具、设备、资料等。

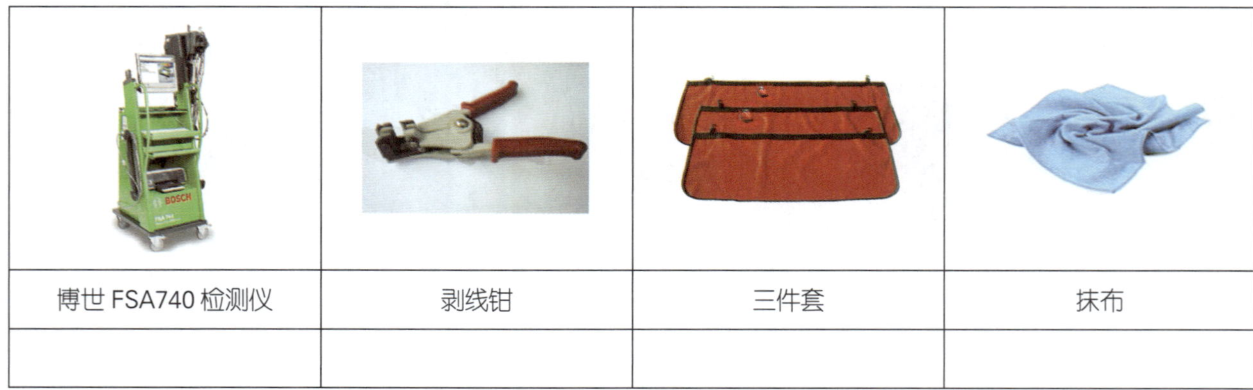

博世 FSA740 检测仪	剥线钳	三件套	抹布

诊断仪	旋具套装	工具套件	万用表
二极管试灯	示波器	汽车内饰拆装工具	吹尘枪
听诊器	胶带	燃油压力表	气缸压力表
	维 修 手 册		
举升机	维修手册	实训整车	传动带

三、防护措施

1. 进入车间应穿工鞋、戴工帽；工作服应穿戴整齐，无皮肤裸露；操作时不可佩戴手表等金属饰品，以防划伤车辆表面。

2. 操作电气设备时应注意用电安全。作业结束之后，应及时切断一切用电设备的电源。

3. 在对车辆电器设备端子进行检测时，必须使用万用表线组等工具，避免用万用表表笔直接测量，导致插接器虚接。

4. 若因检测需求需要拆卸某些部件时，必须严格按照维修手册标准进行拆卸，严禁暴力拆卸，防止元件损坏。

5. 非必要情况下，严禁对线束内部进行分解检测，对线束破损、裸露部分应使用电工胶布或热缩管做好绝缘处理。

四、任务分配（见表 11-4）

表 11-4 任务分配表

职务	代码	姓名	工作内容
组长	A		
组员	B		
	C		
	D		
	E		

五、任务实施

（一）操作步骤

完成下面工作内容的排序并填写在表 11-5 中。

表 11-5 操作步骤

序号	操作流程	步骤	工作内容
1	维修准备		将车辆安全停放到维修工位，拉起驻车制动器或将变速器置于 P 挡
			铺设三件套
			用万用表检查蓄电池电压是否正常
2	故障验证		车辆无法启动，组合仪表多个故障指示灯点亮
			连接诊断仪，检查诊断接头的指示灯是否闪烁
			打开点火开关，使用诊断仪检查车辆能否进入自诊断
3	诊断插座 U31 故障检测		拆卸仪表台左侧饰板，检查熔断器 SC1 和 SC13 是否正常
			使用万用表检查 U31 的 T16d/16 号端子电压是否约为 12 V；打开点火开关，检查 U31 的 T16d/1 号端子电压是否约为 12 V
			使用万用表检查 U31 T16d/4 号端子与搭铁之间线束的阻值，正常应小于 0.5 Ω
			使用万用表检查 U31 T16d/5 号端子与搭铁之间线束的阻值，正常应小于 0.5 Ω
4	网关 J533 故障检测		打开发动机舱左侧熔断器盒盖，检查熔断器 SB15 和 SC7 是否正常
			拆卸网关 J533 的插接器，打开点火开关，使用万用表检查网关 J533 的插接器 T20e/1 号端子处电压，正常约为 12 V
			使用万用表检查网关 J533 的插接器 T20e/14 号端子处电压，正常约为 12 V
			使用万用表检查网关 J533 插接器 T20e/11 号端子与搭铁之间线束的阻值，正常应小于 0.5 Ω

续表

序号	操作流程	步骤	工作内容
5	网关连接线路故障检测		关闭点火开关，拔下网关 J533 的外部接线插头
			测量网关 J533 插接器 T20e/9 号端子与诊断插座 U31 T16d/14 号端子之间线束的阻值是否正常
			测量网关 J533 插接器 T20e/19 号端子与诊断插座 U31 T16d/6 号端子之间线束的阻值是否正常
			查阅维修手册，检查网关与其他 CAN 总线之间的连接导线是否正常
			若以上检查都正常，说明网关损坏，应进行更换，并使用诊断仪对网关进行编码
6	网关编码		连接 VAS 5054 诊断仪，打开点火开关，进入诊断界面
			进入“引导性功能”，选择车型、年代
			进入“车辆系统或功能选择”，选择“19- 数据总线诊断接口”→“对数据总线诊断接口进行编码”，选择需要编码的控制单元进行编码
7	完工整理		安装好拆卸的部件，恢复车辆至完好状态
			取下三件套，清洁车辆
			整理维修工具、仪器和设备，打扫场地卫生

（二）实施记录

结合实施过程，对照表 11-6 中的检查项目内容，勾选或填写出实际的检查结果。

表 11-6 实施记录

序号	项目	故障检查	故障记录
1	维修准备	安全防护工作：铺设三件套 □ 蓄电池电压：________V 拉起驻车制动器 □ 变速器置于：________挡	维修记录：
2	故障验证	发动机正常启动 □ 发动机不能正常启动 □ 仪表显示正常 □ 仪表显示不正常 □ 仪表上有哪些警报灯闪亮：________________ 正确连接诊断仪 □ 不能进入 CAN 总线自诊断 □ 能进入 CAN 总线自诊断 □ 诊断接头指示灯正常闪亮 □ 诊断接头指示灯不亮 □ 读取故障码 □ 有故障码 □ 无故障码 □ 故障码记录：________________ ________________________ ________________________	故障现象：

续表

序号	项目	故障检查	故障记录
3	诊断插座 U31 故障检测	熔断器 SC1 正常 □ 熔断器 SC1 损坏 □ 熔断器 SC13 正常 □ 熔断器 SC13 损坏 □ 诊断插座 T16d/1 号端子电压：________ V，诊断插座 T16d/16 号端子电压：________ V 诊断插座 T16d/4 号端子搭铁是否良好：良好 □ 不良 □ 诊断插座 T16d/5 号端子搭铁是否良好：良好 □ 不良 □ 诊断插座之间连接是否良好：良好 □ 松动 □ 诊断插座与网关之间的 CAN 导线连接是否正常：正常 □ 不正常 □	故障记录：
4	网关 J533 及其连接线路故障检测	熔断器 SC7 正常 □ 熔断器 SC7 损坏 □ 熔断器 SB15 正常 □ 熔断器 SB15 损坏 □ 网关插接器 T20e/1 号端子电压：________ V，网关插接器 T20e/14 号端子电压：________ V 网关插接器 T20e/11 号端子搭铁是否良好：良好 □ 不良 □ 网关插接器之间连接是否良好：良好 □ 松动 □ 网关与诊断插座之间的 CAN 导线连接是否正常：正常 □ 不正常 □ 网关与控制单元之间的 CAN 导线连接是否正常：正常 □ 不正常 □ 传输导线故障类型：________________________________ ____ ____ 网关 J533 是否损坏：正常 □ 损坏 □ 更换网关 □	故障记录：
5	网关编码	连接 VAS 5054 诊断仪：连接良好 □ 指示灯不亮 □ 指示灯闪亮 □ 读取故障码：有故障码 □ 无故障码 □ 故障码内容：__________ ____ 读取测量值：驱动 CAN 总线正常 □ 驱动 CAN 总线故障 □ 舒适 CAN 总线正常 □ 舒适 CAN 总线故障 □ 信息娱乐 CAN 总线正常 □ 信息娱乐 CAN 总线故障 □ 休眠及唤醒模式检测：休眠状态正常 □ 唤醒状态正常 □ 网关编码：更换新的网关 □ 未更换网关 □ 网关正确编码 □ 编码方式：在线编码 □ 手动编码 □ 直接重新编码 □	故障记录：
6	完工整理	安装好拆卸的部件，恢复车辆至完好状态 □ 整理工具、仪器和设备 □ 取下三件套 □ 清洁车辆，打扫场地卫生 □	小组成员签字：

根据任务实施流程和故障检测操作过程，总结网关及诊断插座常见的故障原因，并填写在下面。

1. ____
2. ____
3. ____
4. ____
5. ____

六、检查

（一）自检

结合本组任务操作过程，对任务执行过程中的操作规范性进行检查，检查操作过程中是否存在以下问题，分析讨论应如何避免并总结规范的操作方法（见表 11–7）。

表 11–7 自检

检查项目	结果
是否使用三件套对车辆进行防护	是 □ 否 □
蓄电池电压是否正常	是 □ 否 □
网关及诊断插座熔断器是否损坏并更换	是 □ 否 □
网关及诊断插座搭铁线搭铁是否良好	是 □ 否 □
诊断仪器是否良好	是 □ 否 □
网关是否能够正确编码	是 □ 否 □
CAN 总线系统是否有故障码	是 □ 否 □
工作场地是否清洁，车辆是否复位	是 □ 否 □

（二）互检

组与组之间相互进行任务操作过程及结果检查，并把检查结果填写在表 11–8 中。

表 11–8 互检

检查项目	结果
是否使用三件套对车辆进行防护	是 □ 否 □
蓄电池电压是否正常	是 □ 否 □
网关及诊断插座熔断器是否损坏并更换	是 □ 否 □
网关及诊断插座搭铁线搭铁是否良好	是 □ 否 □
诊断仪器是否良好	是 □ 否 □
网关是否能够正确编码	是 □ 否 □
CAN 总线系统是否有故障码	是 □ 否 □
工作场地是否清洁，车辆是否复位	是 □ 否 □

七、课堂小结

____

____

____

情境三

LIN 总线故障检修

任务十二　LIN 总线故障检修（一）

<table>
<tr><td colspan="6">LIN 总线故障检修任务工单——波形测量</td></tr>
<tr><td>客户信息</td><td>姓名</td><td colspan="2"></td><td>职业</td><td></td></tr>
<tr><td rowspan="2">车辆信息</td><td colspan="2">车型</td><td colspan="2">VIN 码</td><td>行驶里程</td></tr>
<tr><td colspan="2"></td><td colspan="2"></td><td></td></tr>
<tr><td>故障验证及检测</td><td colspan="5">CAN 总线无法进入故障 □　CAN 总线无法休眠故障 □　CAN 总线单线工作模式故障 □
熔断器检查 □　驱动 CAN 总线故障 □　舒适 CAN 总线故障 □
信息娱乐 CAN 总线故障 □　LIN 总线故障 □　终端电阻检测 □
LIN 总线电压检测 □　LIN 总线波形检测 □　读取故障码 □
读取刮水器开关信号 □　刮水器电动机不工作 □　车窗清洗系统不工作 □
刮水器异响 □　自动刮水器不工作 □
客户描述：</td></tr>
<tr><td colspan="3">车辆外观检查</td><td colspan="3">车辆内部检查</td></tr>
<tr><td>凹凸 □
划痕 □
石击 □
油漆 □</td><td colspan="2"></td><td>污渍 □
破损 □
色斑 □
变形 □</td><td colspan="2"></td></tr>
<tr><td>明确具体工作任务</td><td colspan="5"></td></tr>
<tr><td>任务目标</td><td colspan="5">● 熟悉 LIN 总线系统的作用及结构组成
● 能够查阅维修手册，识读和分析 LIN 总线电路
● 能够检测并分析 LIN 总线系统的波形
● 能够检测并排除 LIN 总线系统故障</td></tr>
</table>

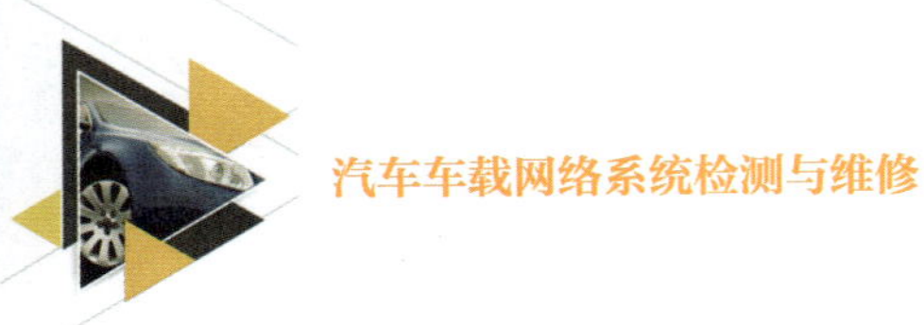

续表

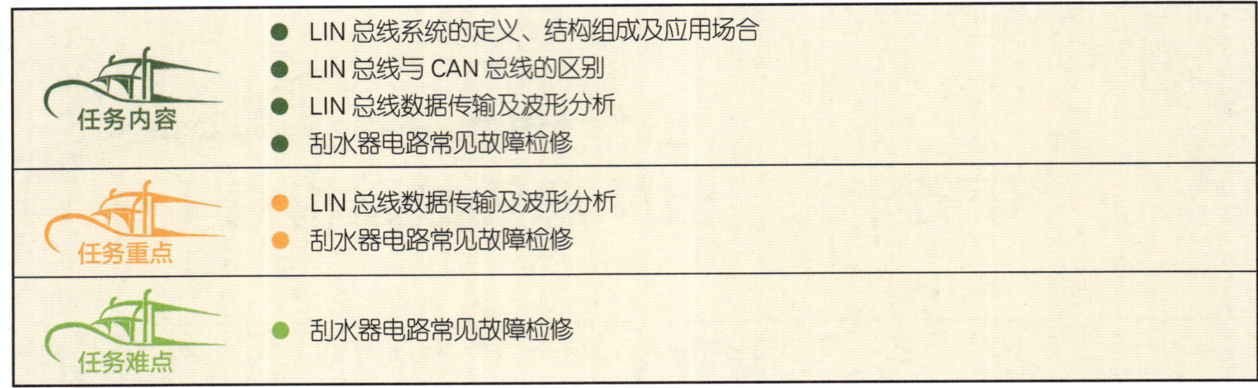

任务内容	● LIN 总线系统的定义、结构组成及应用场合 ● LIN 总线与 CAN 总线的区别 ● LIN 总线数据传输及波形分析 ● 刮水器电路常见故障检修
任务重点	● LIN 总线数据传输及波形分析 ● 刮水器电路常见故障检修
任务难点	● 刮水器电路常见故障检修

一、知识讲解

（一）LIN 总线系统的定义、结构组成及应用场合

1. LIN 总线系统的定义

LIN 总线即局域互联网络，LIN 总线系统也称为局域网子系统。

图 12–1 所示为大众迈腾 LIN 总线系统。

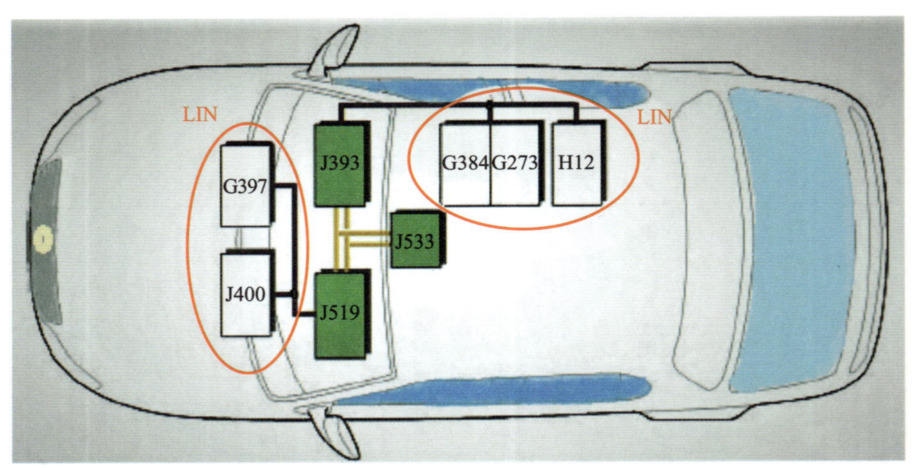

图 12–1　大众迈腾 LIN 总线系统

其中，J533 为网关，J393 为舒适系统控制单元，J519 为车载电网控制单元，G384 为车辆倾斜传感器，G273 为内部监控传感器，H12 为警报扬声器，G397 为雨量及光强传感器，J400 为刮水器电动机控制单元。

2. LIN 总线的结构组成

（1）LIN 总线的基本结构

LIN 总线的基本结构如图 12–2 所示，主要由一个主节点、一个或多个从节点组成，主节点既可以执行主任务，又可以执行从任务，从节点只能执行从任务。总线上的信息传送由主节点控制。

LIN 总线系统数据交换的方式主要有以下三种：

1）由主节点到一个或多个从节点。

2）由一个从节点到主节点或其他的从节点。

3）通信信号可以在从节点之间传播，而不经过主节点。

（2）LIN 总线主控制单元和从控制单元

1）LIN 总线主控制单元。LIN 总线主控制单元连接在 CAN 总线上，如图 12-3 所示。它是 LIN 总线系统中唯一与 CAN 总线相连的控制单元，它执行 LIN 总线的主功能。每个 LIN 总线主控制单元最多可以连接 16 个从控制单元。

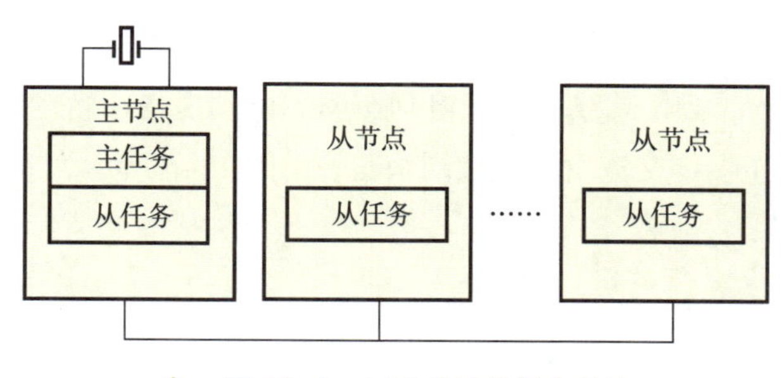

图 12-2 LIN 总线的基本结构

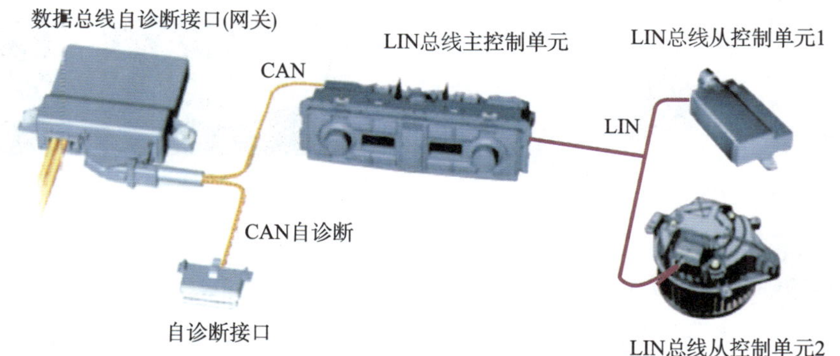

图 12-3 LIN 总线主控制单元

2）LIN 总线从控制单元。LIN 总线从控制单元的主要作用是接收或传送相关的数据。在 LIN 总线系统内，单个的控制单元（或传感器）及执行元件都可以看作是 LIN 总线从控制单元，如图 12-4 所示。

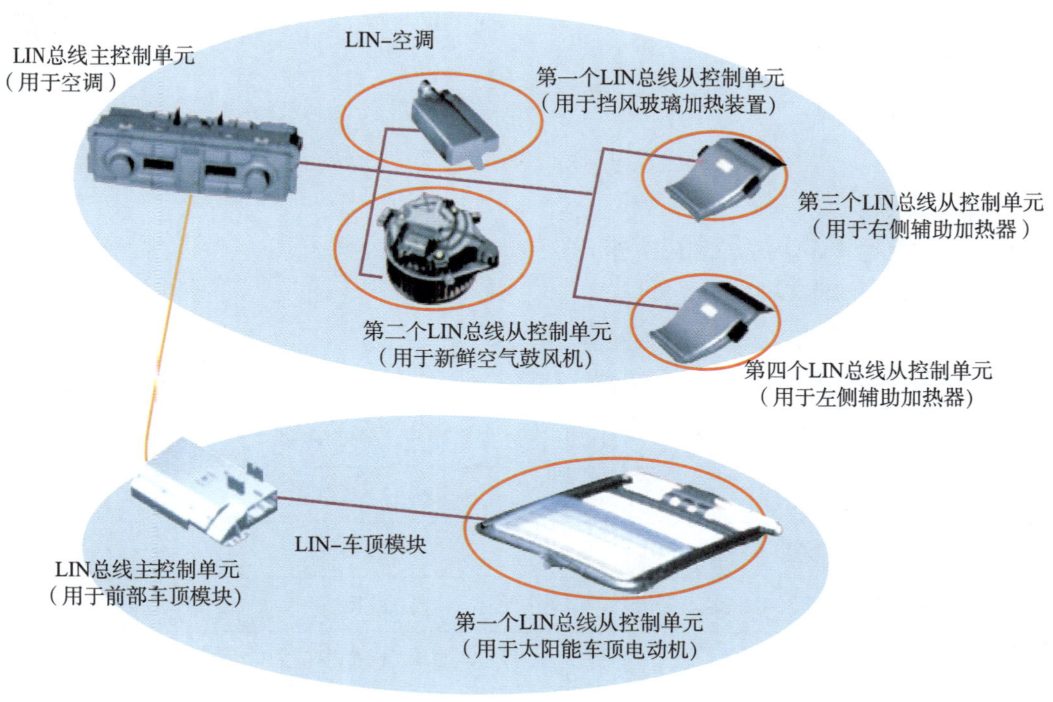

图 12-4 LIN 总线从控制单元

3. LIN 总线的应用场合

LIN 总线可用于电动车窗、电动座椅、自动空调、防盗系统、组合仪表盘、自动前照灯、湿度传感器、交流发电机及刮水器等，图 12-5 所示为 LIN 总线的常见应用场合。

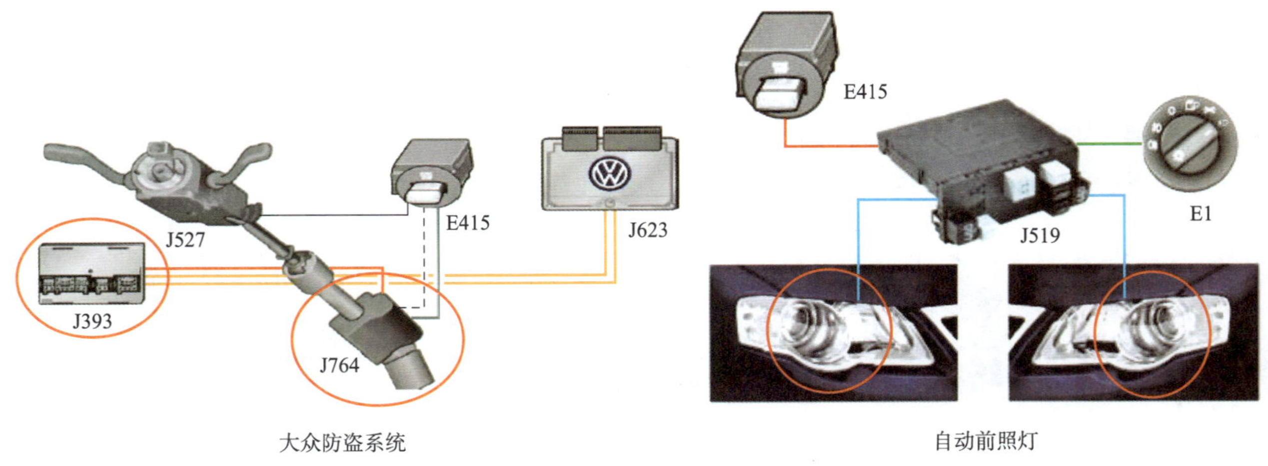

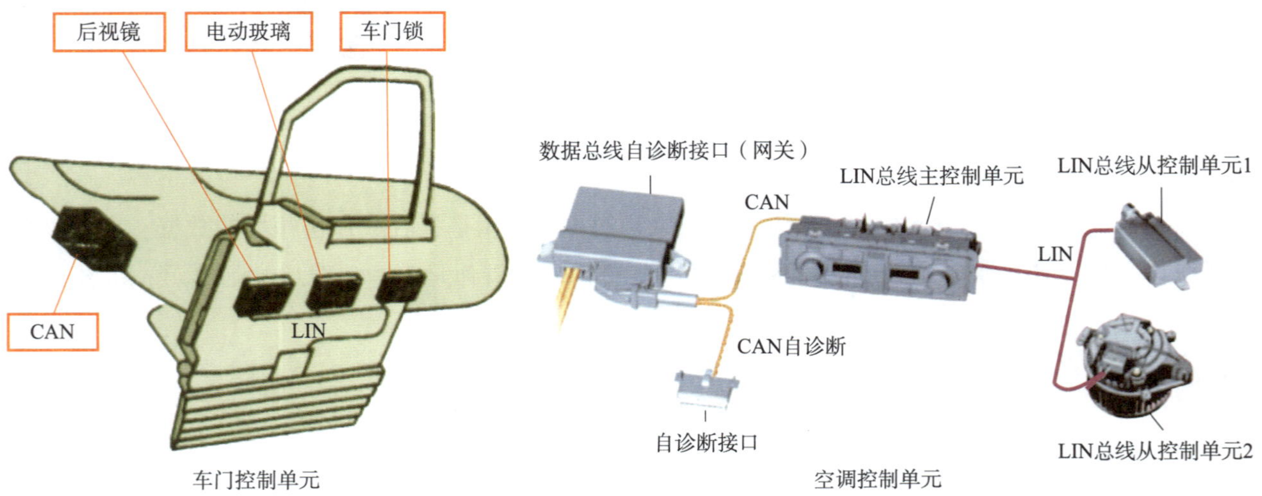

图 12-5　LIN 总线的常见应用场合

（二）LIN 总线与 CAN 总线的区别

LIN 总线与 CAN 总线的区别见表 12-1。

表 12-1　LIN 总线与 CAN 总线的区别

类别	驱动 CAN 总线	舒适 CAN 总线	LIN 总线
工作方式	多主 / 从方式	多主 / 从方式	单主 / 从方式
数据传输	双线传输	双线传输	单线传输
传输速率	500 KB/s	100 KB/s	20 KB/s
工作电压	0 ~ 5 V	0 ~ 5（或 12）V	12 V
总线颜色	双绞线（橙棕色和橙黑色）	双绞线（橙棕色和橙绿色）	单线（紫色）

（三）LIN 总线数据传输及波形分析

1. LIN 总线数据传输

只有当 LIN 总线主控制单元发送出控制指令后，从控制单元的传感器和执行元件才会反应。LIN 总线系统中的执行元件都是智能型的电子或机械部件，这些部件通过 LIN 总线控制单元的 LIN 数字信号接收任务信息，如图 12-6 所示。LIN 总线控制单元通过集成的传感器来获知执行元件的实际状态，从而将规定状态与实际状态进行对比。

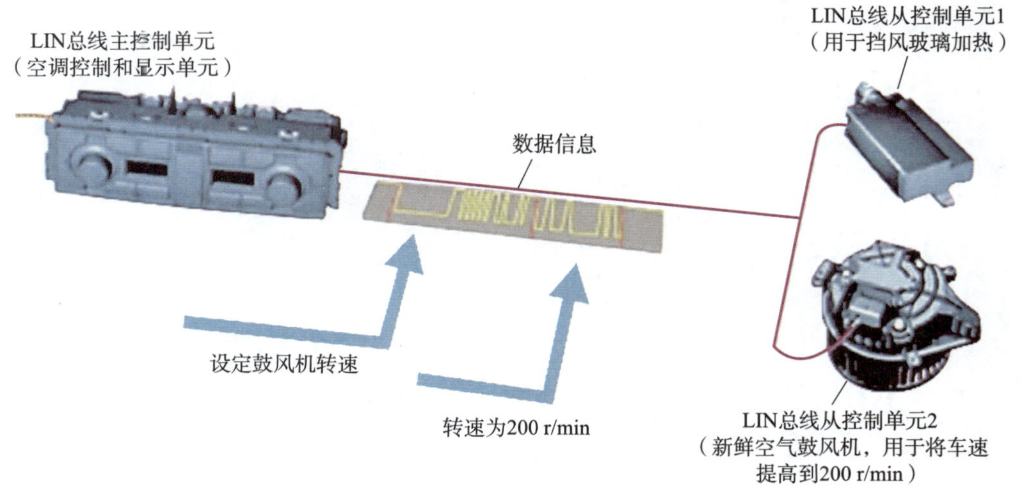

图 12-6　LIN 总线数据传输

LIN 总线系统的传感器和执行元件如图 12-7 所示。传感器内集成有一个电子装置，该装置对测量值进行分析。测量值是作为数字信号通过 LIN 总线来进行传递。有些传感器和执行元件只使用 LIN 总线控制单元接口上的一个针脚。

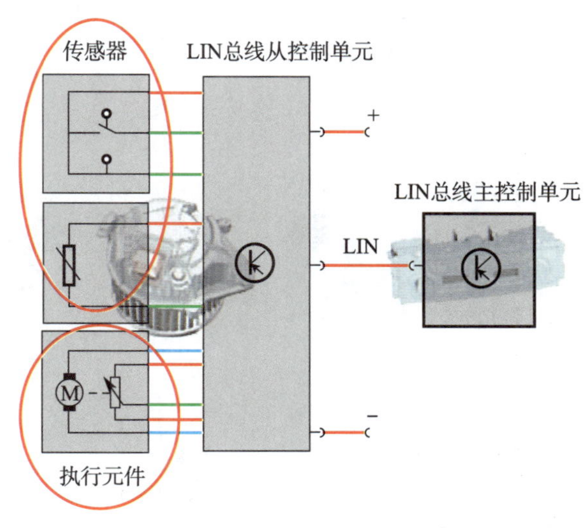

图 12-7　LIN 总线系统的传感器和执行元件

2. LIN 总线波形分析

LIN 总线标准波形如图 12-8 所示。隐性电压：LIN 总线上无信息发送时电压约为 12 V。显性电压：LIN 总线上有信息传递时电压为 0 V。

LIN 总线常见故障类型有断路、搭铁、与蓄电池正极短路等。

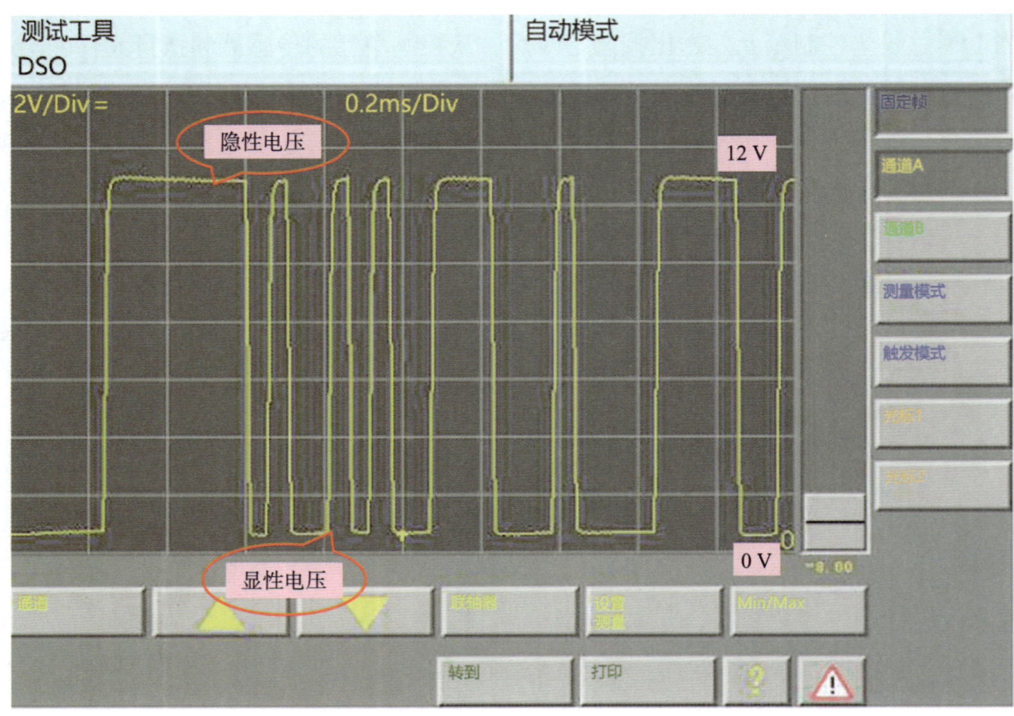

图 12-8　LIN 总线标准波形

（四）大众迈腾轿车刮水器电路

1. 基本电路

大众迈腾轿车刮水器电路主要由点火开关 D、发动机舱盖开关 F266、雨量及光强传感器 G397、转向柱控制单元 J527、车载电网控制单元 J519、刮水器电动机控制单元 J400 等组成，如图 12-9 所示。大众迈腾轿车刮水器控制电路如图 12-10 和图 12-11 所示。

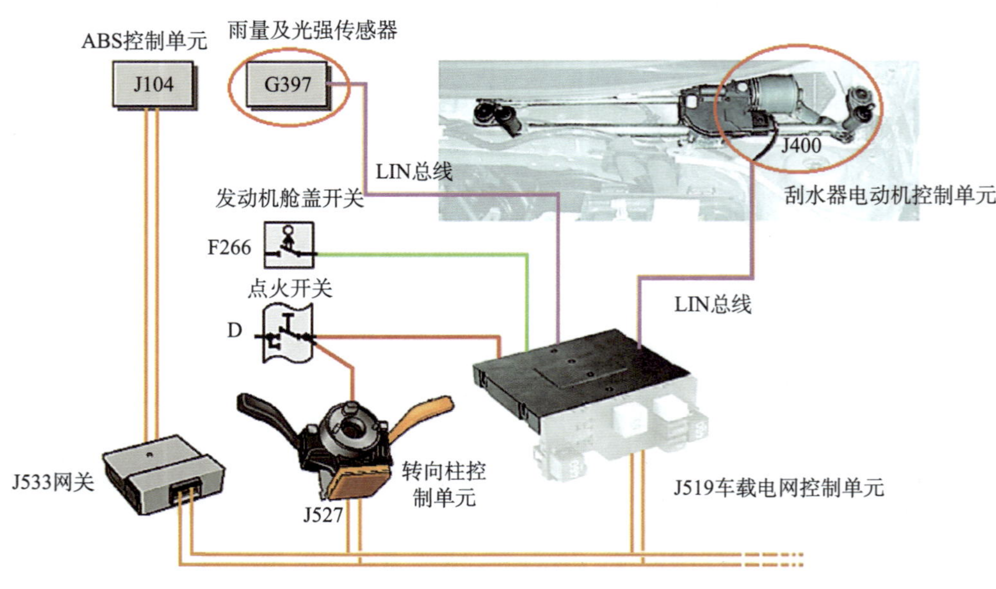

图 12-9　大众迈腾轿车刮水器控制电路的组成

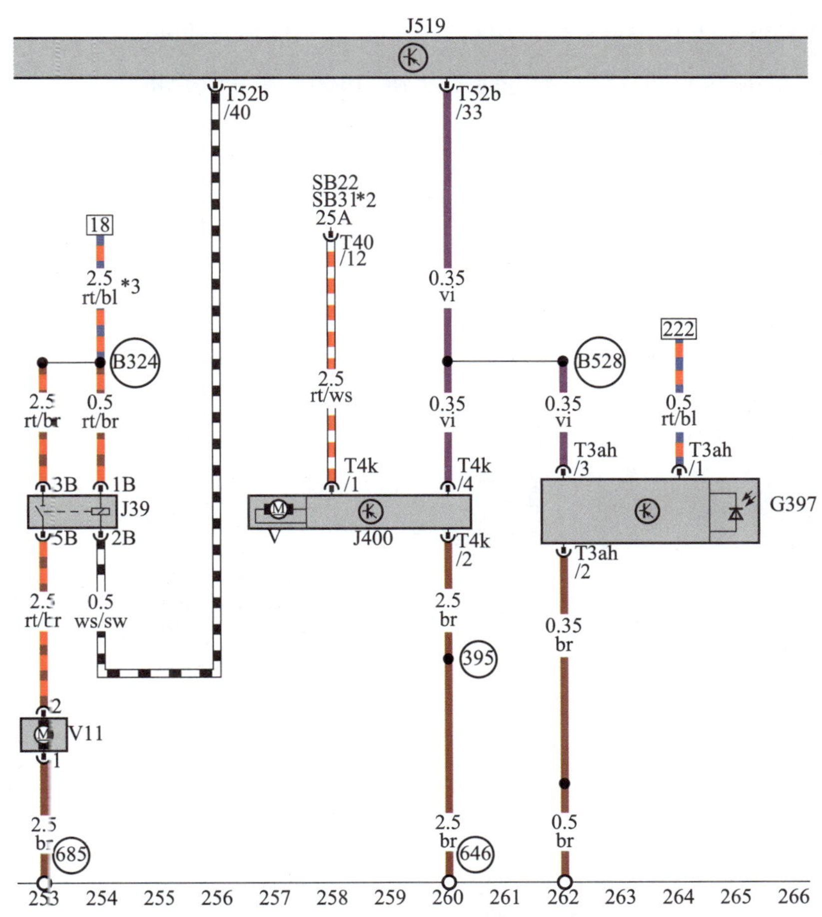

图 12-10 大众迈腾轿车刮水器控制电路 1

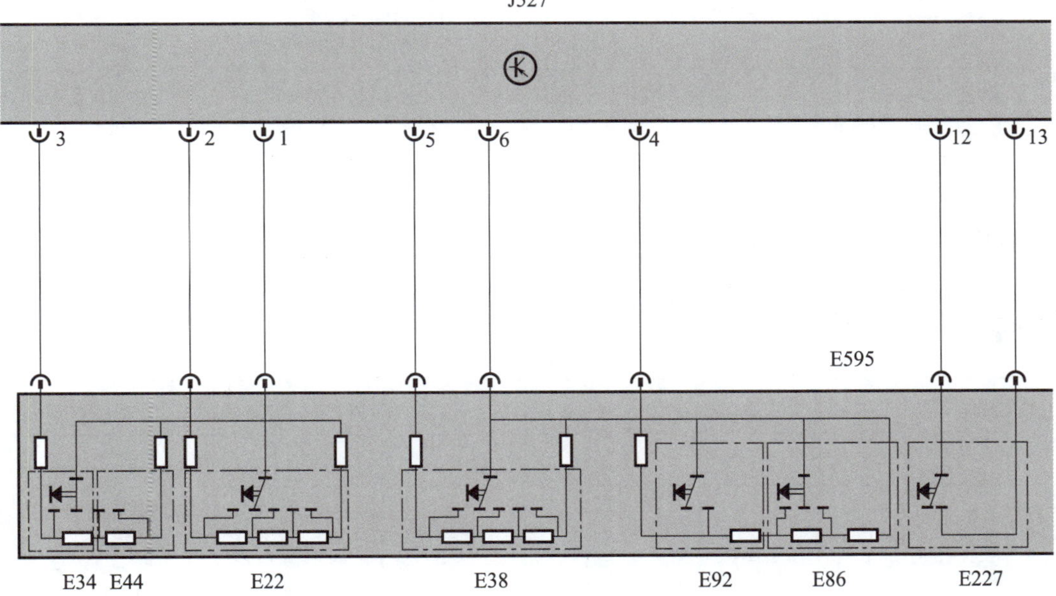

图 12-11 大众迈腾轿车刮水器控制电路 2

2. 故障检修

（1）铺设三件套，拉起驻车制动器或将变速器置于 P 挡。

（2）使用 VAS 5054 诊断仪进行故障自诊断，读取车载电网系统故障码和刮水器开关测量值。

（3）检测刮水器电路熔断器及刮水器电动机控制器电源、搭铁是否正常。

（4）使用万用表和波形检测仪检测 LIN 总线电压及波形是否正常。

（5）检查刮水器电路相关连接导线是否正常。

（6）整理工具、仪器和设备，清洁车辆，打扫场地卫生。

二、任务准备

在下面图片中勾选出完成本任务所需的工具、设备、资料等。

 博世 FSA740 检测仪	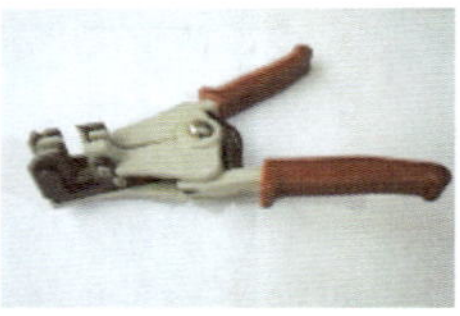 剥线钳	 三件套	 抹布
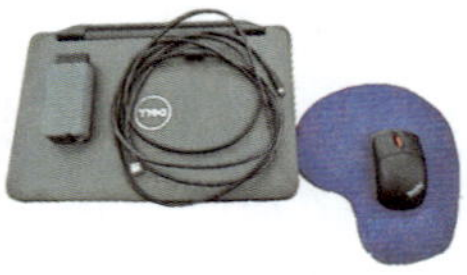	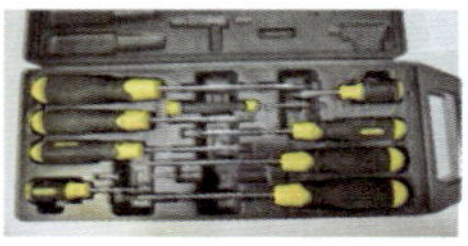	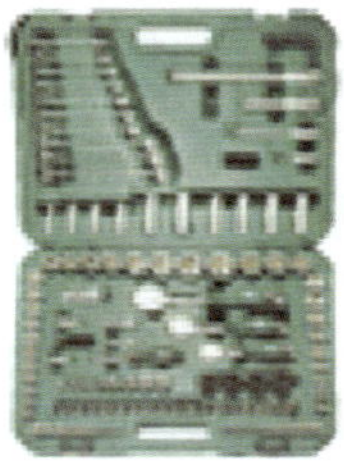	
诊断仪	旋具套装	工具套件	万用表
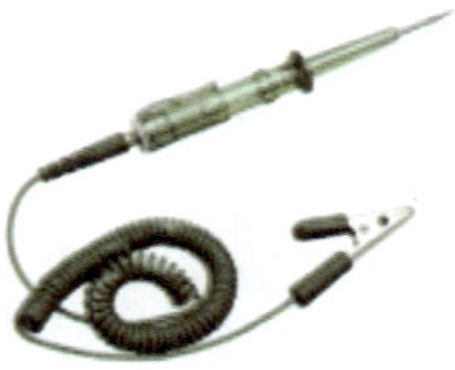	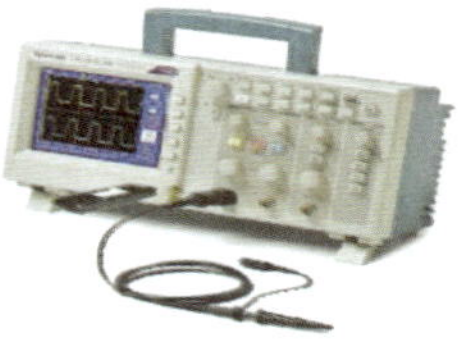	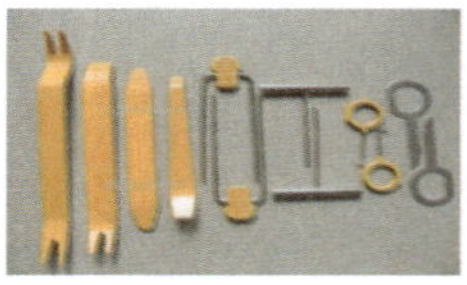	
二极管试灯	示波器	汽车内饰拆装工具	吹尘枪
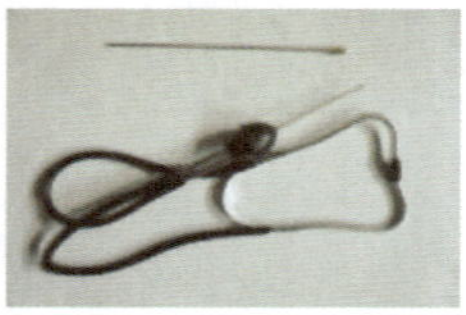		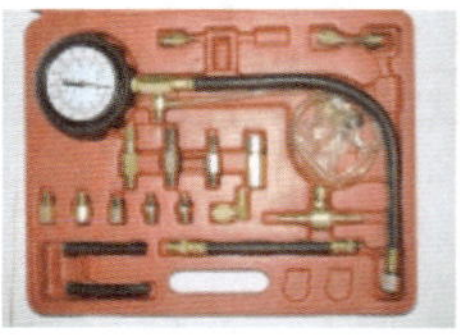	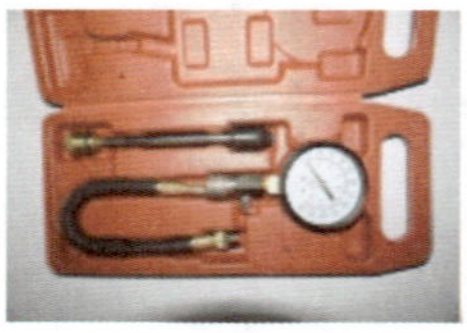
听诊器	胶带	燃油压力表	气缸压力表

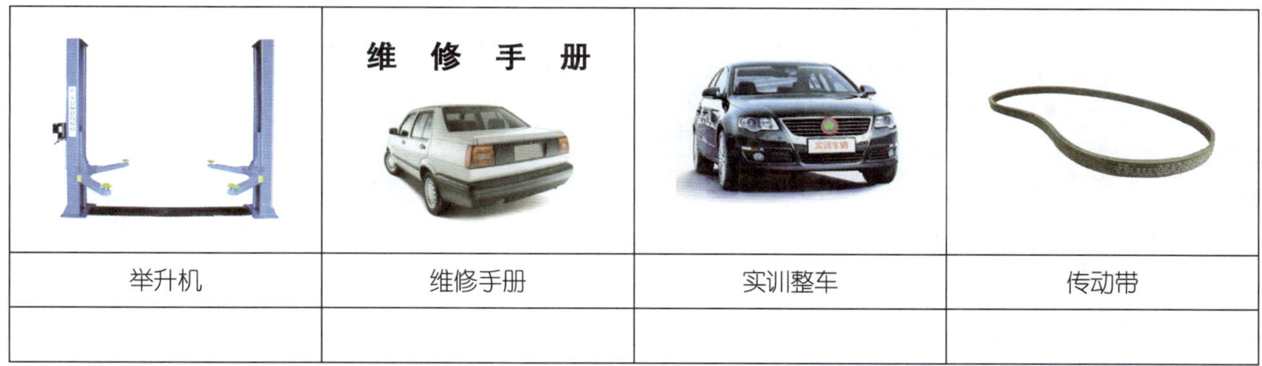

举升机	维修手册	实训整车	传动带

三、防护措施

1. 进入车间应穿工鞋、戴工帽；工作服应穿戴整齐，无皮肤裸露；操作时不可佩戴手表等金属饰品，以防划伤车辆表面。

2. 操作电气设备时应注意用电安全。作业结束之后，应及时切断一切用电设备的电源。

3. 在对车辆电器设备端子进行检测时，必须使用万用表线组等工具，避免用万用表表笔直接测量，导致插接器虚接。

4. 若因检测需求需要拆卸某些部件时，必须严格按照维修手册标准进行拆卸，严禁暴力拆卸，防止元件损坏。

5. 非必要情况下，严禁对线束内部进行分解检测，对线束破损、裸露部分应使用电工胶布或热缩管做好绝缘处理。

四、任务分配（见表 12-2）

表 12-2　任务分配表

职务	代码	姓名	工作内容
组长	A		
组员	B		
	C		
	D		
	E		

五、任务实施

（一）操作步骤

完成下面工作内容的排序并填写在表 12-3 中。

表 12-3　操作步骤

序号	操作流程	步骤	工作内容
1	维修准备		将车辆安全停放到维修工位，拉起驻车制动器或将变速器置于 P 挡
			铺设三件套
			用万用表检查蓄电池电压是否正常
2	故障验证		打开点火开关，检查发动机舱盖是否关闭（组合仪表故障指示灯）；将刮水器开关拨至各个挡位，检查其是否正常工作
3	故障自诊断		连接诊断仪，打开点火开关，选择“09– 车载电网控制单元”，读取刮水器电路故障码
			进入“引导性功能”，读取车载电网控制单元的测量值；将刮水器开关置于开启位置，检查其位置信号是否正常
			若刮水器开关的位置信号不正常，则进入“16– 转向柱电子装置控制单元”，读取刮水器开关的测量值。选取前部刮水器和清洗装置，打开刮水器开关，读取开关位置信号。若没有开关位置信号，则进行下一步检查
			依次拆卸安全气囊、转向盘、转向柱盖板、安全气囊插接器及转向柱电子装置控制单元插接器。使用 M8 拆卸组合开关固定螺栓，拆卸组合开关
			使用万用表测量刮水器开关各个挡位的阻值是否符合标准
4	刮水器电路故障检测		打开前机舱左侧熔断器盒盖，检查熔断器 SB22 是否熔断以及其电压是否为 12 V
			拆卸前部刮水器及流水槽盖板，拔下刮水器电动机插接器
			使用万用表测量刮水器电动机控制单元 J400 T4k/1 号端子处电压，正常应为 12 V
			使用万用表测量刮水器电动机控制单元 J400 T4k/2 号端子与搭铁之间线束的阻值，正常应小于 1 Ω
			拆卸车载电网控制单元 J519 的 B 号插接器，使用万用表测量刮水器电动机控制单元 J400 T4k/4 号端子与 J519 T52b/33 号端子之间线束的阻值，正常应小于 1 Ω
5	LIN 总线波形检测		将博世 FSA740 检测仪或示波器置于合适的挡位
			将示波器的 CH1 检测线连接到 J519 的 T52b/33 号端子，CH2 检测线连接到车身搭铁点或蓄电池负极
			打开点火开关，进入示波器检测界面，操作刮水器开关，读取并分析 LIN 总线波形是否正常
6	完工整理		安装好拆卸的部件，恢复车辆至完好状态
			取下三件套，清洁车辆
			整理维修工具、仪器和设备，打扫场地卫生

（二）实施记录

结合实施过程，对照表 12-4 中的检查项目内容，勾选或填写出实际的检查结果。

表 12-4 实施记录

序号	项目	故障检查	故障记录
1	维修准备	安全防护工作：铺设三件套 □ 蓄电池电压：________V 拉起驻车制动器 □ 变速器置于：________挡	维修记录：
2	故障验证	刮水器运转正常 □ 刮水器不工作 □ 刮水器运转异常 □ 刮水器电动机运转正常，但刮水片不动 □	故障现象：
3	故障自诊断	正确连接诊断仪 □ 进入车载电网控制单元 □ 进入转向柱电子装置控制单元 □ 有故障码 □ 无故障码 □ 有刮水器开关信号 □ 无刮水器开关信号 □ 故障码及测量值记录：________________ ________________ 正确拆卸安全气囊组件、转向盘、组合开关外壳 □ 刮水器开关阻值正常 □ 刮水器开关阻值不正常 □ 更换组合开关总成 □	故障记录：
4	刮水器电路故障检测	熔断器 SB22 正常 □ 熔断器 SB22 损坏 □ 拆卸刮水片及排水槽 □ 刮水器电动机控制单元 T4k/1 号端子有 12V 电压 □ 刮水器电动机控制单元 T4k/2 号端子搭铁良好 □ 刮水器电动机控制单元 T4k/1 号端子无 12V 电压 □ 刮水器电动机控制单元 T4k/2 号端子搭铁不良 □ 刮水器电动机控制单元 T4k/4 号端子与车载电网控制单元 T52b/33 号端子之间的 LIN 总线正常 □ 刮水器电动机控制单元 T4k/4 号端子与车载电网控制单元 T52b/33 号端子之间的 LIN 总线故障 □ LIN 总线故障类型：________________ 刮水器电动机损坏并更换 □	故障记录：
5	LIN 总线波形检测	正确连接示波器 □ LIN 总线波形正常 □ 正确操作刮水器开关 □ LIN 总线波形不正常 □	故障记录：
6	完工整理	安装好拆卸的部件，恢复车辆至完好状态 □ 整理工具、仪器和设备 □ 取下三件套 □ 清洁车辆，打扫场地卫生 □	小组成员签字：
根据任务实施流程和故障检测操作过程，总结刮水器不工作的故障原因，并填写在下面。 1. ________________ 2. ________________ 3. ________________ 4. ________________ 5. ________________			

六、检查

（一）自检

结合本组任务操作过程，对任务执行过程中的操作规范性进行检查，检查操作过程中是否存在以下问题，分析讨论应如何避免并总结规范的操作方法（见表 12-5）。

表 12-5　自检

检查项目	结果
是否使用三件套对车辆进行防护	是 □　否 □
蓄电池电压是否正常	是 □　否 □
刮水器熔断器是否损坏并更换	是 □　否 □
刮水器电动机控制单元搭铁线是否搭铁良好	是 □　否 □
刮水器开关信号测量值是否正确	是 □　否 □
LIN 总线波形是否正确	是 □　否 □
刮水器故障是否完全排除	是 □　否 □
工作场地是否清洁，车辆是否复位	是 □　否 □

（二）互检

组与组之间相互进行任务操作过程及结果检查，并把检查结果填写在表 12-6 中。

表 12-6　互检

检查项目	结果
是否使用三件套对车辆进行防护	是 □　否 □
蓄电池电压是否正常	是 □　否 □
刮水器熔断器是否损坏并更换	是 □　否 □
刮水器电动机控制单元搭铁线是否搭铁良好	是 □　否 □
刮水器开关信号测量值是否正确	是 □　否 □
LIN 总线波形是否正确	是 □　否 □
刮水器故障是否完全排除	是 □　否 □
工作场地是否清洁，车辆是否复位	是 □　否 □

七、课堂小结

任务十三　LIN 总线故障检修（二）

<table>
<tr><th colspan="4">LIN 总线故障检修任务工单——故障诊断与修复</th></tr>
<tr><td>客户信息</td><td>姓名</td><td></td><td>职业</td></tr>
<tr><td rowspan="2">车辆信息</td><td>车型</td><td>VIN 码</td><td>行驶里程</td></tr>
<tr><td></td><td></td><td></td></tr>
<tr><td>故障验证及检测</td><td colspan="3">CAN 总线无法进入故障 □　CAN 总线无法休眠故障 □　CAN 总线单线工作模式故障 □
驱动 CAN 总线故障 □　舒适 CAN 总线故障 □　信息娱乐 CAN 总线故障 □
LIN 总线故障 □　LIN 总线波形检测 □　车窗熔断器故障 □
车窗玻璃故障 □　玻璃升降器故障 □　左前侧车窗不能升降故障 □
左后侧车窗不能升降故障 □　右前侧车窗不能升降故障 □　右后侧车窗不能升降故障 □
个别车窗不能升降故障 □　车窗升降异响故障 □　车窗玻璃卡滞故障 □
车窗玻璃自动升降故障 □　全部车窗不能升降故障 □
客户描述：</td></tr>
<tr><th colspan="2">车辆外观检查</th><th colspan="2">车辆内部检查</th></tr>
<tr><td>凹凸 □</td><td rowspan="4"></td><td>污渍 □</td><td rowspan="4"></td></tr>
<tr><td>划痕 □</td><td>破损 □</td></tr>
<tr><td>石击 □</td><td>色斑 □</td></tr>
<tr><td>油漆 □</td><td>变形 □</td></tr>
<tr><td>明确具体工作任务</td><td colspan="3"></td></tr>
<tr><td>任务目标</td><td colspan="3">● 熟悉 LIN 总线系统的作用及结构组成
● 能够查阅维修手册，识读和分析 LIN 总线电路
● 能够检测并分析 LIN 总线系统的波形
● 能够检测并排除 LIN 总线系统故障</td></tr>
</table>

续表

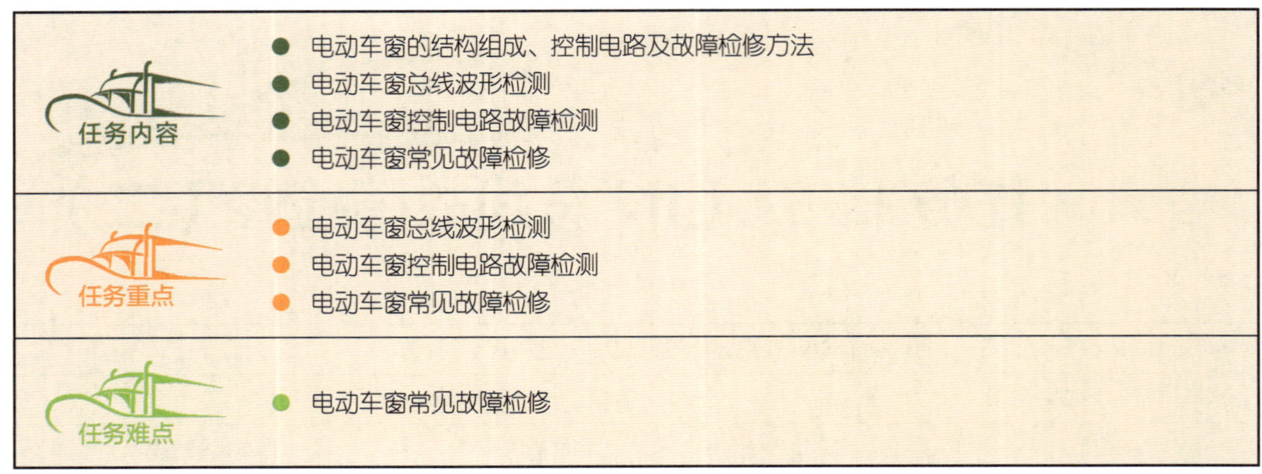

任务内容	● 电动车窗的结构组成、控制电路及故障检修方法 ● 电动车窗总线波形检测 ● 电动车窗控制电路故障检测 ● 电动车窗常见故障检修
任务重点	● 电动车窗总线波形检测 ● 电动车窗控制电路故障检测 ● 电动车窗常见故障检修
任务难点	● 电动车窗常见故障检修

一、知识讲解

（一）大众迈腾轿车电动车窗的结构组成

大众迈腾轿车电动车窗主要由车窗玻璃、车窗升降器（V147、V148、V471、V472）、驾驶员侧车窗中控开关（E710、E712、E714、E715）、副驾驶员侧车窗开关（E716）、后门乘客侧车窗开关（左：E711，右：E713）、舒适 / 便携系统控制单元等组成，如图 13-1 所示。

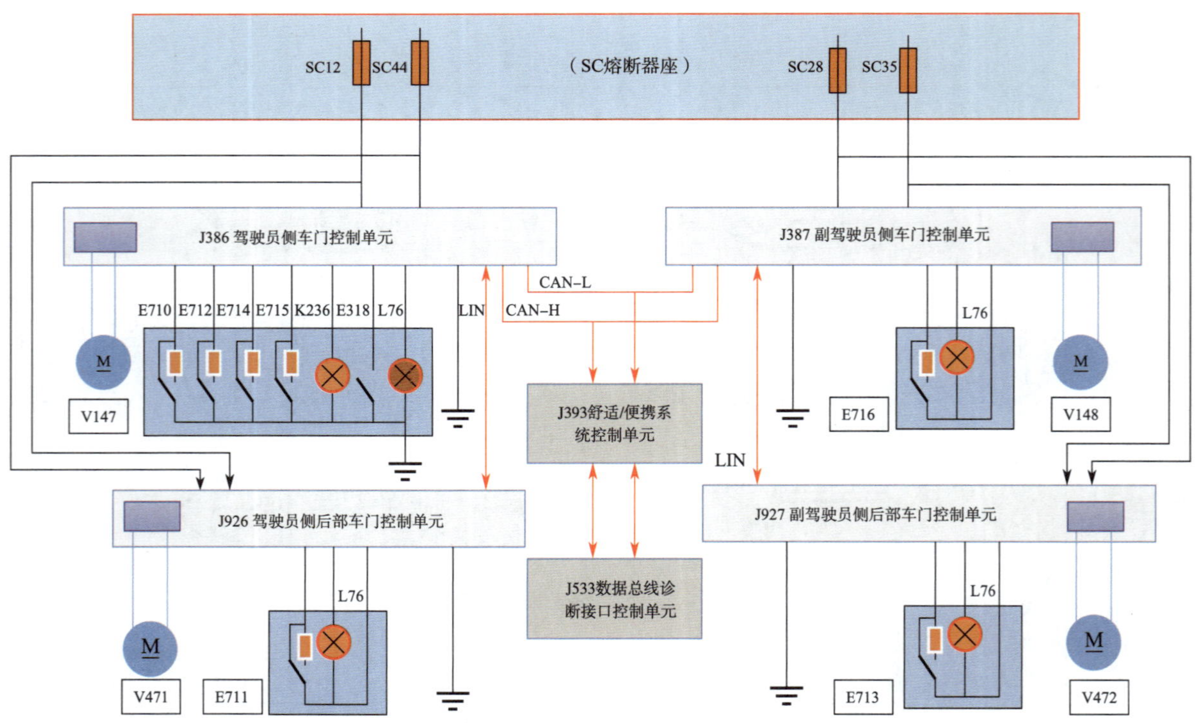

图 13-1　大众迈腾轿车电动车窗的结构组成

（二）大众迈腾轿车电动车窗的控制电路

大众迈腾轿车左前门、右前门、左后门、右后门电动车窗控制电路如图 13-2 至图 13-5 所示。

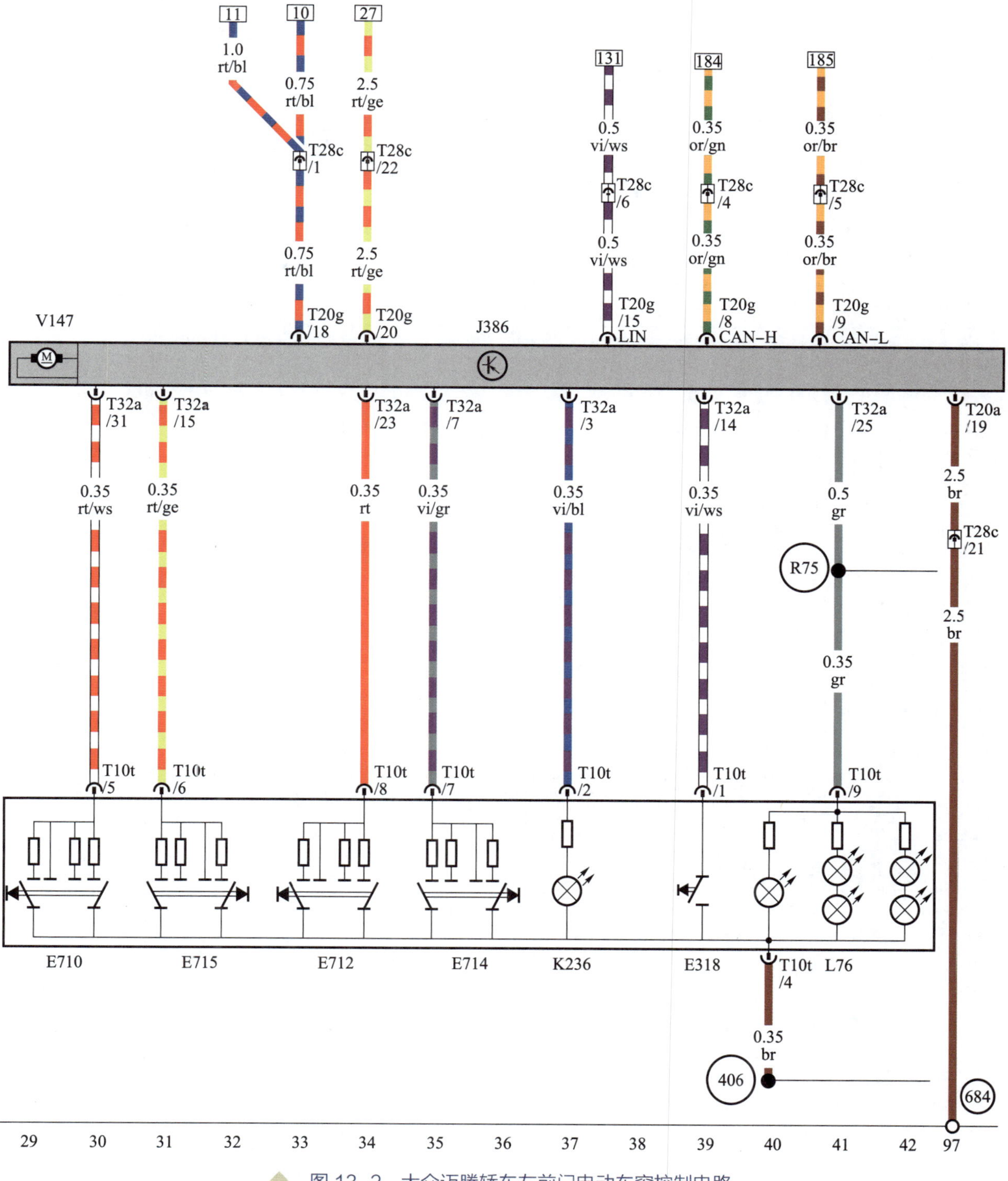

图 13-2 大众迈腾轿车左前门电动车窗控制电路

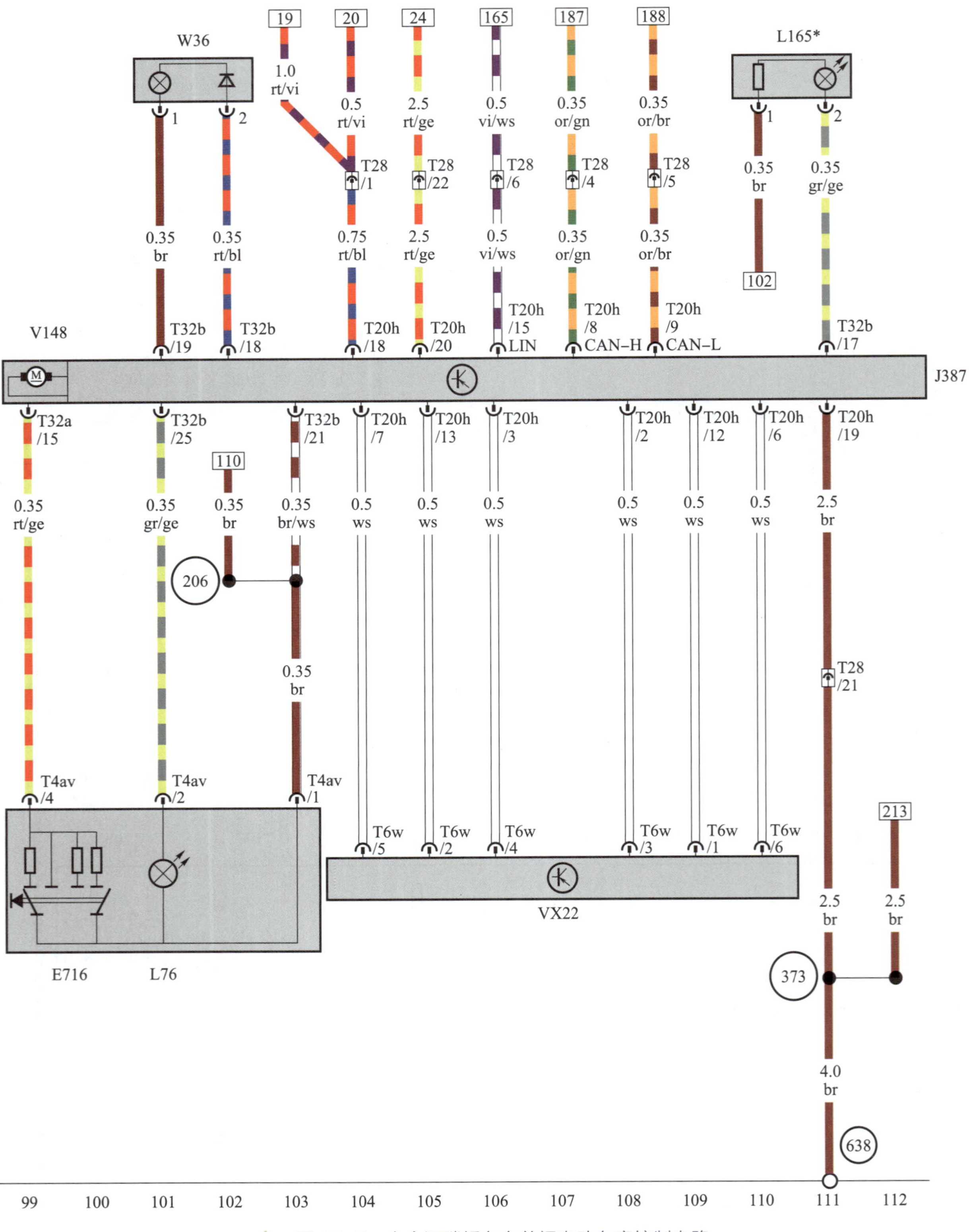

图 13-3　大众迈腾轿车右前门电动车窗控制电路

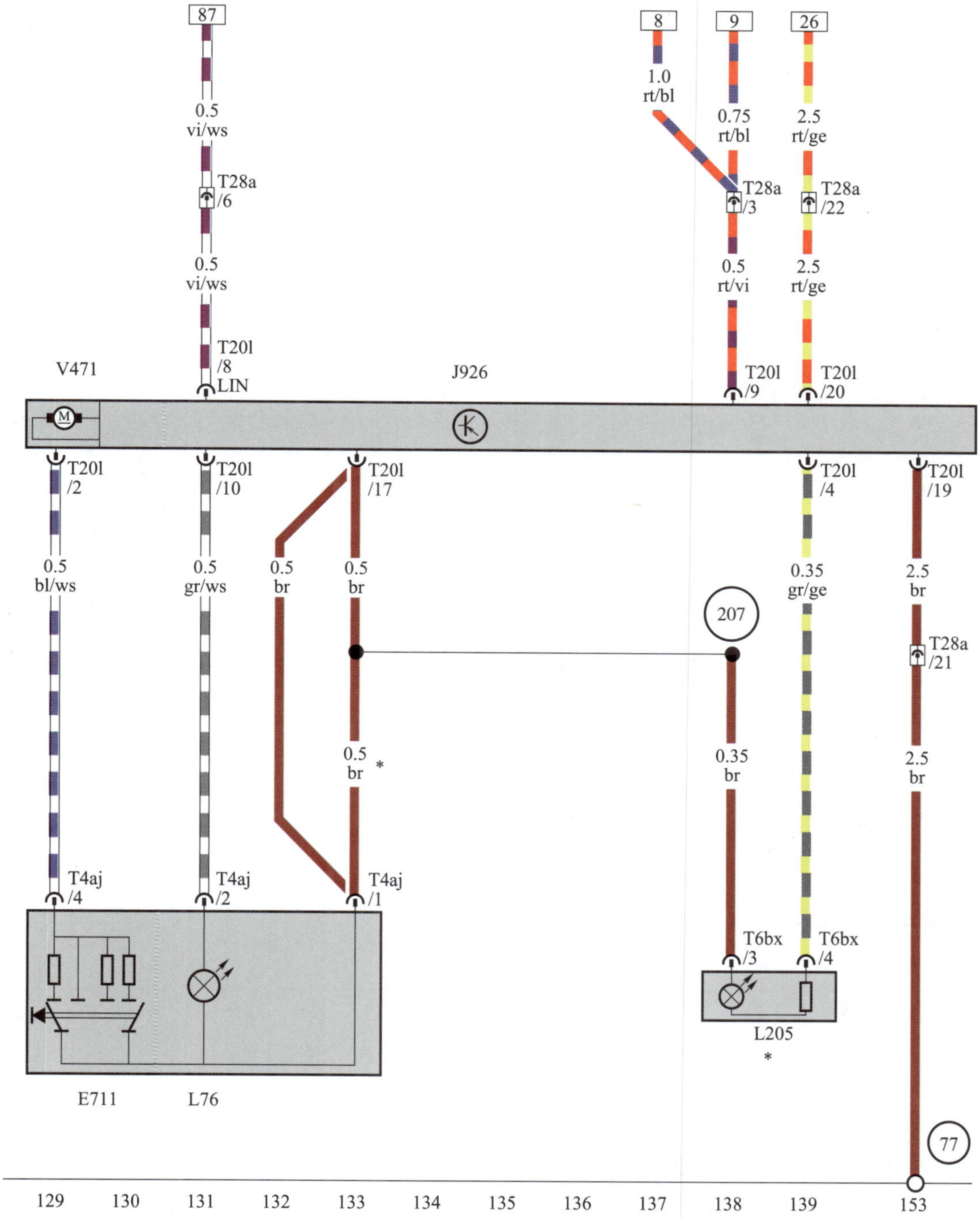

87
0.5
vi/ws
T28a
/6
0.5
vi/ws
T20l
/8
LIN
8
1.0
rt/bl
9
0.75
rt/bl
26
2.5
rt/ge
T28a
/3
T28a
/22
0.5
rt/vi
2.5
rt/ge
T20l
/9
T20l
/20
V471
J926
T20l
/2
T20l
/10
T20l
/17
T20l
/4
T20l
/19
0.5
bl/ws
0.5
gr/ws
0.5
br
0.5
br
0.35
gr/ge
2.5
br
207
T28a
/21
0.5
br
*
0.35
br
2.5
br
T4aj
/4
T4aj
/2
T4aj
/1
T6bx
/3
T6bx
/4
L205
*
E711
L76
77
129 130 131 132 133 134 135 136 137 138 139 153

图 13-4 大众迈腾轿车左后门电动车窗控制电路

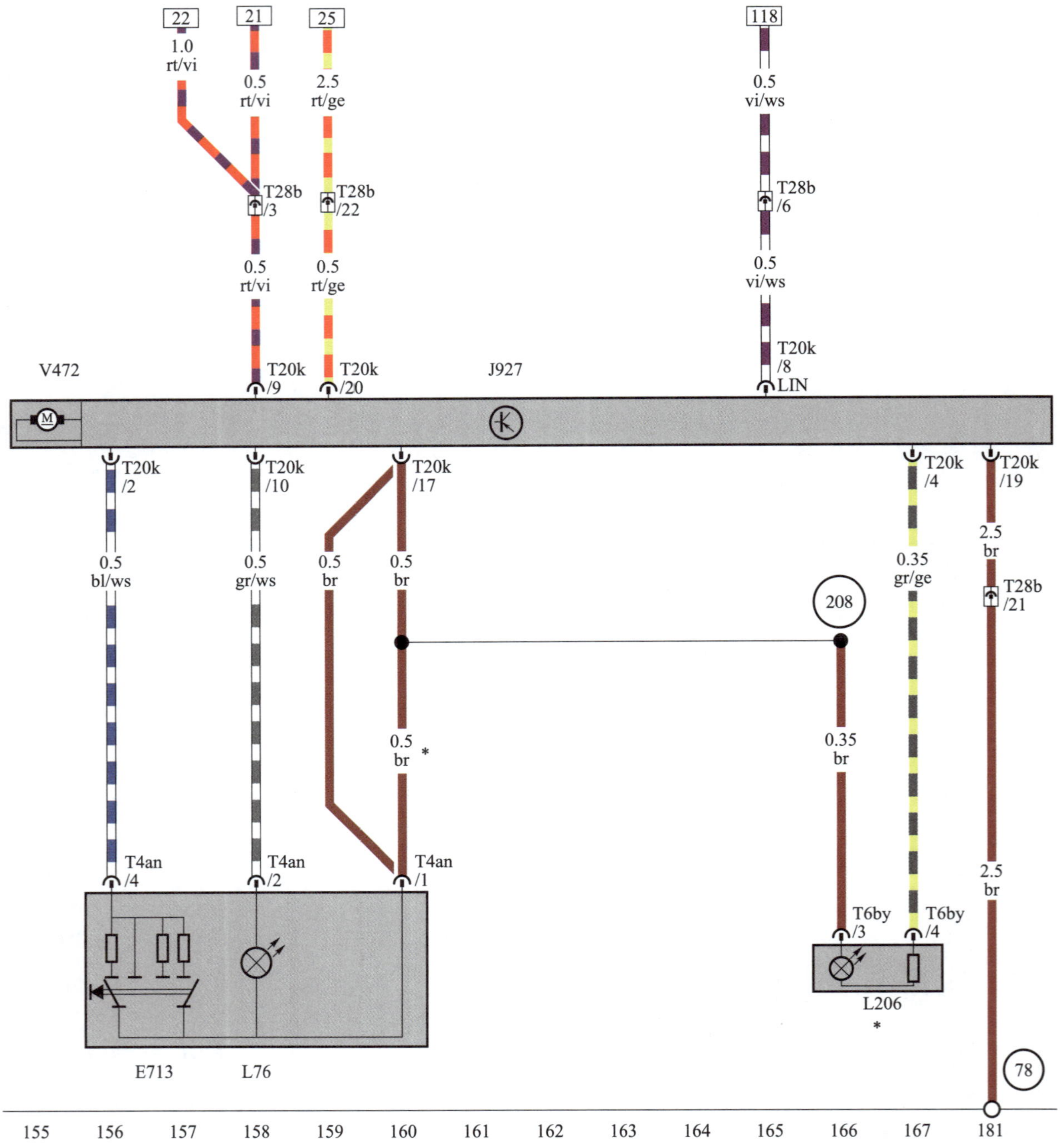

图 13-5　大众迈腾轿车右后门电动车窗控制电路

（三）大众迈腾轿车电动车窗故障的检修方法

1. 铺设三件套，拉起驻车制动器或将变速器置于 P 挡。
2. 使用 VAS 5054 诊断仪进行故障自诊断，读取舒适 / 便携系统故障码和车窗开关测量值。
3. 检测电动车窗熔断器及控制器电源、搭铁是否正常。
4. 依次使用万用表和波形检测仪检测电动车窗 LIN 总线电压及波形是否正常。
5. 检查电动车窗电路相关连接导线是否正常。
6. 整理工具、仪器和设备，清洁车辆，打扫场地卫生。

二、任务准备

在下面图片中勾选出完成本任务所需的工具、设备、资料等。

 博世 FSA740 检测仪	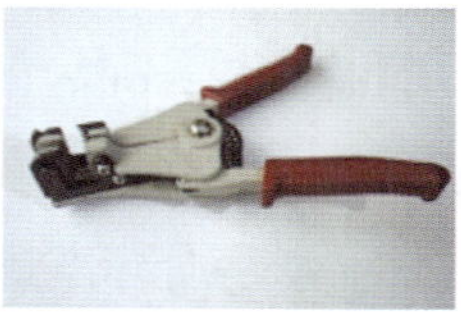 剥线钳	 三件套	 抹布
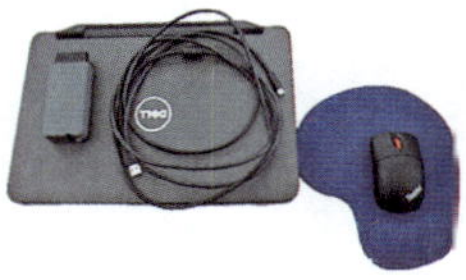 诊断仪	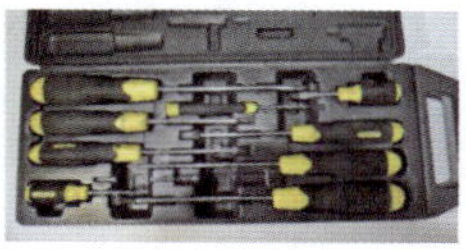 旋具套装	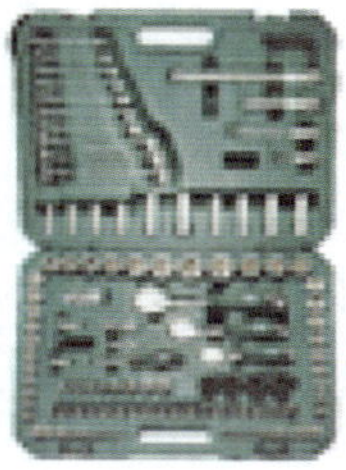 工具套件	 万用表
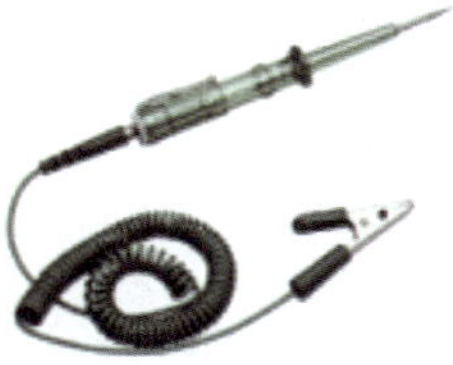 二极管试灯	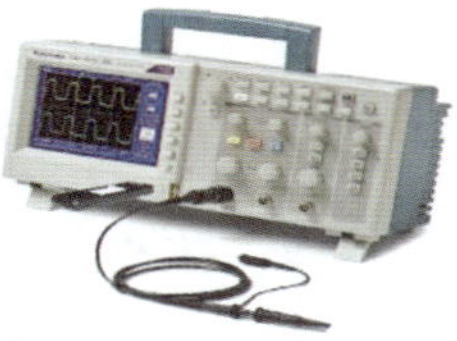 示波器	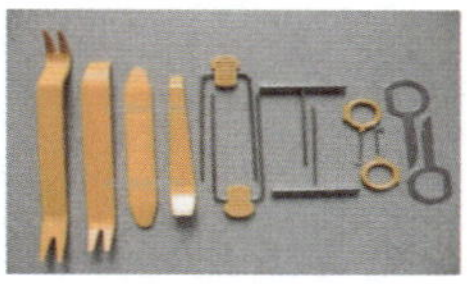 汽车内饰拆装工具	 吹尘枪
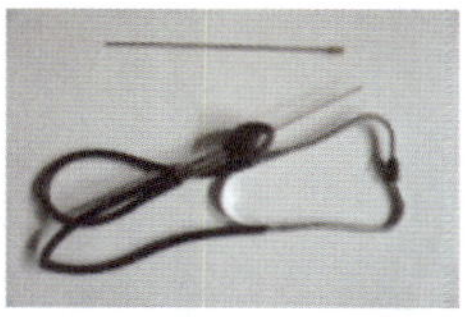 听诊器	 胶带	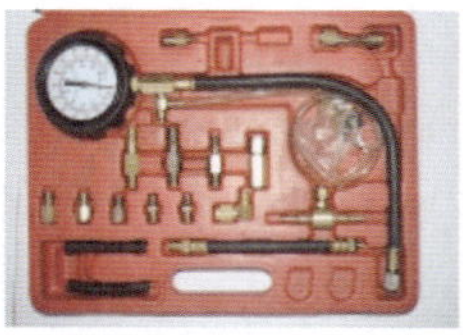 燃油压力表	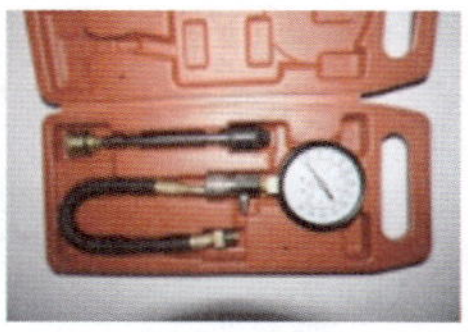 气缸压力表
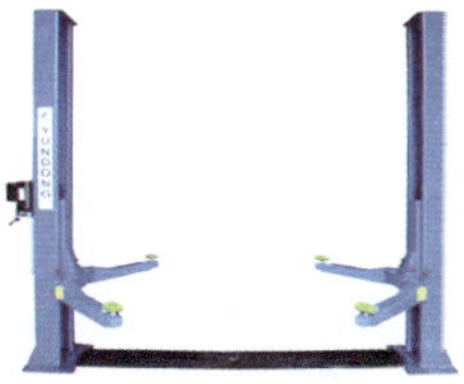	 维 修 手 册		
举升机	维修手册	实训整车	传动带

三、防护措施

1. 进入车间应穿工鞋、戴工帽；工作服应穿戴整齐，无皮肤裸露；操作时不可佩戴手表等金属饰品，以防划伤车辆表面。

2. 操作电气设备时应注意用电安全。作业结束之后，应及时切断一切用电设备的电源。

3. 在对车辆电器设备端子进行检测时，必须使用万用表线组等工具，避免用万用表表笔直接测量，导致插接器虚接。

4. 若因检测需求需要拆卸某些部件时，必须严格按照维修手册标准进行拆卸，严禁暴力拆卸，防止元件损坏。

5. 非必要情况下，严禁对线束内部进行分解检测，对线束破损、裸露部分应使用电工胶布或热缩管做好绝缘处理。

四、任务分配（见表 13-1）

表 13-1　任务分配表

<table>
<tr><th>职务</th><th>代码</th><th>姓名</th><th>工作内容</th></tr>
<tr><td>组长</td><td>A</td><td></td><td></td></tr>
<tr><td rowspan="4">组员</td><td>B</td><td></td><td rowspan="2"></td></tr>
<tr><td>C</td><td></td></tr>
<tr><td>D</td><td></td><td rowspan="2"></td></tr>
<tr><td>E</td><td></td></tr>
</table>

五、任务实施

（一）操作步骤

完成下面工作内容的排序并填写在表 13–2 中。

表 13–2　操作步骤

<table>
<tr><th>序号</th><th>操作流程</th><th>步骤</th><th>工作内容</th></tr>
<tr><td rowspan="3">1</td><td rowspan="3">维修准备</td><td></td><td>将车辆安全停放到维修工位，拉起驻车制动器或将变速器置于 P 挡</td></tr>
<tr><td></td><td>铺设三件套</td></tr>
<tr><td></td><td>用万用表检查蓄电池电压是否正常</td></tr>
<tr><td rowspan="2">2</td><td rowspan="2">故障验证</td><td></td><td>打开点火开关，操作驾驶员侧车窗开关，检查是全部车窗都不能升降，还是仅个别车窗不能升降</td></tr>
<tr><td></td><td>分别操作乘客侧车窗开关，检查车窗玻璃能否正常升降，确认故障现象</td></tr>
</table>

续表

序号	操作流程	步骤	工作内容
3	故障自诊断		连接诊断仪，打开点火开关，进入自诊断，选择 42、52、62、72 号车门控制单元，读取电动车窗电路故障码
			操作驾驶员侧车窗开关及其他车窗开关，读取各车窗开关测量值，检查车窗开关信号是否正常。若没有开关信号，则进行下面的故障检测
4	驾驶员侧电动车窗控制电路故障检测		打开点火开关，检查熔断器 SC12、SC44 是否损坏
			拆下驾驶员侧车门内饰板，拔下车窗控制单元插头，检查车窗控制单元 J386 的 T20g/18、T20g/20 号端子是否有 12 V 工作电压，检查其 T20g/19 号端子搭铁是否良好
			操作驾驶员侧车窗开关，用万用表检测车窗控制单元 J386 的 T32a/31、T32a/15、T32a/7、T32a/23 号端子对地阻值是否正常，若不正常，说明车窗开关损坏，应进行更换
			拔下驾驶员侧车窗开关插接器，检查其 T10t/5、T10t/6、T10t/7、T10t/8 号端子与车窗控制单元 J386 的 T32a/31、T32a/15、T32a/7、T32a/23 号端子之间的导线连接是否良好
			若以上检测均正常，说明车窗控制单元 J386 损坏，应进行更换
5	右后侧车窗控制电路故障检测		打开点火开关，检查熔断器 SC28、SC35 是否损坏
			拆下右后侧车门内饰板，拔下车窗控制单元插头，检查车窗控制单元 J927 的 T20k/9、T20k/20 号端子是否有 12 V 工作电压，检查其 T20k/17、T20k/19 号端子搭铁是否良好
			操作右后侧车窗开关，用万用表检测车窗控制单元 J927 的 T20k/2 号端子对地阻值是否正常，若不正常，说明右后侧车窗开关损坏，应进行更换
			拔下右后侧车窗开关插接器，检查其 T4an/4 号端子与车窗控制单元 J927 的 T20k/2 号端子之间的导线连接是否良好
			若以上检测均正常，说明车窗控制单元 J927 损坏，应进行更换
6	车窗总线波形检测		拆下右前侧车门内饰板，检查右前侧车窗控制单元 J387 的 T20h/15 号端子与右后侧车窗控制单元 J927 的 T20k/8 号端子之间的 LIN 总线连接是否良好
			检查驾驶员侧车窗控制单元 J386 的 T20g/8、T20g/9 号端子与右前侧车窗控制单元 J387 的 T20h/8、T20h/9 号端子之间的 CAN 总线连接是否良好
			将博世 FSA740 检测仪或示波器置于合适的挡位
			将示波器的 CH1 检测线连接到 J386 的 T20g/8 号端子 CAN-H 线上，CH2 检测线连接到 J386 的 T20g/9 号端子 CAN-L 线上。打开点火开关，进入示波器检测界面，操作驾驶员侧车窗开关，读取并分析舒适 CAN 总线波形是否正常
			将示波器的 CH1 检测线连接到 J927 的 T20k/8 号端子 LIN 数据线上。打开点火开关，进入示波器检测界面，操作右后侧车窗开关，读取并分析 LIN 总线波形是否正常
7	完工整理		安装好拆卸的部件，恢复车辆至完好状态
			取下三件套，清洁车辆
			整理维修工具、仪器和设备，打扫场地卫生

（二）实施记录

结合实施过程，对照表 13-3 中的检查项目内容，勾选或填写出实际的检查结果。

表 13-3　实施记录

序号	项目	故障检查	故障记录
1	维修准备	安全防护工作：铺设三件套 □ 蓄电池电压：__________ V 拉起驻车制动器 □　变速器置于：__________挡	维修记录：
2	故障验证	全部车窗不工作 □　个别车窗不工作 □　个别车窗不能自动升降 □ 车窗运转异响 □　驾驶员侧车窗开关不能控制其他车窗升降 □	故障现象：
3	故障自诊断	正确连接诊断仪 □　舒适 / 便携控制单元 □　驾驶员侧车门控制单元 □　副驾驶员侧车门控制单元 □　左后门控制单元 □　右后门控制单元 □　有故障码 □　无故障码 □　有车窗开关信号 □　无车窗开关信号 □ 故障码及测量值记录：____ ____	故障记录：
4	驾驶员侧电动车窗控制电路故障检测	熔断器 SC12：良好 □　损坏 □　熔断器 SC44：良好 □　损坏 □ 正确拆卸驾驶员侧车门内饰板 □　控制单元 J386：良好 □　损坏 □ J386 的 T20g/18 号端子电压：__________ V，J386 的 T20g/20 号端子电压：__________ V J386 的 T20g/19 号端子搭铁：搭铁良好 □　搭铁不良 □　对地阻值：__________ Ω 驾驶员侧车窗开关阻值：正常 □　不正常 □　更换组合开关总成 □	故障记录：
5	右后侧车窗控制电路故障检测	熔断器 SC28：良好 □　损坏 □　熔断器 SC35：良好 □　损坏 □ 正确拆卸右后侧车门内饰板 □　控制单元 J927：良好 □　损坏 □ J927 的 T20k/9 号端子电压：__________ V，J927 的 T20k/20 号端子电压：__________ V J927 的 T20k/17 号端子搭铁：搭铁良好 □　搭铁不良 □　对地阻值：__________ Ω J927 的 T20k/19 号端子搭铁：搭铁良好 □　搭铁不良 □　对地阻值：__________ Ω 右后侧车窗开关阻值：正常 □　不正常 □　更换组合开关总成 □	故障记录：
6	车窗总线波形检测	控制单元 J386 和 J387 之间的 CAN 传输导线：良好 □　损坏 □ 控制单元 J927 和 J387 之间的 LIN 传输导线：良好 □　损坏 □ CAN 导线故障类型：________________________________ LIN 导线故障类型：________________________________ 正确连接示波器 □　LIN 总线波形：正常 □　不正常 □ 操作车窗开关 □　CAN 总线波形：正常 □　不正常 □	故障记录：
7	完工整理	安装好拆卸的部件，恢复车辆至完好状态 □　整理工具、仪器和设备 □ 取下三件套 □　清洁车辆，打扫场地卫生 □	小组成员签字：

续表

根据任务实施流程和故障检测操作过程，总结车窗玻璃不能正常升降的故障原因，并填写在下面。 1. ____ 2. ____ 3. ____ 4. ____ 5. ____

六、检查

（一）自检

结合本组任务操作过程，对任务执行过程中的操作规范性进行检查，检查操作过程中是否存在以下问题，分析讨论应如何避免并总结规范的操作方法（见表 13–4）。

表 13–4　自检

检查项目	结果
是否使用三件套对车辆进行防护	是 □　否 □
蓄电池电压是否正常	是 □　否 □
电动车窗熔断器是否损坏并更换	是 □　否 □
车窗控制器搭铁线是否搭铁良好	是 □　否 □
电动车窗开关信号测量值是否正确	是 □　否 □
车窗电路 CAN 总线波形是否正确	是 □　否 □
车窗电路 LIN 总线波形是否正确	是 □　否 □
电动车窗故障是否完全排除	是 □　否 □
工作场地是否清洁，车辆是否复位	是 □　否 □

（二）互检

组与组之间相互进行任务操作过程及结果检查，并把检查结果填写在表 13–5 中。

表 13–5　互检

检查项目	结果
是否使用三件套对车辆进行防护	是 □　否 □
蓄电池电压是否正常	是 □　否 □
电动车窗熔断器是否损坏并更换	是 □　否 □
车窗控制器搭铁线是否搭铁良好	是 □　否 □
电动车窗开关信号测量值是否正确	是 □　否 □
车窗电路 CAN 总线波形是否正确	是 □　否 □

续表

检查项目	结果
车窗电路 LIN 总线波形是否正确	是 □　否 □
电动车窗故障是否完全排除	是 □　否 □
工作场地是否清洁，车辆是否复位	是 □　否 □

七、课堂小结

情境四

CAN 总线综合故障检修

任务十四　CAN 总线综合故障检修（一）

<table>
<tr><th colspan="6">CAN 总线综合故障检修任务工单——驱动 CAN 总线诊断排故作业</th></tr>
<tr><td>客户信息</td><td>姓名</td><td colspan="2"></td><td>职业</td><td></td></tr>
<tr><td rowspan="2">车辆信息</td><td colspan="2">车型</td><td colspan="2">VIN 码</td><td>行驶里程</td></tr>
<tr><td colspan="2"></td><td colspan="2"></td><td></td></tr>
<tr><td>故障验证及检测</td><td colspan="5">CAN 总线无法进入故障 □　CAN 总线无法休眠故障 □　CAN 总线单线工作模式故障 □
驱动 CAN 总线故障 □　舒适 CAN 总线故障 □　信息娱乐 CAN 总线故障 □
LIN 总线故障 □　总线熔断器故障 □　终端电阻故障 □
总线电压故障 □　总线波形故障 □　读取故障码 □
读取测量值 □　CAN 总线节点故障 □　CAN 总线电源故障 □
CAN 总线链路故障 □　发动机故障 □　空调故障 □
自动变速器故障 □　底盘系统故障 □　电气系统故障 □
舒适系统故障 □　信息娱乐系统故障 □
客户描述：</td></tr>
<tr><td colspan="3">车辆外观检查</td><td colspan="3">车辆内部检查</td></tr>
<tr><td>凹凸 □</td><td colspan="2" rowspan="4"></td><td>污渍 □</td><td colspan="2" rowspan="4"></td></tr>
<tr><td>划痕 □</td><td>破损 □</td></tr>
<tr><td>石击 □</td><td>色斑 □</td></tr>
<tr><td>油漆 □</td><td>变形 □</td></tr>
<tr><td>明确具体工作任务</td><td colspan="5"></td></tr>
<tr><td>任务目标</td><td colspan="5">● 能够查找并分析故障车辆的 CAN 总线电路图
● 能够根据故障现象制订正确的维修计划
● 能够正确使用诊断仪、示波器、万用表等检测工具
● 能够检测并排除 CAN 总线综合故障</td></tr>
</table>

续表

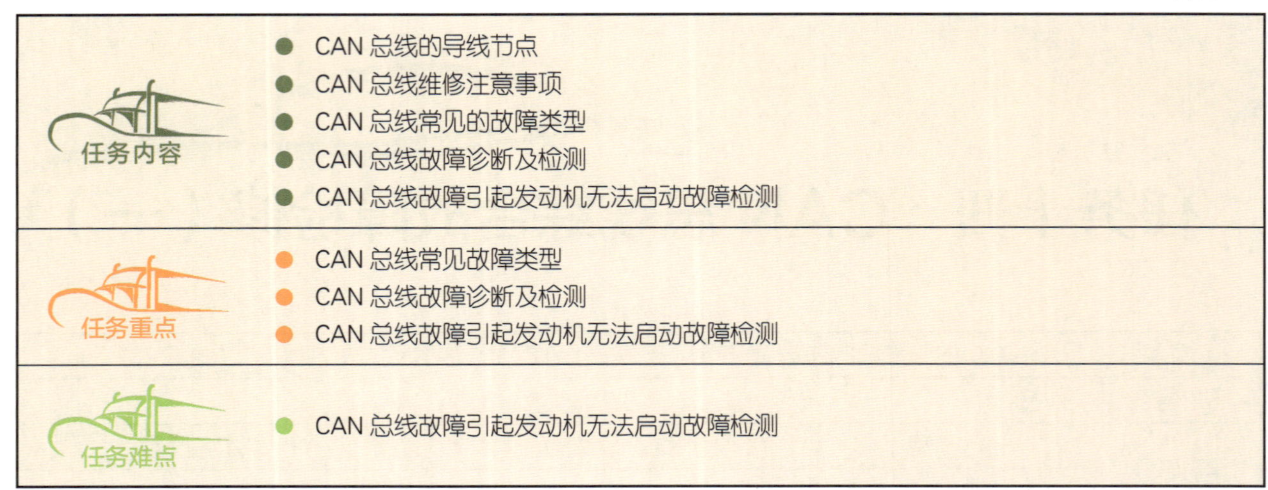

任务内容	● CAN 总线的导线节点 ● CAN 总线维修注意事项 ● CAN 总线常见的故障类型 ● CAN 总线故障诊断及检测 ● CAN 总线故障引起发动机无法启动故障检测
任务重点	● CAN 总线常见故障类型 ● CAN 总线故障诊断及检测 ● CAN 总线故障引起发动机无法启动故障检测
任务难点	● CAN 总线故障引起发动机无法启动故障检测

一、知识讲解

（一）CAN 总线的导线节点

在汽车网络系统中，CAN 总线是通过数据传输导线连接各个控制单元的，这些传输导线的公共节点连接在一起，称为 CAN 总线的导线节点，如图 14-1 所示。

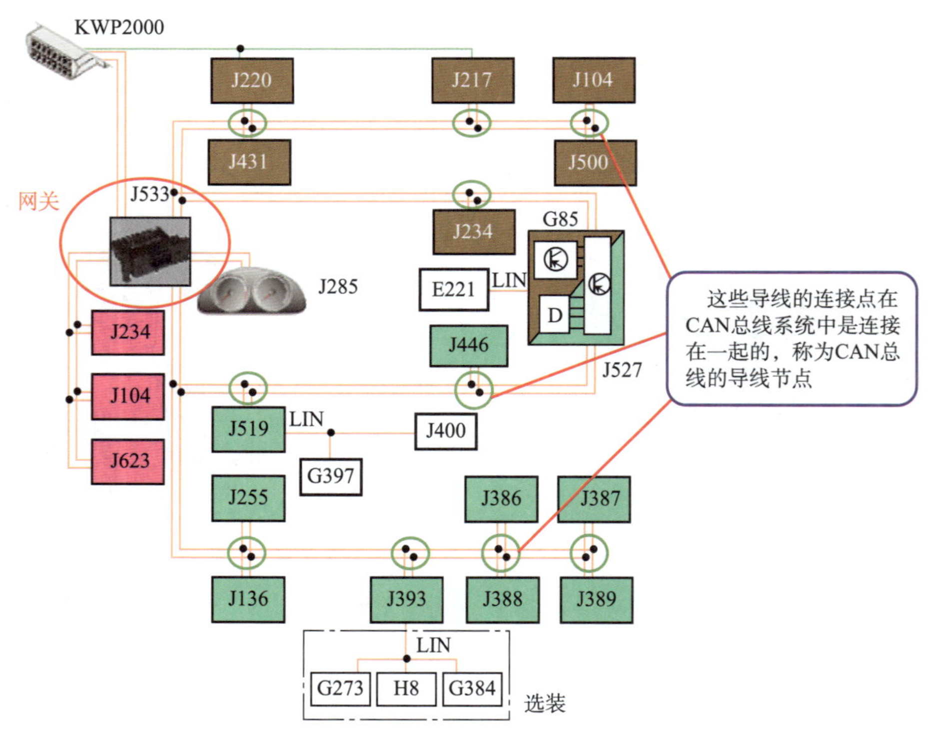

图 14-1　CAN 总线的导线节点

CAN 总线的导线节点一般位于车辆左前、右前 A 柱区域处，其中驱动 CAN 总线的导线节点位于车辆左前的 A 柱区域处，舒适 CAN 总线和信息娱乐 CAN 总线的导线节点位于车辆右前的 A 柱区域处，如图 14-2 和图 14-3 所示。有些车辆的 CAN 总线导线节点包扎在导线线束中，不容易找到。

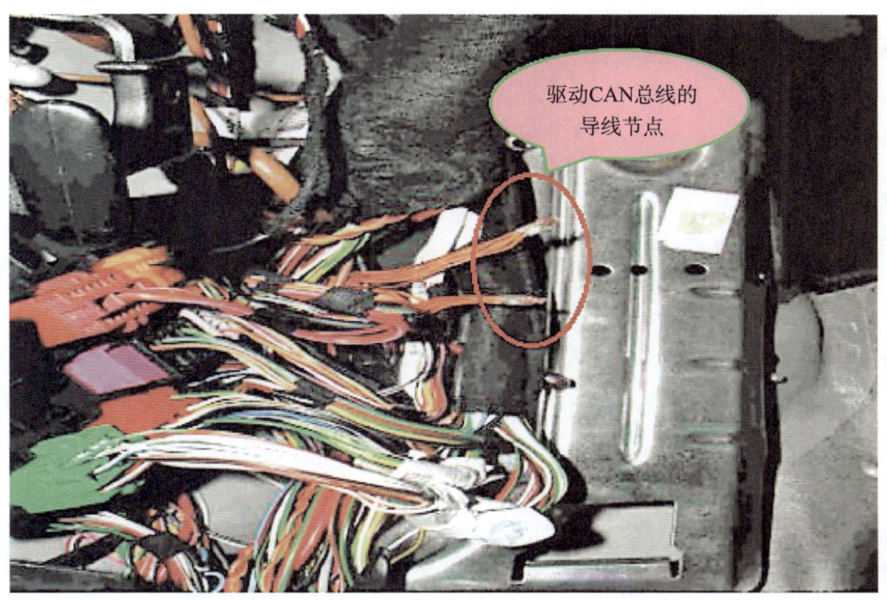

图 14-2　驱动 CAN 总线的导线节点位置

图 14-3　舒适 CAN 总线和信息娱乐 CAN 总线的导线节点位置

（二）CAN 总线维修注意事项

1. 需要断开 CAN 数据传输导线进行检测和维修时，导线断点应距节点 100 mm 以上，如图 14-4 所示。

2. 维修 CAN 数据传输导线时，线束缠绕长度应不大于 50 mm，两个断点之间的间隔距离应大于 100 mm，如图 14-5 所示。

3. 由于总线的导线节点对于线路的反射很重要，因此维修时不能拆开，如图 14-6 所示。

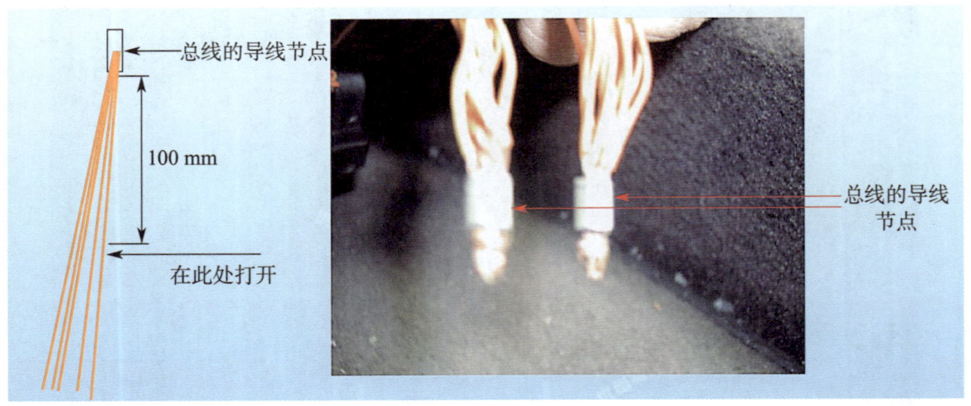

图 14-4　CAN 总线维修注意事项 1

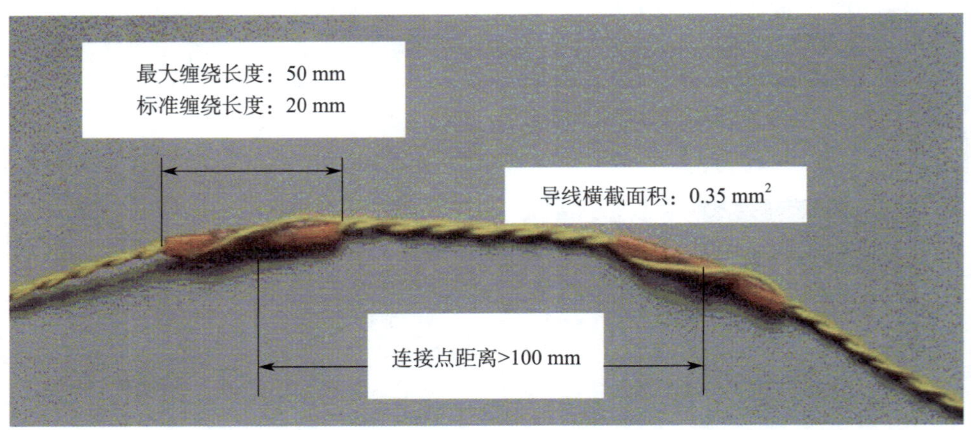

图 14-5　CAN 总线维修注意事项 2

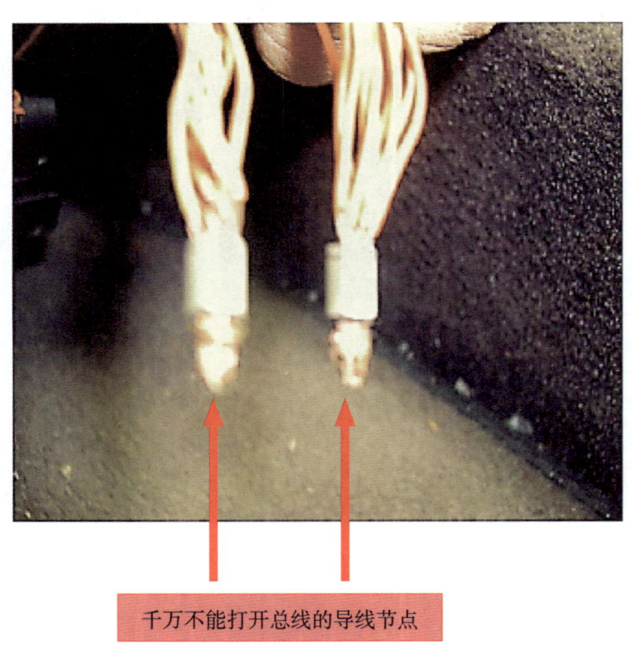

图 14-6　CAN 总线维修注意事项 3

（三）CAN 总线常见的故障类型

1. 电源故障

电源故障是指蓄电池亏电或发电机不发电，导致电源系统电压过低，引起控制单元无法正常工作的故障。

电控单元的工作电压一般为 10.5 ~ 15 V。如果电源系统电压低于 10.5 V，会使电控单元停止工作，进而引起汽车 CAN 总线系统无法通信故障，如图 14-7 所示。修复方法是给蓄电池充电，使其电压保持在 10.5 V 以上。

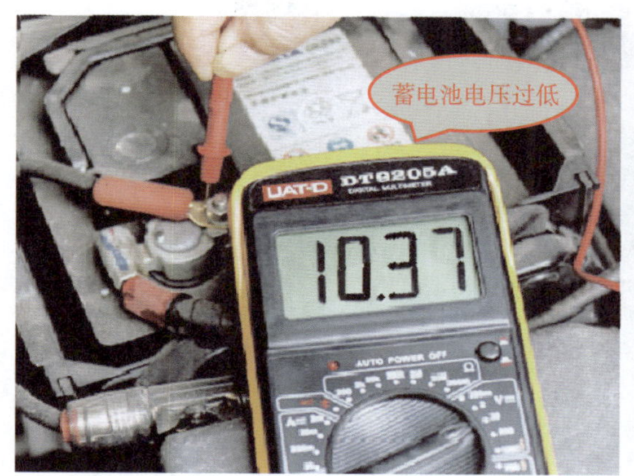

图 14-7 蓄电池电压过低

2. 节点故障

节点故障（见图 14-8）是指电控单元内部电路损坏或控制软件程序故障，引起控制单元不能正常工作的故障。控制单元如果出现软件和硬件故障，会使汽车 CAN 总线系统通信出现混乱或无法工作，这种故障一般采用更换控制单元并重新自适应匹配的方式修复。

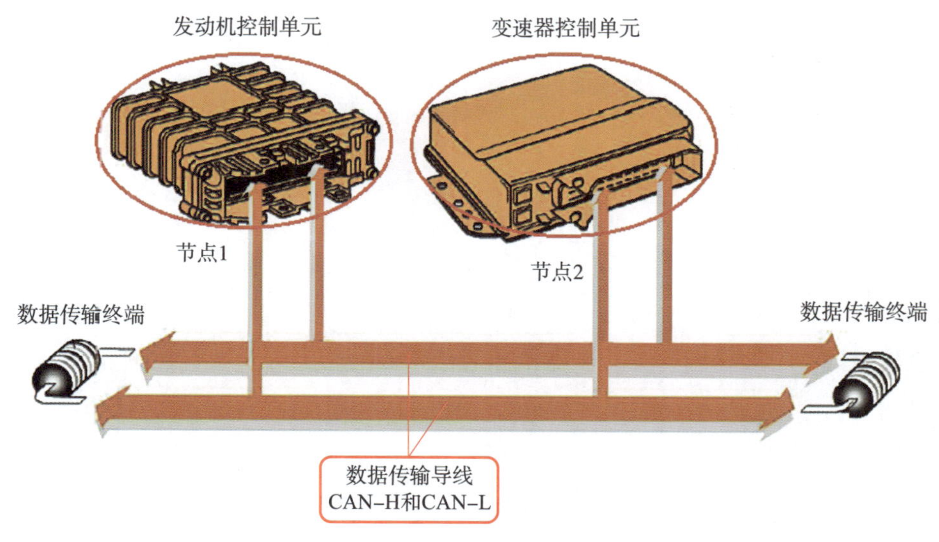

图 14-8 节点故障

（1）软件故障

对于新更换的控制单元，如果没有进行激活或软件匹配，会使控制单元软件不能正常工作，进而引起节点故障，如图 14–9 所示。

（2）硬件故障

硬件故障一般是指由于控制单元内部通信芯片或集成电路损坏，使控制单元无法工作，进而造成汽车 CAN 总线系统无法正常工作的故障，如图 14–10 所示。

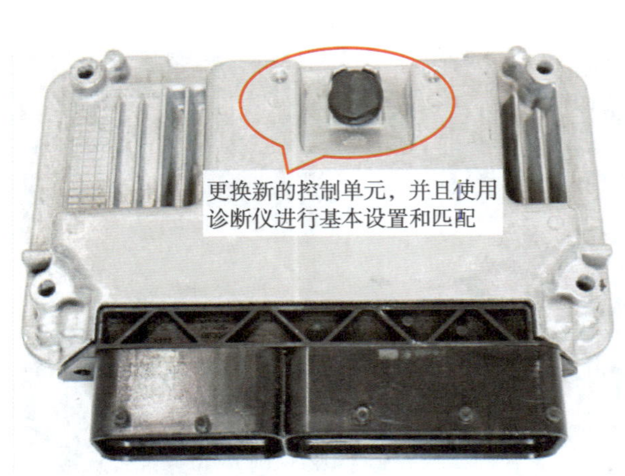

图 14–9　控制单元软件故障

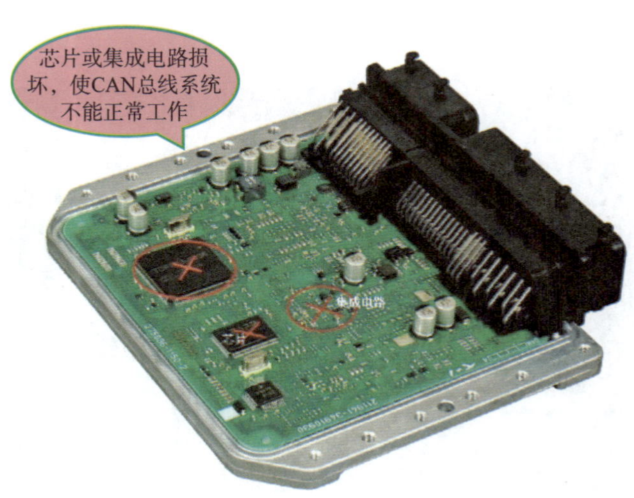

图 14–10　控制单元硬件故障

3. 链路故障

链路是指各节点之间的通信连接线路。链路故障是指 CAN 总线系统传输导线不畅通或物理性质被改变，导致无法正常通信的故障，如短路、断路、与蓄电池正极短接、搭铁等故障，如图 14–11 所示，这些因素常会引起多个电控单元无法正常工作或控制系统出现错误动作。

链路故障一般采用示波器或汽车专用诊断仪进行检测（观察当前数据通信信号是否与标准数据通信信号相符），维修方法一般是修复短路、断路的双绞线线路。

（四）CAN 总线故障诊断方法

在检修汽车 CAN 总线系统时，常使用的方法有故障码分析法、数据流分析法、波形分析法、控制器匹配与自适应调整法等。

1. 故障码分析法

故障码分析法的具体步骤：进行 CAN 总线故障自诊断，读取故障码，根据故障码分析故障原因，如图 14–12 所示。例如，驱动 CAN 总线无来自 ABS 的信息，一般是因 ABS 控制单元未做匹配造成的；数据总线系统通信错误，一般是因网关控制器不能通信造成的。

2. 数据流分析法

数据流分析法的具体步骤：使用诊断仪进行检测，读取故障 CAN 总线测量值（与一般电控系统数据流分析方法一样，只是网络系统故障也会造成相关数据发生变化），根据测量值的变化进行故障分析与判断。图 14–13 所示为读取左侧近光灯的数据流。

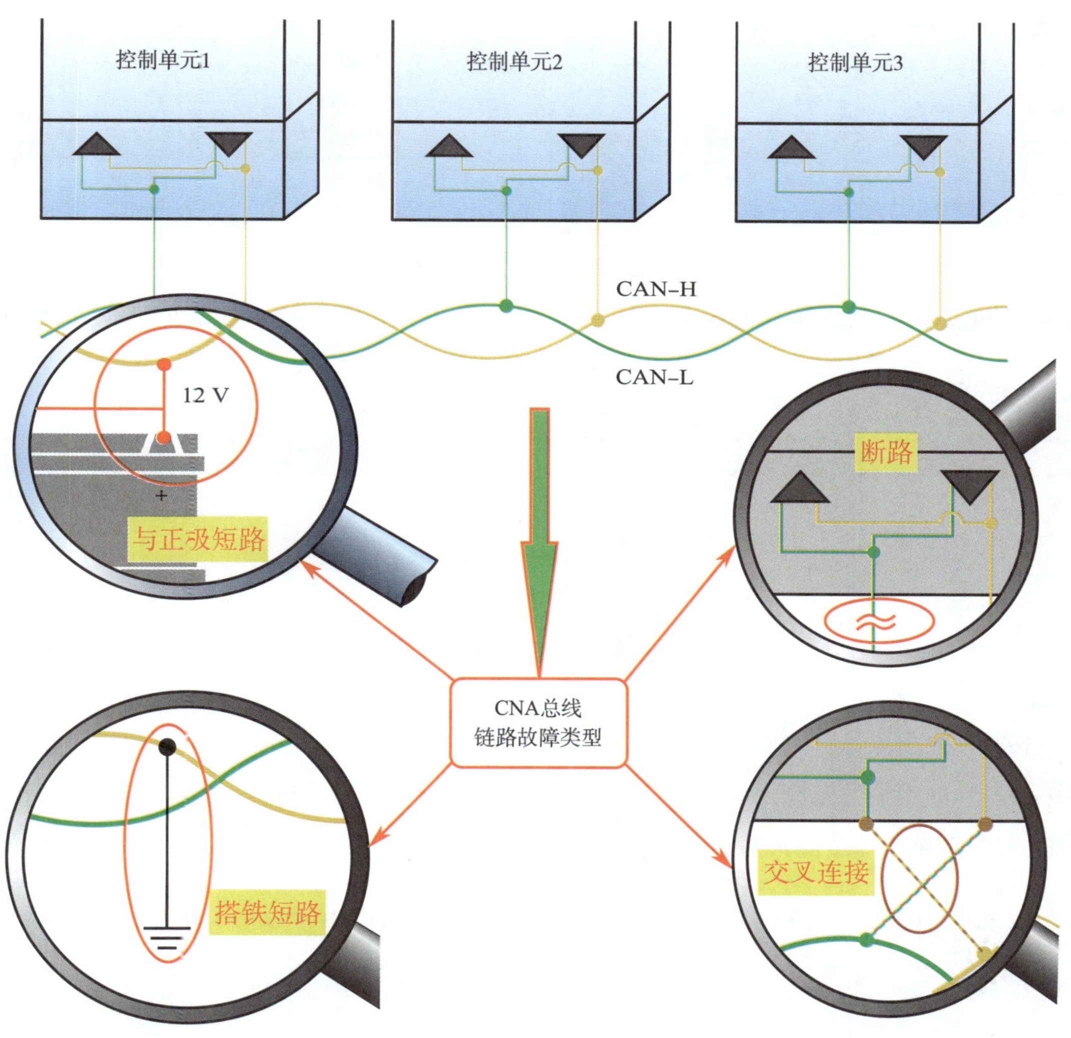

图 14-11　链路故障

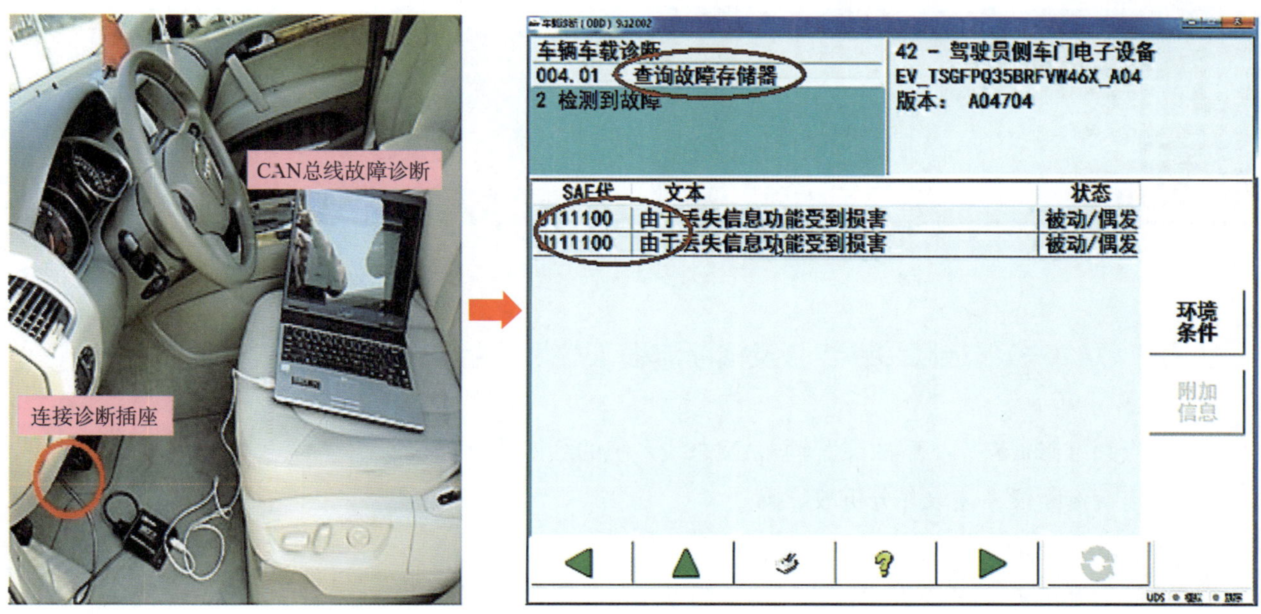

图 14-12　故障码分析法

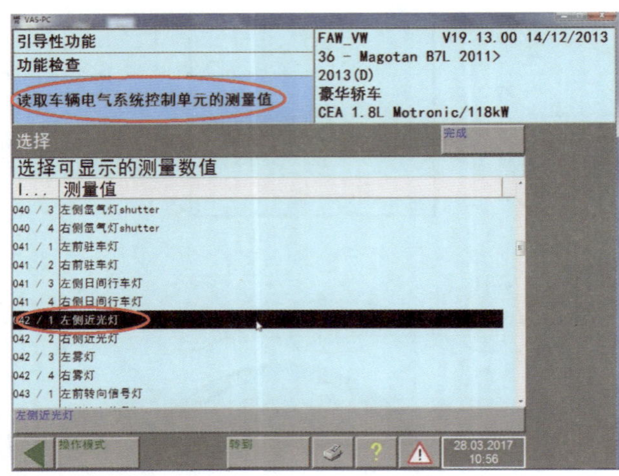

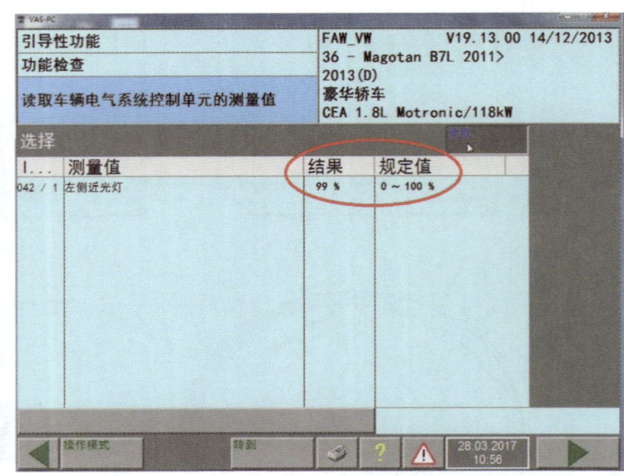

图 14-13 读取左侧近光灯的数据流

3. 波形分析法

波形分析法是判断 CAN 总线系统链路故障的主要手段，使用示波器或波形分析仪检测 CAN 总线波形是否正常。

4. 控制器匹配与自适应调整法

使用 CAN 总线系统的车辆，当更换控制单元后不能马上工作，需要对其控制单元进行编码，对控制器或执行器做匹配与自适应调整等操作才能正常工作。图 14-14 所示为更换控制单元后进行编码。

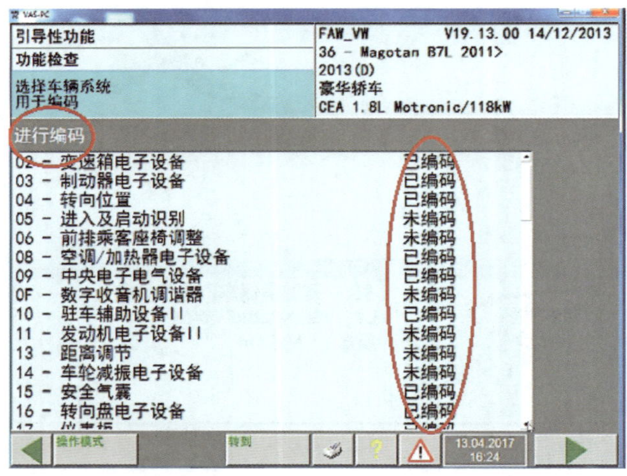

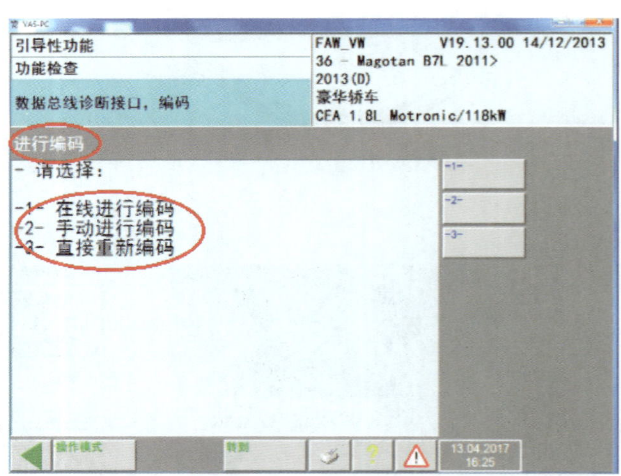

图 14-14 更换控制单元后进行编码

（五）CAN 总线故障诊断步骤及诊断流程（故障诊断树）

1. 故障诊断步骤

（1）查阅维修资料，了解故障车辆 CAN 总线系统的结构特点。

（2）连接诊断仪，读取并分析故障码。

（3）读取并分析 CAN 总线系统数据流（测量值）。

（4）使用万用表检测 CAN 总线电压、电阻是否正常。

（5）使用示波器或波形分析仪检测 CAN 总线波形是否正常。

（6）进行波形分析，确定 CAN 总线故障类型。

（7）对故障现象进行综合分析，确定故障点。

（8）对故障点进行维修或更换，排除故障，填写项目单或维修记录表。

2. 故障诊断树

图 14-15 所示为 CAN 总线故障诊断树。

结合故障现象，查阅资料，了解故障车辆的CAN总线结构组成

连接诊断仪，进行CAN总线故障诊断

无法进入

检查诊断插座熔断器、电源、搭铁、连接导线是否正常

不正常

更换熔断器或连接导线，检修电路

正常

检查网关熔断器、电源、搭铁、连接导线是否正常

不正常

更换熔断器或连接导线，检修电路

正常

正常

读取故障码，分析数据流（测量值）

确定CAN总线的故障类型及故障部位

CAN总线故障

检查CAN总线电压

检查CAN总线休眠电流

检查CAN总线终端电阻

检查CAN总线波形

不正常

根据CAN总线实际电压值、电流值、电阻值和波形确定CAN总线的故障类型

逐一断开各个控制单元，检查CAN总线电压、电流、电阻和波形是否正常

正常

控制单元损坏，更换

不正常

逐一断开CAN总线与控制单元之间的传输导线

正常

检修导线短路、断路、搭铁等故障

不正常

网关损坏，更换

LIN总线故障

检查LIN总线电压

检查LIN总线波形

不正常

断开LIN总线控制单元，检查LIN总线的连接导线是否正常

不正常

导线故障，检修电路

正常

检查LIN总线控制单元电源、搭铁是否正常

不正常

更换熔断器，检修电路

正常

LIN总线控制单元损坏，更换

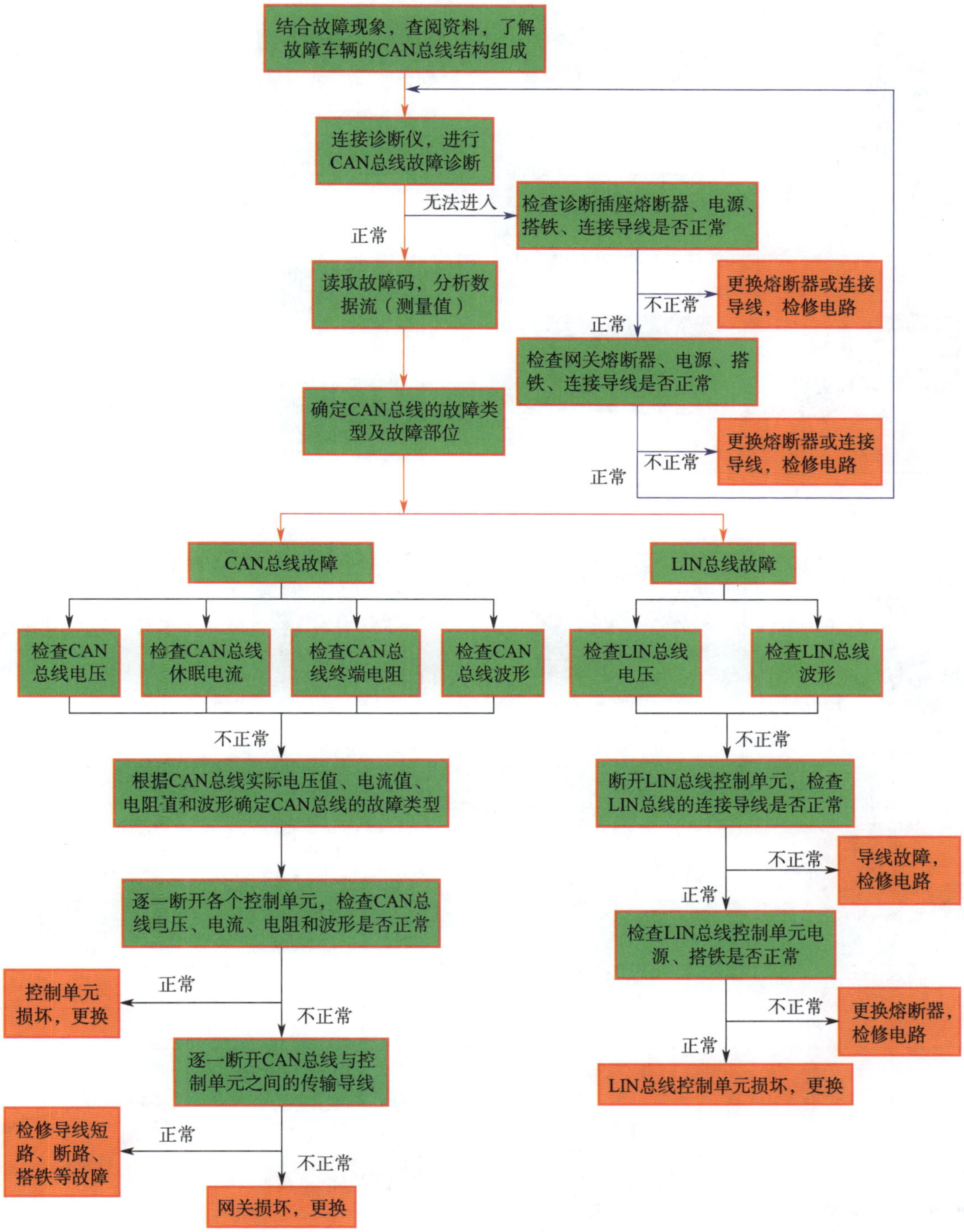

图 14-15 CAN 总线故障诊断树

二、任务准备

在下面图片中勾选出完成本任务所需的工具、设备、资料等。

博世 FSA740 检测仪	剥线钳	三件套	抹布
诊断仪	旋具套装	工具套件	万用表
二极管试灯	示波器	汽车内饰拆装工具	吹尘枪
听诊器	胶带	燃油压力表	气缸压力表
	维 修 手 册		
举升机	维修手册	实训整车	传动带

三、防护措施

1. 进入车间应穿工鞋、戴工帽；工作服应穿戴整齐，无皮肤裸露；操作时不可佩戴手表等金属饰品，以防划伤车辆表面。

2. 操作电气设备时应注意用电安全。作业结束之后，应及时切断一切用电设备的电源。

3. 在对车辆电器设备端子进行检测时，必须使用万用表线组等工具，避免用万用表表笔直接测量，导致插接器虚接。

4. 若因检测需求需要拆卸某些部件时，必须严格按照维修手册标准进行拆卸，严禁暴力拆卸，防止元件损坏。

5. 非必要情况下，严禁对线束内部进行分解检测，对线束破损、裸露部分应使用电工胶布或热缩管做好绝缘处理。

四、任务分配（见表 14-1）

表 14-1　任务分配表

职务	代码	姓名	工作内容
组长	A		
组员	B		
	C		
	D		
	E		

五、任务实施

（一）操作步骤

完成下面工作内容的排序并填写在表 14-2 中。

表 14-2　操作步骤

序号	操作流程	步骤	工作内容
1	维修准备		将车辆安全停放到维修工位，拉起驻车制动器或将变速器置于 P 挡
			铺设三件套
			用万用表检查蓄电池电压是否正常
2	故障验证及自诊断		启动着车，验证发动机的故障现象
			连接诊断仪，观察诊断仪指示灯是否点亮。若没有点亮，则检查 U31 供电和搭铁；若点亮，则进行下一步检查

续表

序号	操作流程	步骤	工作内容
2	故障验证及自诊断		观察是否能够进入自诊断。若不能进入，则检查网关供电和搭铁是否正常，以及网关和 U31 诊断接口之间的 CAN 总线是否正常；若能进入，则进行下一步检查
			检查车辆故障码，根据故障码进行下一步检查
3	驱动 CAN 总线故障检测		连接博世 FSA740 检测仪。将 CH1 检测线连接到 J623 的 T94/67 号端子 CAN 数据线上，CH2 检测线连接到 J623 的 T94/68 号端子 CAN 数据线上。打开点火开关，进入示波器检测界面，读取并分析驱动 CAN 总线波形是否正常。若不正常，判断 CAN 总线的故障类型
			关闭点火开关，拔下网关 J533 的插接器，用万用表检测 J533 的 T20e/6、T20e/16 号端子之间驱动 CAN 总线的终端电阻阻值是否为 60 Ω
			逐一断开驱动 CAN 总线控制单元，检测终端电阻阻值是否发生变化。若无变化，说明相应的控制单元或传输导线故障
			关闭点火开关，拔下发动机控制单元 J623 的插接器，用万用表检测 J623 的 T94/67、T94/68 号端子之间的阻值是否为 66 Ω。拔下 ABS 控制单元 J104 的插接器，用万用表检测 J104 的 T38a/22、T38a/24 号端子之间的阻值是否为 75 Ω。若阻值不符合规定，说明相应的控制单元损坏，应进行更换
			关闭点火开关，拔下发动机控制单元 J623 的插接器。打开点火开关，检测 J623 的 T94/67、T94/68 号端子的隐性电压是否为 2.5 V
			若电压为 0 或∞，说明相应的 CAN 传输导线搭铁或断路故障
4	故障维修		根据检测结果更换损坏的控制单元，进行控制单元编码
			根据检测结果确定故障传输导线的故障点，进行相应的维修
			维修结束，重新检测驱动 CAN 电压、终端电阻、波形是否恢复正常
5	完工整理		安装好拆卸的部件，恢复车辆至完好状态
			取下三件套，清洁车辆
			整理维修工具、仪器和设备，打扫场地卫生

（二）实施记录

结合实施过程，对照表 14–3 中的检查项目内容，勾选或填写出实际的检查结果。

表 14–3　实施记录

序号	项目	故障检查	故障记录
1	维修准备	安全防护工作：铺设三件套 □ 蓄电池电压：________V 拉起驻车制动器 □　变速器置于：________挡	维修记录：
2	故障验证及自诊断	发动机正常启动 □　发动机不能启动 □　诊断插座 U31 电源、搭铁良好 □ 能进入自诊断 □　不能进入自诊断 □　诊断插座 U31 电源、搭铁故障 □ 网关 J533 电源、搭铁良好 □　网关 J533 电源、搭铁不良 □ 诊断插座熔断器：良好 □　损坏 □　网关熔断器：良好 □　损坏 □ 有故障码 □　无故障码 □　故障码及测量值记录：________________ ________________________________	故障现象：

续表

序号	项目	故障检查	故障记录
3	驱动 CAN 总线故障检测	驱动 CAN 总线波形检测：波形正常 □ 波形不正常 □ 波形故障类型：短路 □ 断路 □ 交叉连接 □ 与正极短接 □ 与负极短接 □ 终端电阻检测：电阻正常 □ 电阻不正常 □ 阻值大小：________ Ω 驱动 CAN 总线电压检测：电压正常 □ 电压不正常 □ 隐性电压：CAN-H= ________ V，CAN-L= ________ V 显性电压：CAN-H= ________ V，CAN-L= ________ V 控制单元检测：良好 □ 损坏 □ 故障控制单元：________________ 驱动 CAN 总线链路检测：良好 □ 损坏 □ 故障 CAN 导线：________________ 控制单元熔断器检测：良好 □ 损坏 □ 故障熔断器：________________	故障记录：
4	完工整理	安装好拆卸的部件，恢复车辆至完好状态 □ 整理工具、仪器和设备 □ 取下三件套 □ 清洁车辆，打扫场地卫生 □	小组成员签字：
根据任务实施流程和故障检测操作过程，总结驱动 CAN 总线故障引起发动机无法启动的故障原因，并填写在下面。 1. ________________ 2. ________________ 3. ________________ 4. ________________ 5. ________________			

六、检查

（一）自检

结合本组任务操作过程，对任务执行过程中的操作规范性进行检查，检查操作过程中是否存在以下问题，分析讨论应如何避免并总结规范的操作方法（见表 14-4）。

表 14-4 自检

检查项目	结果
是否使用三件套对车辆进行防护	是 □ 否 □
蓄电池电压是否正常	是 □ 否 □
CAN 总线故障自诊断是否能进入	是 □ 否 □
驱动 CAN 总线波形是否正常	是 □ 否 □
终端电阻阻值是否正常	是 □ 否 □
驱动 CAN 总线信号电压是否正常	是 □ 否 □
驱动 CAN 总线系统控制单元是否损坏	是 □ 否 □
工作场地是否清洁，车辆是否复位	是 □ 否 □

（二）互检

组与组之间相互进行任务操作过程及结果检查，并把检查结果填写在表 14-5 中。

表 14-5　互检

检查项目	结果
是否使用三件套对车辆进行防护	是 □　否 □
蓄电池电压是否正常	是 □　否 □
CAN 总线故障自诊断是否能进入	是 □　否 □
驱动 CAN 总线波形是否正常	是 □　否 □
终端电阻阻值是否正常	是 □　否 □
驱动 CAN 总线信号电压是否正常	是 □　否 □
驱动 CAN 总线系统控制单元是否损坏	是 □　否 □
工作场地是否清洁，车辆是否复位	是 □　否 □

七、课堂小结

____

____

____

任务十五 CAN 总线综合故障检修（二）

CAN 总线综合故障检修任务工单——前照灯通信网络故障检修					
客户信息	姓名		职业		
车辆信息	车型	VIN 码		行驶里程	
故障验证及检测	CAN 总线无法进入故障 □ 驱动 CAN 总线故障 □ LIN 总线故障 □ 总线电压故障 □ 读取测量值 □ CAN 总线链路故障 □ 自动变速器故障 □ 舒适系统故障 □	CAN 总线无法休眠故障 □ 舒适 CAN 总线故障 □ 总线熔断器故障 □ 总线波形故障 □ CAN 总线节点故障 □ 发动机故障 □ 底盘系统故障 □ 信息娱乐系统故障 □		CAN 总线单线工作模式故障 □ 信息娱乐 CAN 总线故障 □ 终端电阻故障 □ 读取故障码 □ CAN 总线电源故障 □ 空调故障 □ 电气系统故障 □	
	客户描述：				
车辆外观检查			车辆内部检查		
凹凸 □ 划痕 □ 石击 □ 油漆 □			污渍 □ 破损 □ 色斑 □ 变形 □		
明确具体工作任务					

任务目标

- 能够查找并分析故障车辆的 CAN 总线电路图
- 能够根据故障现象制订正确的维修计划
- 能够正确使用诊断仪、示波器、万用表等检测工具
- 能够检测并排除 CAN 总线综合故障

续表

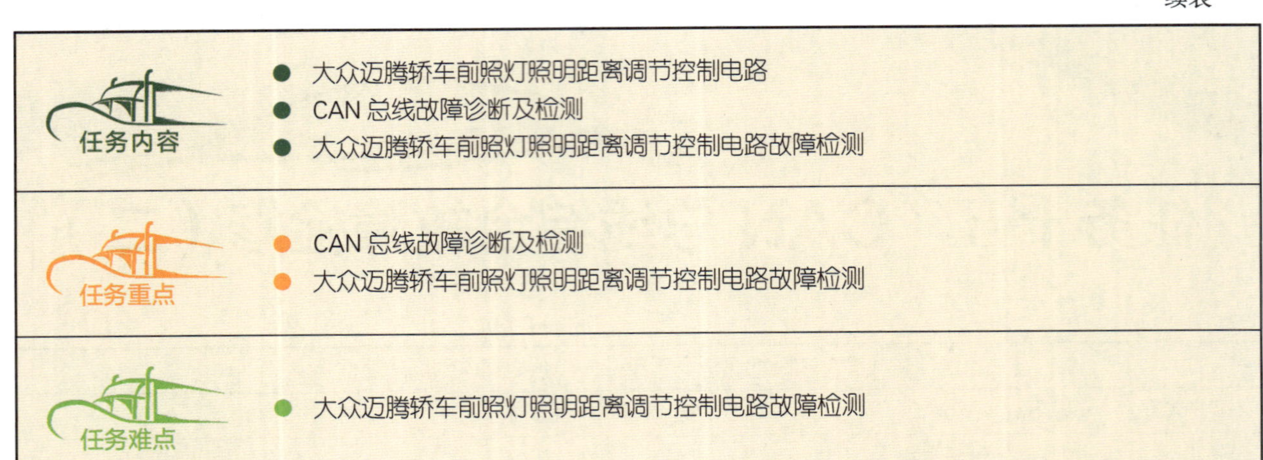

任务内容	● 大众迈腾轿车前照灯照明距离调节控制电路 ● CAN 总线故障诊断及检测 ● 大众迈腾轿车前照灯照明距离调节控制电路故障检测
任务重点	● CAN 总线故障诊断及检测 ● 大众迈腾轿车前照灯照明距离调节控制电路故障检测
任务难点	● 大众迈腾轿车前照灯照明距离调节控制电路故障检测

一、知识讲解

大众迈腾轿车前照灯照明距离调节控制电路如图 15-1 至图 15-4 所示。

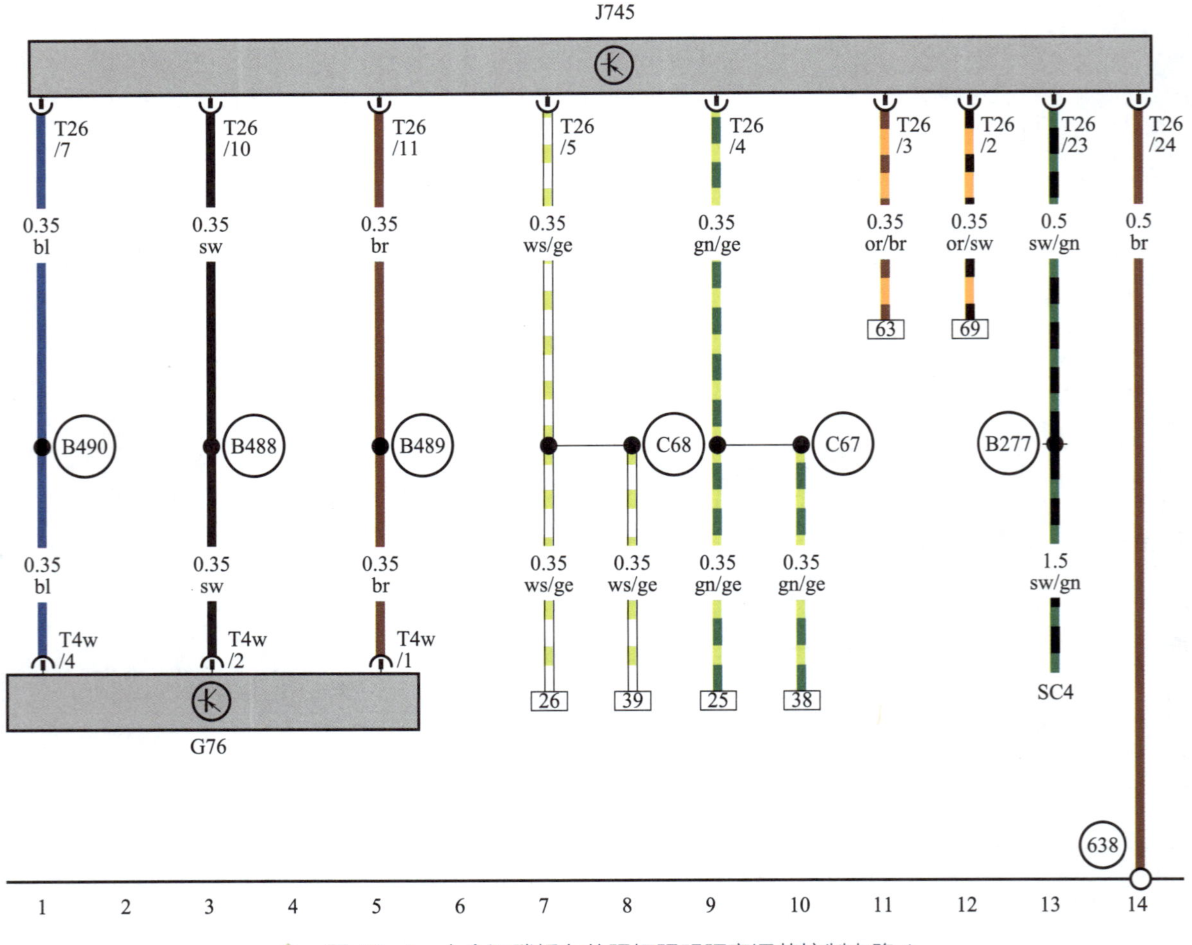

图 15-1 大众迈腾轿车前照灯照明距离调节控制电路 1

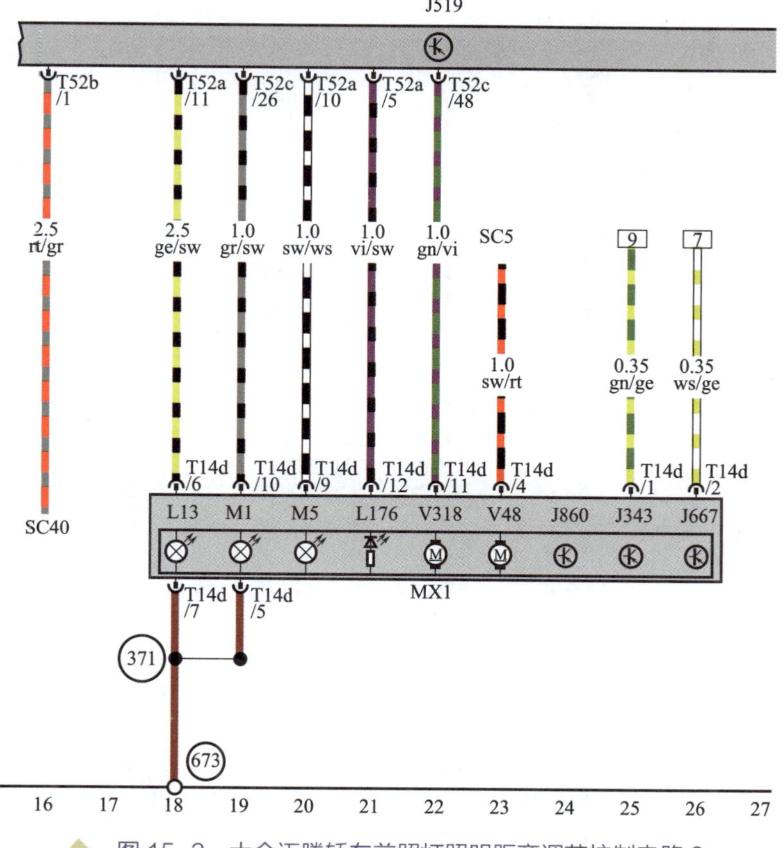

图 15-2 大众迈腾轿车前照灯照明距离调节控制电路 2

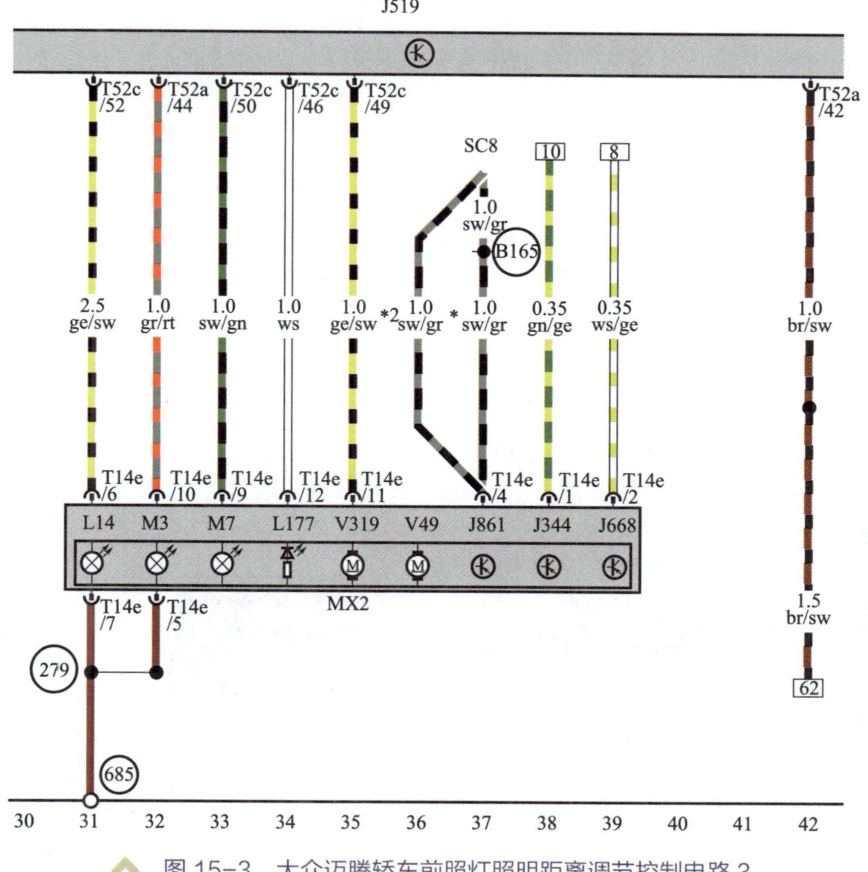

图 15-3 大众迈腾轿车前照灯照明距离调节控制电路 3

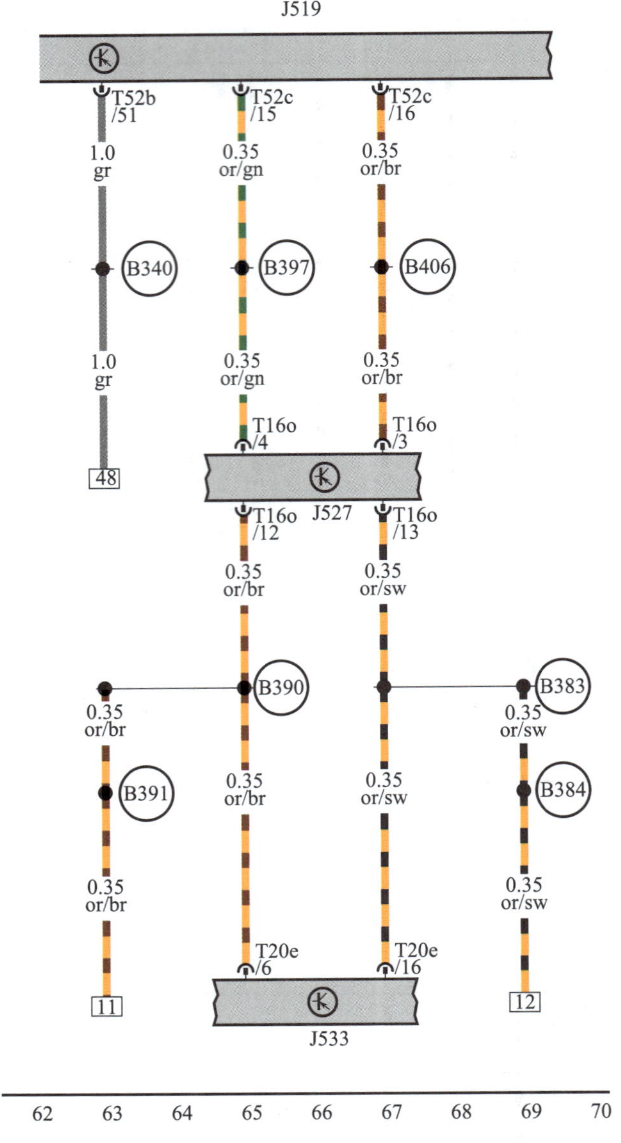

图 15-4　大众迈腾轿车前照灯照明距离调节控制电路 4

二、任务准备

在下面图片中勾选出完成本任务所需的工具、设备、资料等。

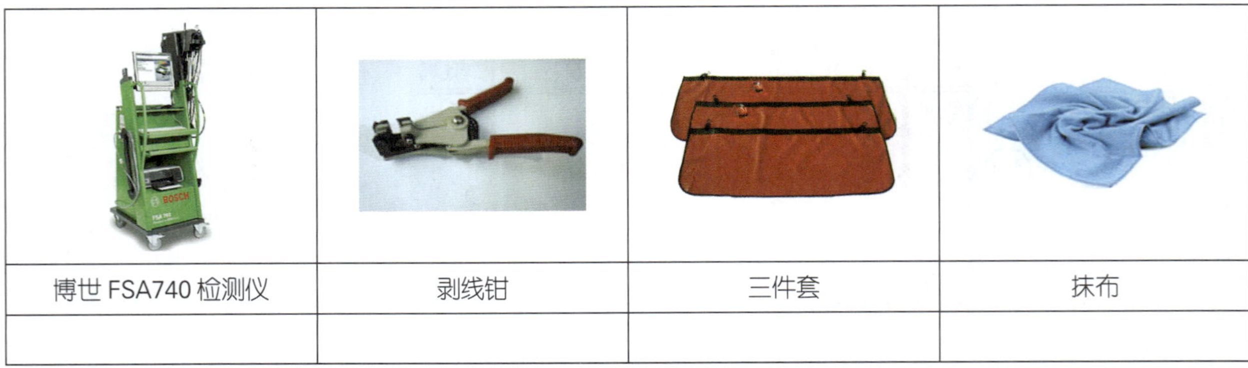

博世 FSA740 检测仪	剥线钳	三件套	抹布

诊断仪	旋具套装	工具套件	万用表
二极管试灯	示波器	汽车内饰拆装工具	吹尘枪
听诊器	胶带	燃油压力表	气缸压力表
	维 修 手 册		
举升机	维修手册	实训整车	传动带

三、防护措施

1. 进入车间应穿工鞋、戴工帽；工作服应穿戴整齐，无皮肤裸露；操作时不可佩戴手表等金属饰品，以防划伤车辆表面。

2. 操作电气设备时应注意用电安全。作业结束之后，应及时切断一切用电设备的电源。

3. 在对车辆电器设备端子进行检测时，必须使用万用表线组等工具，避免用万用表表笔直接测量，导致插接器虚接。

4. 若因检测需求需要拆卸某些部件时，必须严格按照维修手册标准进行拆卸，严禁暴力拆卸，防止元件损坏。

5. 非必要情况下，严禁对线束内部进行分解检测，对线束破损、裸露部分应使用电工胶布或热缩管做好绝缘处理。

四、任务分配（见表 15-1）

表 15-1　任务分配表

职务	代码	姓名	工作内容
组长	A		
组员	B		
	C		
	D		
	E		

五、任务实施

（一）操作步骤

完成下面工作内容的排序并填写在表 15-2 中。

表 15-2　操作步骤

序号	操作流程	步骤	工作内容
1	维修准备		将车辆安全停放到维修工位，拉起驻车制动器或将变速器置于 P 挡
			铺设三件套
			用万用表检查蓄电池电压是否正常
2	故障验证及自诊断		连接诊断仪，观察诊断仪指示灯是否点亮。若没有点亮，则检查 U31 供电和搭铁；若点亮，则进行下一步检查
			观察是否能够进入自诊断。若不能进入，则检查网关供电和搭铁是否正常，以及网关和 U31 诊断接口之间的 CAN 总线是否正常；若能进入，则进行下一步检查
			进入自诊断，选择“55- 弯道灯和前照灯照明距离调节控制装置”，读取故障码
			读取转向角度传感器、左后汽车高度传感器的测量值。转动转向盘，按压后悬架，检查传感器信号是否正常。若无信号，则进行控制电路检测
			选择“动作测试”，执行“左右前照灯照明距离调节”，检测左右前照灯是否能正常调节。若不能调节，则进行下面的故障检测
3	控制电路故障检测		检查熔断器 SC4、SC5、SC8 是否损坏
			关闭点火开关，拔下 J745 的插接器，检查其 T26/23 号端子是否有 12 V 电压，检查其 T26/24 号端子搭铁是否良好
			检查 J745 的 T26/4、T26/5 号端子与左前照灯的 T14d/1、T14d/2 号端子之间的 CAN 数据导线是否正常
			检查 J745 的 T26/4、T26/5 号端子与右前照灯的 T14e/1、T14e/2 号端子之间的 CAN 数据导线是否正常

续表

序号	操作流程	步骤	工作内容
3	控制电路故障检测		连接好 J745 的插接器，连接示波器或博世 FSA740 检测仪。将 CH1、CH2 检测线分别连接到前照灯照明调节控制单元 J745 的 T26/4、T26/5 号端子 CAN 数据导线上，检测 CAN 数据导线波形是否正常
			连接诊断仪，进入“前照灯照明高度调节装置”，选择“动作测试”，检测左右前照灯照明高度是否能正常调节。若不能调节，说明控制单元 J745 损坏，应进行更换
4	故障维修		根据检测结果更换损坏的熔断器和控制单元，进行控制单元编码
			根据检测结果确定故障传输导线的故障点，进行相应的维修
5	完工整理		安装好拆卸的部件，恢复车辆至完好状态
			取下三件套，清洁车辆
			整理维修工具、仪器和设备，打扫场地卫生

（二）实施记录

结合实施过程，对照表 15-3 中的检查项目内容，勾选或填写出实际的检查结果。

表 15-3 实施记录

序号	项目	故障检查	故障记录
1	维修准备	安全防护工作：铺设三件套 □ 蓄电池电压：________V 拉起驻车制动器 □ 变速器置于：________挡	维修记录：
2	故障验证及自诊断	前照灯照明高度能调节 □ 前照灯照明高度不能调节 □ 能进入自诊断 □ 不能进入自诊断 □ 诊断插座 U31 电源、搭铁故障 □ 诊断插座 U31 电源、搭铁良好 □ 网关 J533 电源、搭铁良好 □ 网关 J533 电源、搭铁不良 □ 诊断插座熔断器：良好 □ 损坏 □ 网关熔断器：良好 □ 损坏 □ 左后高度传感器测量值：信号正常 □ 无信号 □ 转向角度传感器测量值：信号正常 □ 无信号 □ 有故障码 □ 无故障码 □ 故障码及测量值记录：________________ ____	故障现象：
3	控制电路故障检测	熔断器检查：正常 □ 损坏 □ 故障熔断器：________________ 控制单元 J745 电源检查：有 12 V 电压 □ 无 12 V 电压 □ 控制单元 J745 搭铁检查：搭铁线良好 □ 搭铁线损坏 □ 控制单元 J745 CAN 数据导线波形检测：波形正常 □ 波形故障 □ 故障波形类型：________________________________ J745 和左前照灯之间的 CAN 数据导线检测：良好 □ 损坏 □ J745 和右前照灯之间的 CAN 数据导线检测：良好 □ 损坏 □ 控制单元 J745 良好 □ 控制单元 J745 损坏 □ 左后高度传感器检测：良好 □ 损坏 □ 故障部位：____________	故障记录：

续表

序号	项目	故障检查	故障记录
4	完工整理	安装好拆卸的部件，恢复车辆至完好状态 □　整理工具、仪器和设备 □ 取下三件套 □　清洁车辆，打扫场地卫生 □	小组成员签字：
根据任务实施流程和故障检测操作过程，总结前照灯照明高度不能调节的故障原因，并填写在下面。 1. ______ 2. ______ 3. ______ 4. ______ 5. ______			

六、检查

（一）自检

结合本组任务操作过程，对任务执行过程中的操作规范性进行检查，检查操作过程中是否存在以下问题，分析讨论应如何避免并总结规范的操作方法（见表 15-4）。

表 15-4　自检

检查项目	结果
是否使用三件套对车辆进行防护	是 □　否 □
蓄电池电压是否正常	是 □　否 □
前照灯照明调节自诊断有无故障码	是 □　否 □
左右前照灯照明调节动作测试是否正常	是 □　否 □
前照灯照明调节电路熔断器是否损坏	是 □　否 □
前照灯照明调节电路 CAN 总线波形是否正常	是 □　否 □
车身高度传感器是否损坏	是 □　否 □
工作场地是否清洁，车辆是否复位	是 □　否 □

（二）互检

组与组之间相互进行任务操作过程及结果检查，并把检查结果填写在表 15-5 中。

表 15-5　互检

检查项目	结果
是否使用三件套对车辆进行防护	是 □　否 □
蓄电池电压是否正常	是 □　否 □
前照灯照明调节自诊断有无故障码	是 □　否 □
左右前照灯照明调节动作测试是否正常	是 □　否 □
前照灯照明调节电路熔断器是否损坏	是 □　否 □
前照灯照明调节电路 CAN 总线波形是否正常	是 □　否 □

续表

检查项目	结果
车身高度传感器是否损坏	是□ 否□
工作场地是否清洁，车辆是否复位	是□ 否□

七、课堂小结

____

____

____

任务十六　CAN 总线综合故障检修（三）

CAN 总线综合故障检修任务工单——空调通信网络故障检修					
客户信息	姓名		职业		
车辆信息	车型		VIN 码		行驶里程
故障验证及检测	CAN 总线无法进入故障 □ 驱动 CAN 总线故障 □ LIN 总线故障 □ 总线电压故障 □ 读取测量值 □ CAN 总线链路故障 □ 自动变速器故障 □ 舒适系统故障 □ 客户描述：		CAN 总线无法休眠故障 □ 舒适 CAN 总线故障 □ 总线熔断器故障 □ 总线波形故障 □ CAN 总线节点故障 □ 发动机故障 □ 底盘系统故障 □ 信息娱乐系统故障 □		CAN 总线单线工作模式故障 □ 信息娱乐 CAN 总线故障 □ 终端电阻故障 □ 读取故障码 □ CAN 总线电源故障 □ 空调故障 □ 电气系统故障 □
车辆外观检查			车辆内部检查		
凹凸 □			污渍 □		
划痕 □			破损 □		
石击 □			色斑 □		
油漆 □			变形 □		
明确具体工作任务					

任务目标

- 能够查找并分析故障车辆的 CAN 总线电路图
- 能够根据故障现象制订正确的维修计划
- 能够正确使用诊断仪、示波器、万用表等检测工具
- 能够检测并排除 CAN 总线综合故障

续表

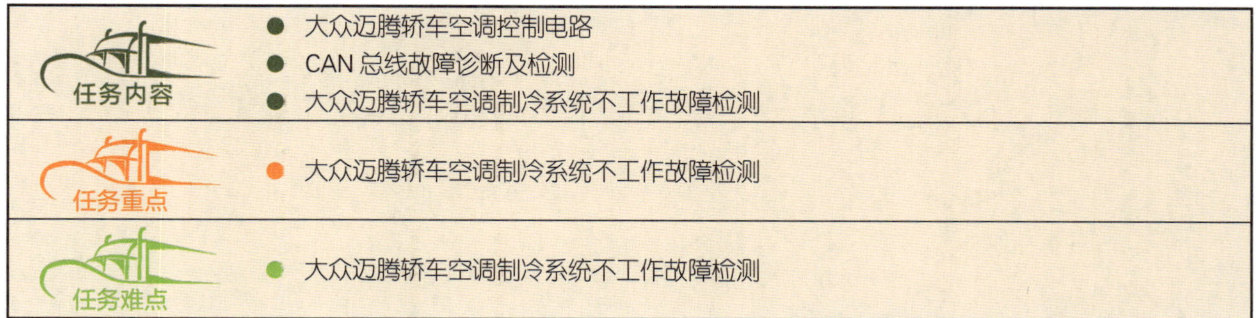

任务内容	● 大众迈腾轿车空调控制电路 ● CAN 总线故障诊断及检测 ● 大众迈腾轿车空调制冷系统不工作故障检测
任务重点	● 大众迈腾轿车空调制冷系统不工作故障检测
任务难点	● 大众迈腾轿车空调制冷系统不工作故障检测

一、知识讲解

大众迈腾轿车空调控制电路如图 16-1 和图 16-2 所示。

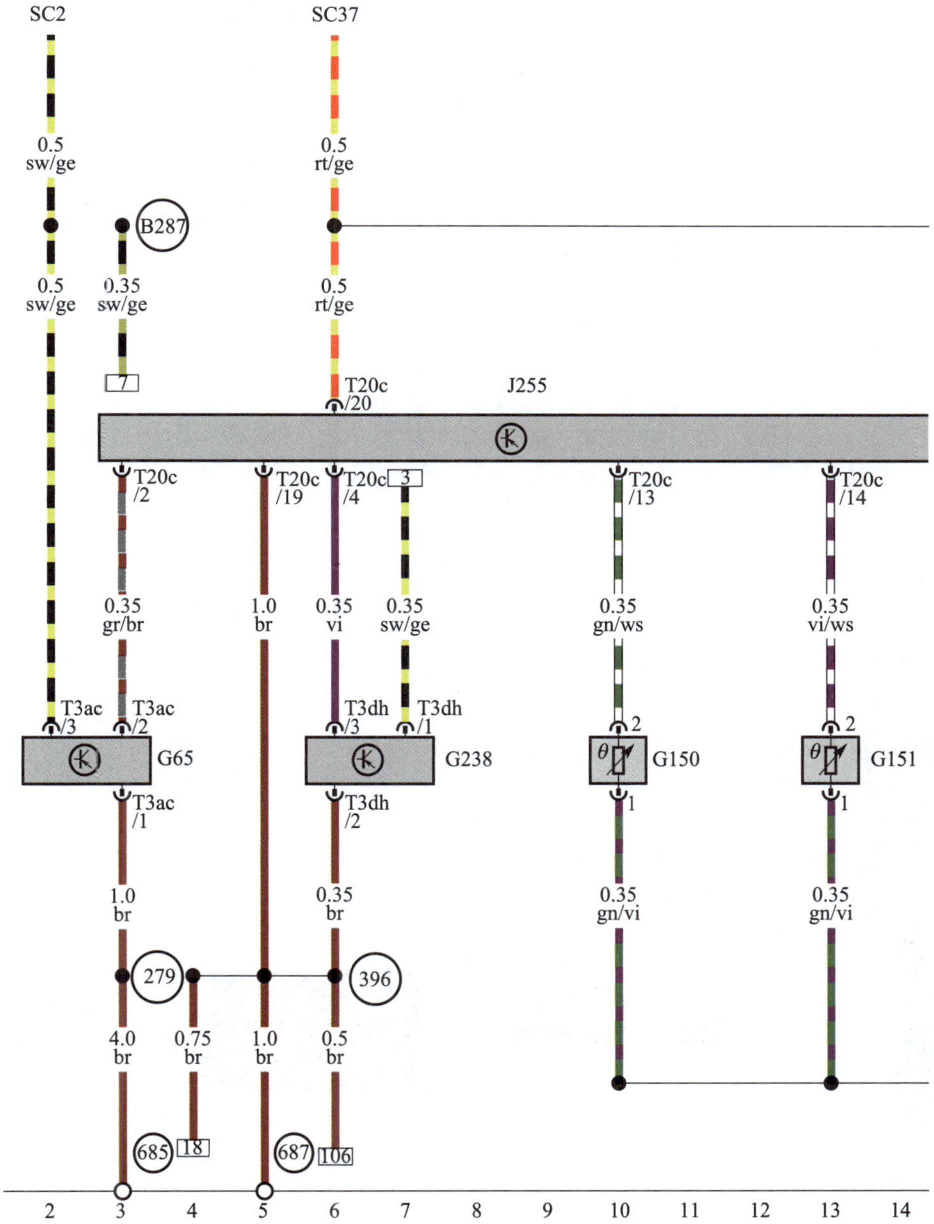

图 16-1 大众迈腾轿车空调控制电路 1

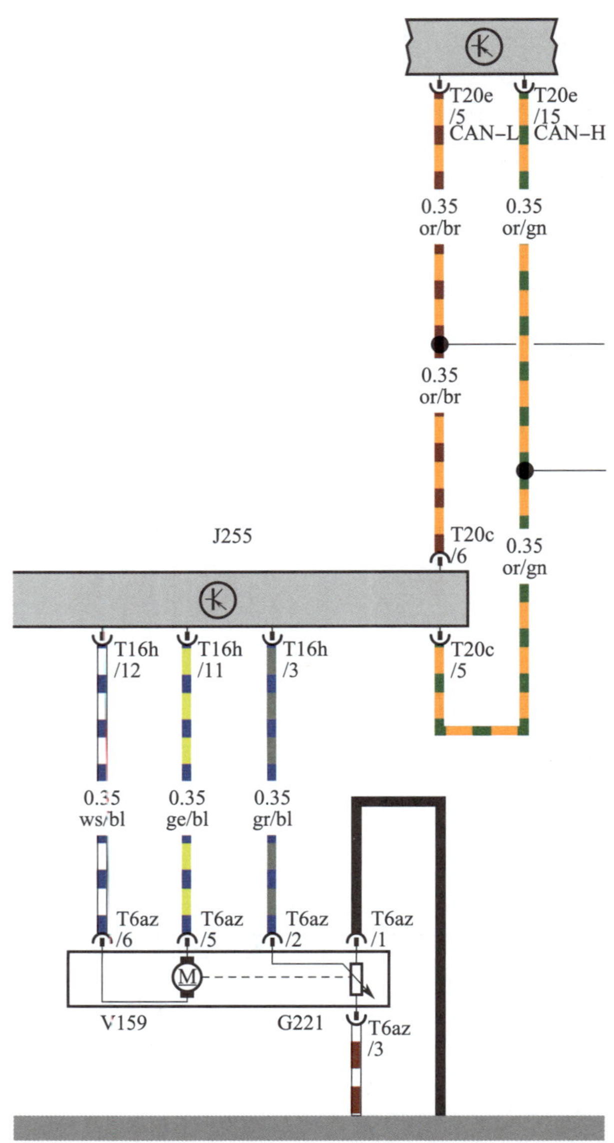

图 16-2　大众迈腾轿车空调控制电路 2

二、任务准备

在下面图片中勾选出完成本任务所需的工具、设备、资料等。

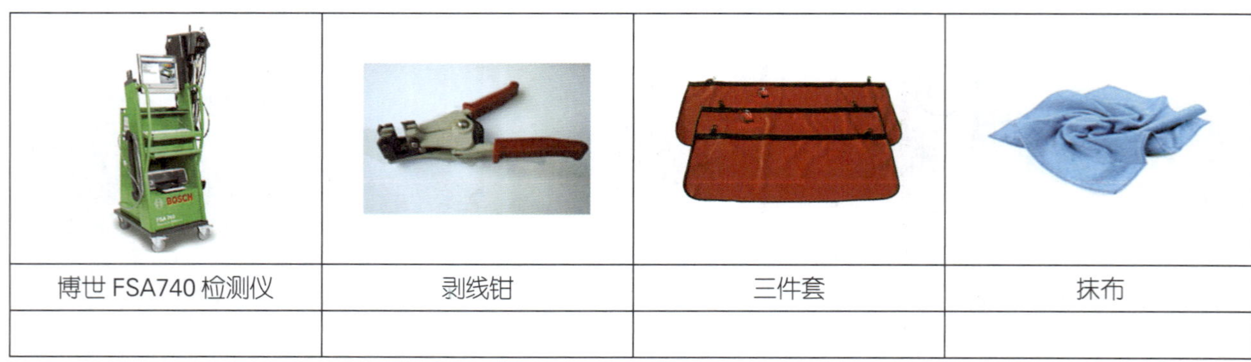

博世 FSA740 检测仪	剥线钳	三件套	抹布

诊断仪	旋具套装	工具套件	万用表
二极管试灯	示波器	汽车内饰拆装工具	吹尘枪
工具车	胶带	燃油压力表	气缸压力表
	维 修 手 册		
举升机	维修手册	实训整车	传动带

三、防护措施

1. 进入车间应穿工鞋、戴工帽；工作服应穿戴整齐，无皮肤裸露；操作时不可佩戴手表等金属饰品，以防划伤车辆表面。

2. 操作电气设备时应注意用电安全。作业结束之后，应及时切断一切用电设备的电源。

3. 在对车辆电器设备端子进行检测时，必须使用万用表线组等工具，避免用万用表表笔直接测量，导致插接器虚接。

4. 若因检测需求需要拆卸某些部件时，必须严格按照维修手册标准进行拆卸，严禁暴力拆卸，防止元件损坏。

5. 非必要情况下，严禁对线束内部进行分解检测，对线束破损、裸露部分应使用电工胶布或热缩管做好绝缘处理。

四、任务分配（见表 16-1）

表 16-1　任务分配表

职务	代码	姓名	工作内容
组长	A		
组员	B		
	C		
	D		
	E		

五、任务实施

（一）操作步骤

完成下面工作内容的排序并填写在表 16-2 中。

表 16-2　操作步骤

序号	操作流程	步骤	工作内容
1	维修准备		将车辆安全停放到维修工位，拉起驻车制动器或将变速器置于 P 挡
			铺设三件套
			用万用表检查蓄电池电压是否正常
2	故障验证及自诊断		启动着车，按下空调开关，空调制冷系统不工作
			连接诊断仪，进行故障自诊断。读取空调控制单元故障码，显示无通信故障
3	空调系统故障检测		检查空调熔断器 SC37 是否损坏
			关闭点火开关，使用汽车内饰拆装工具拆卸空调控制面板，拔下空调控制单元插接器
			打开点火开关，检查空调控制单元 J255 的 T20c/20 号端子是否有 12 V 工作电压，检查 T20c/19 号端子搭铁是否良好
			检查空调控制单元 J255 的 T20c/5、T20c/6 号端子 CAN 总线信号电压是否正常
			检查空调控制单元 J255 的 T20c/5、T20c/6 号端子与网关 J533 的 T20e/5、T20e/15 号端子之间的 CAN 数据传输导线是否良好，是否有断路、搭铁短路故障
			连接好空调控制单元和网关插接器，使用博世 FSA740 检测仪或示波器检测并分析空调 CAN 总线波形是否正常

续表

序号	操作流程	步骤	工作内容
4	故障维修		根据检测结果更换损坏的熔断器和控制单元，进行控制单元编码
			根据检测结果确定空调系统 CAN 总线故障部位，进行相应的维修
5	完工整理		安装好拆卸的部件，恢复车辆至完好状态
			取下三件套，清洁车辆
			整理维修工具、仪器和设备，打扫场地卫生

（二）实施记录

结合实施过程，对照表 16-3 中的检查项目内容，勾选或填写出实际的检查结果。

表 16-3 实施记录

序号	项目	故障检查	故障记录
1	维修准备	安全防护工作：铺设三件套 □ 蓄电池电压：________V 拉起驻车制动器 □ 变速器置于：________挡	维修记录：
2	故障验证及自诊断	空调制冷系统不工作 □ 发动机怠速不稳 □ 开空调时发动机容易熄火 □ 能进入自诊断 □ 不能进入自诊断 □ 诊断插座熔断器：良好 □ 损坏 □ 网关熔断器：良好 □ 损坏 □ 空调控制单元故障自诊断：能进入自诊断 □ 不能进入自诊断 □ 有故障码 □ 无故障码 □ 故障码及测量值记录：________________ ________________________________	故障现象：
3	空调系统故障检测	熔断器 SC37 检查：正常 □ 损坏 □ 控制单元 J255 电源检查：有 12 V 电压 □ 无 12 V 电压 □ 控制单元 J255 搭铁检查：搭铁线良好 □ 搭铁线故障 □ 空调控制单元 J255 和网关 J533 之间的 CAN 数据传输导线检查：连接良好 □ 连接链路故障 □ 空调 CAN 数据传输导线故障类型：________________ ________________________________ 空调 CAN 数据传输导线波形检测：波形正常 □ 波形故障 □ 故障波形类型：________________ 空调控制单元 J255 检查：良好 □ 损坏 □	故障记录：
4	完工整理	安装好拆卸的部件，恢复车辆至完好状态 □ 整理工具、仪器和设备 □ 取下三件套 □ 清洁车辆，打扫场地卫生 □	小组成员签字：

续表

根据任务实施流程和故障检测操作过程，总结空调制冷系统不工作的故障原因，并填写在下面。 1. ____ 2. ____ 3. ____ 4. ____ 5. ____

六、检查

（一）自检

结合本组任务操作过程，对任务执行过程中的操作规范性进行检查，检查操作过程中是否存在以下问题，分析讨论应如何避免并总结规范的操作方法（见表 16–4）。

表 16–4　自检

检查项目	结果
是否使用三件套对车辆进行防护	是 □　否 □
蓄电池电压是否正常	是 □　否 □
空调控制单元故障自诊断是否能进入	是 □　否 □
空调 CAN 总线故障检测项目是否全部检测	是 □　否 □
空调 CAN 总线波形是否正常	是 □　否 □
空调控制单元的电源、搭铁是否正常	是 □　否 □
工作场地是否清洁，车辆是否复位	是 □　否 □

（二）互检

组与组之间相互进行任务操作过程及结果检查，并把检查结果填写在表 16–5 中。

表 16–5　互检

检查项目	结果
是否使用三件套对车辆进行防护	是 □　否 □
蓄电池电压是否正常	是 □　否 □
空调控制单元故障自诊断是否能进入	是 □　否 □
空调 CAN 总线故障检测项目是否全部检测	是 □　否 □
空调 CAN 总线波形是否正常	是 □　否 □
空调控制单元的电源、搭铁是否正常	是 □　否 □
工作场地是否清洁，车辆是否复位	是 □　否 □

七、课堂小结

____

____

____